믿음은 분투다

김선교 지음

규장

믿음의 선한 싸움을 싸우라

디모데전서 6장 12절

그래, 복음이면 충분하지! 예수면 다지!

저자는 예수님을 아는 것 빼고는 허물투성이인 어설픈 골통 부모 밑에서 모태신앙의 애환을 겪는 10대 때, 자진하여 선교사로 헌신했습니다. 좌충우돌 지나온 10여 년 끝에 어느덧 20대 중반을 넘긴 성인이 되었습니다. 나는 그를 믿음의 동지요, 동료 선교사요, 아들이라 부릅니다.

어느 날 불쑥 내게 내민 이 책의 원고뭉치 속에는 그간 복음을 붙들고 치열하게 고민하고 순종하며 깨닫게 된 그의 내면의 순례의 궤적이 보이고 주의 은혜의 붙드심이 더욱 선연히 드러나 보였습니다. 욱신거리는 젊은 날의 성장통을 겪으며 수없는 유혹과 쉼 없이 몰아가는 현대 문명의 소용돌이 가운데 십자가의 복음을 살아내려 몸부림치며 진솔하게 자기 영혼의 내적 투쟁을 치르는 모습을 지켜보는 일이 때론 안타깝고 혹시나 하는 조바심이 나는 때가 있기도 했습니다. 그렇지만 이 원고를 보며 철없는 막내요, 어린 아들로만 생각하고 믿음 없이 염려하던 부모인 저희가 심히 부끄러워졌습니다.

운동회 날 달리다가 넘어진 아들에게 보내는 응원처럼 "일어나! 다시 뛰어! 괜찮아! 승리할 수 있어!"라고 목이 쉬도록 외치면서 함께 트랙을 뛰고 돌며 두 팔을 휘두르던 흥분의 그날, 그 순간처럼 "그래! 복음이면 충분하지! 예수면 다지!"라고 외쳐봅니다.

천하에 어떤 영광보다 참되시고 거룩하신 살아 계신 하나님, 나의 주님과 함께 동행하는 그 영광이야말로 비할 데 없는 최고의 영광임에 틀림없습니다. 더욱이 예수 그리스도의 십자가와 부활에 연합하여 그 생명으로 살아가는 신비로운 믿음의 여정, 질그릇 안에 담겨진 보배처럼 죄인 되었던 우리 안에 예수 생명을 주사 성령님으로 살게 하시는 비밀, 그분 안에서 고난과 영광을 함께 누리는 '십자가의 길'을 당당히 선택하고, 선포하는 젊은 영혼들에게 이 책을 추천하고, 그들을 응원하면서 이렇게 외치고 싶습니다.

"음란한 세대의 값싼 유혹과 공허하고 썩어질 세상 영광을 던져버리고 담대하게 영원한 가치, 진정한 승리자, 예수 그리스도를 따르는 용감한 정예병으로 복음의 길에 나서자! 이 길 끝에서 지금 오고 계시는 어린양 예수 그리스도를 만나자!"

● **김용의 선교사** 순회선교단 대표

믿음의 파산자에서 굳건한 믿음의 사람으로

김용의 선교사의 막내아들 이름이 '김선교'라고 들었을 때, 그렇게 이름을 지어준 선교사님도 대단하지만, 본인은 얼마나 힘들까 하는 생각을 했습니다. 원고를 읽으면서 이름 그대로 열일곱 살에 선교사가 되었지만 순탄하게 선교사가 된 것은 아니었음을 알게 되었습니다. 그는 광풍 같은 영적 방황을 겪었습니다. 그렇지만 그 가운데 더욱 강한 손으로 그를 붙잡고 인도하시는 주님의 손길이 있었습니다. 그 과정이 너무나 마음에 깊이 와닿았습니다. 이 책은 어려서부터 극단적인 믿음의 걸음을 걸으며 오직 믿음의 유산만을 물려주기 원하는 부모와 믿음의 공동체 안에서 '믿음은 무엇이며 그 믿음은 왜 내게 능력이 되지 않는가?'라는 질문과 10년 가까이 씨름하며, 어거스틴의 고백록처럼 믿음의 파산자에서 굳건한 믿음의 사람으로 서기까지의 고백록입니다.

믿음으로 살고 복음으로 산다고 하는 단체의 사역자가, 존경받는 선교사의 아들이 정신과 치료에 의존하고 약을 먹어야 자고 신경안정제를 먹어야 안정이 되었던 자신의 실상을 정직하게 드러냈습니다. 그러나 그는 삶에서 올바른 질문을 포기하지 않았습니다.

'완전한 복음을 들었는데 왜 내 삶은 그대로인가? 왜 변하지 않는가?

'하나님께서 이루어놓으신 복음을 누리기가 이렇게 어렵단 말인가?'

'하나님의 말씀은 분명 된다고 하셨는데 왜 나는 그 삶을 살아낼 수 없을까.'

결국 주님은 그를 믿음의 영광의 자리로 이끄셨습니다. 아니 지금도 이끌고 계십니다. 누가 온전히 이루었다고 할 수 있겠습니까? 그러나 저는 저자에게 마음 깊이 감사했습니다. 방황 중에도 포기하지 않고 끝까지 주님께로 정직하게 나아가준 것이 감사했습니다. 그래서 이 시대에 소년 다윗과 같은 믿음의 사람으로 서준 것이 감사했습니다.

그의 글은 진지하면서도 재미있습니다. 심각한 문제를 다루면서도 솔직하고 거칠다고 여겨질 정도로 직설적이고 또 진실합니다. 김용의 선교사의 자녀 양육에 대하여 흥미 있는 일화들이 또한 감동과 함께 읽는 재미를 더해 줍니다. 그리고 한 사람의 청년 사역자가 주의 종으로 온전히 서기까지 묵묵히 그를 지켜보며 도왔던 많은 선교단체와 신실한 어른들의 모습에서 지금 우리가 어떻게 다음세대를 섬겨야 할지도 알게 됩니다.

하나님은 그에게 '다음세대에 의해 다음세대를 섬긴다'는 비전을 주셨습니다. 이 책의 마지막 문장이 "다윗과 같은 자, 지금 어디 있는가!"입니다. 그것은 저자를 향하여 부르시는 주님의 음성이고, 저자가 이 시대의 믿음의 동지를 불러모으는 외침이기도 합니다.

● **유기성 목사** 선한목자교회 담임목사

새 희망에 대한 벅찬 감동

솔직히 원고를 읽기 전에 약간의 선입견이 있었다.

'이제 겨우 스물일곱의 청년, 신학 공부도, 인생 경험도 일천한 청년이 책을 쓰다니? 그것도 충분히 삶의 전선에서 믿음을 체험해야 풀어갈 수 있는 주제를 쓰다니 놀랍군.'

그러나 원고를 찬찬히 읽어 내려가다가 나는 그만 조용한 혼란에 빠지고 말았다. 자신이 직접 경험하지 않고는 도저히 표현할 수 없는 신앙의 고백들, 어지간히 알아서는 인용될 수 없었을 적절한 성경말씀들. 나의 혼란은 곧 경솔한 판단에 대한 후회와 미안함으로 변하고 말았다. 그의 성장 과정과 현재의 삶을 어느 정도는 잘 알고 있는 나에게 공감의 온기가 되어버린 것이다. 그것은 바로 희망에 대한 감동이었다.

세속주의 물결에 처절하게 공격당해 허우적거리는 오늘 우리 세대와 한국 교회에 이런 믿음의 청년이, 이렇게 희망의 순(筍)이 되어 자라고 있다는 것은 무척 신나는 일이다. 본인의 의지와 상관없이, 별난 부모가 그가 세상에 태어나기도 전에 지어준 '선교'라는 이름의 부담스러운 짐을 거부하지도, 피하지도 않고 어느새 자기의 믿음으로 당당히 체화하고 분투해가는 젊은이를 보는 것이 얼마나 기쁜지 모른다.

나는 이 책을 통해 한 세대는 가도 또 한 세대를 키우셔서 당신의 일을 계속 이어가시는 주님의 위대하신 손길을 본다. 이 시대의 젊은 청년들에게 도전을 주며, 더할 나위 없이 유익한 자료가 될 것이라 본다. 또한 한국 교회의 기성세대가 읽는다면 필자가 받은 감동을 그대로 느낄 것을 믿기에 이 책을 기쁘게 추천한다.

● **유병국 선교사** WEC 국제선교동원 대표

원석이 다듬어져 보석이 되다

선교 형제를 그동안 멀리에서, 가까이에서 바라보면서 '하나님이 쓰실 물건은 물건인데!' 하는 생각이 들었다. 하지만 '하나님이 쓰실 물건으로 거듭나기까지 이 그릇 속에 부어졌다가 쏟아지고, 다시 씻어지고 닦이는 수많은 고난의 과정이 있을 텐데…' 하는 생각을 떨쳐버릴 수 없었다.

소위 선교 형제는 '모태(못해)신앙'이다. 하나님이 계신 것도 같고 안 계신 것도 같고, 예수님이 나를 위해 죽으셨다고 하는데 그런 것도 같고 아닌 것도 같고, 지옥이 있다는데 있는 것도 같고 없는 것도 같은 그런 의문들 속에 한동안 살아올 수밖에 없었다.

이 책은 '못해신앙'에서 '모태신앙'을 자신의 신앙으로 거듭나게 하는 자리에 이르기까지 선교 형제가 겪은 치열한 전투과정들을 소개하고 있다. 나는 선교 형제와 한 해 동안 한솥밥을 먹으면서 그의 최후의 전투를 지켜보았다. 성경원어훈련학교를 마치고 난 후 이 책의 초고가 되는 원고를 보내주면서 한 번 읽어주기를 원했다. 나는 그가 보낸 원고 속에서 원석을 발견했다. 다듬어지면 보석이 되겠다는 생각이 들었다. 내가 발견한 원석은 실재(實在-소유, 믿음의 지적 동의)와 실제(實際-누림과 나눔, 삶 속에 맺는 신앙의 열매)의 차이를 믿음, 소망, 사랑을 주제로 정리한 내용이었다. 나를 깨우치게 하는 귀한 내용이었다. 깨달음의 원리에 자신이 실제로 체득한 내용이 더해지고 다듬어져 책으로 나오게 되어 기쁘다.

나 역시 '모태(못해)신앙'이다. 나는 '모태신앙'으로 사는 수많은 '못해신앙'의 소유자들이 부모님으로부터 물려받은 신앙의 축복을 누리기 바라는 마음으로 이 책의 일독을 권한다.

● **유영기 교수** 복음기도신학연구소 소장

참 믿음에 대한 간증이자 선언문

오늘날 온갖 비본질적인 주제들로 가득한 기독교 서적들이 범람하고 있는 이 시대에 사실 '믿음'이라는 주제보다 더 근본적이고 중대한 주제가 있을까 하는 생각이 든다.

특별히 이 책은 단순한 신학 지식이나 이론이 아닌 믿음의 '실제'를 체험하기 위해 발버둥치면서 자신과의 치열한 '분투'와 끊임없는 십자가의 갈등을 통해 일궈낸 참 믿음에 대한 저자의 산 간증이요, 선언(Manifesto)이라 볼 수 있다.

더 나아가서 아직 종교의 때가 묻지 않은 저자가 믿음에 대해 전혀 무지하고 무관심하다고 하는 그의 동료 '새천년 세대'를 위해 그들이 이해할 수 있고 받아들일 수 있는 그들만의 언어와 감성으로 저술한 솔직 담백한 선언문이기에 앞으로 이 책이 차세대에게 미칠 영적인 영향과 도전이 기대가 된다. 아직도 '믿음'이라는 중대한 주제에 대해 확신이 없거나 실제적인 믿음의 체험과 삶에 대해 결론을 내리지 못한 모든 분들에게 이 책을 적극 추천하는 바이다!

● **이현수 목사** 롤라드말씀공동체 대표

CONTENTS

순종의 한 걸음을 떼다

나는 열일곱 살부터 선교사라는 옷을 입고 살았는데, 그로부터 10년이 지났다. 그동안 수많은 일들이 있었다. 하나님으로부터 돌아서서 세상으로 향하려 했던 아찔한 순간도 있었다. 그러나 되돌아보면 '무엇을 했고, 무엇을 이루었다'라는 것보다 붙드시고 인도해주신 하나님의 '은혜'만 남은 것 같다. 난 그저 처해진 상황을 견뎠을 뿐인데 주님은 그곳에서 나를 다듬고 연단해주셨다.

앞으로 나누게 될 모든 이야기는 하나님이 철없는 한 인생을 사랑하셔서 복음 앞에 세우시기 위해 깨닫게 하시고 몸부림치며 부딪히게 하신 은혜의 이야기이다. 나는 확신한다. 이 이야기로 한 인생을 살리시고 복음으로 회복하시는 하나님의 전능하신 손길이 나타나고, 하나님의 은혜가 드러날 것임을….

나는 한 믿음의 공동체에서 2005년부터 사역자로 섬겼다. 그리고 시간이 흘러 8년간 몸담고 있던 공동체를 나오게 되었다. 그곳에 평생 있으리라 생각했던 나로서는 앞으로의 일을 계획하거나 생각해본 적이 없었기에 막막했다. 그 참에 권면받았던 헬라어·히브리어 공부를 한 후, 어차피 내게 다른 길이 없고 무엇을 해야 할지 모른다면, 주님이 어디로 부르셔도 준비되어 있는 사람으로 있기 위해 언어훈련을 받아야겠다고 생각했다. 그래서 국제 선교단체의 언어훈련 프로그램에 지원을 해놓고 학비를 마련하기 위해 혼자 자취를 하고 아르바이트를 하며 학기를 준비했다. 5개월을 준비한 끝에 태국 치앙마이에 있는 타문화 훈련 프로그램에 참여하게 되었다.

인생의 돌발상황을 맞닥뜨리다

늘 같은 환경에 있다가 타문화를 접하니 굉장히 신선하고 새로웠다. 호기심이 많던 나는 빠르게 적응하며 즐기게 되었다. 그런데 한달이 조금 지난 어느 날 몸에 이상이 오기 시작했다.

원래 자주 코피를 쏟고 가끔씩 정신을 잃는 일이 있었는데 아무리 병원에 가서 비싼 돈을 들여 검사를 해도 원인을 찾을 수가 없었다. 그냥 달고 살아야 하나 싶어서 더 이상 검사를 하지 않았었다. 그런데 훈련을 받고 있던 시기에 다시 안 좋아지기 시작한 것이다. 하루는 일정을 마친 저녁에 갑자기 내가 정신을 잃어 사람들이 놀랐다.

결국 구급차가 왔고 맥박을 체크했는데 맥박이 계속 떨어져서 급히 가까운 태국 병원으로 이송되었다(그곳에 함께 있던 지체가 나중에 이 상황을 설명해주었다). 오른쪽 신경에 마비가 와서 오른손, 오른발, 오

13

른쪽 눈이 제대로 반응하지 않았다. CT촬영을 하고 입원 수속을 밟은 뒤 하루종일 검사를 했다.

그런데 검사 결과 아무 이상이 없다고 나왔다. 일단 병원에서 나와서 훈련원 숙소에 도착했다. 나 외에도 예민한 지역에서 훈련을 받고 있는 지체들이 있었기에 이러한 돌발상황은 학교의 안위 문제로 연결될 수 있었다. 학교 관계자 분들은 무엇보다 여기 남아 있는 것이 장기적으로 내게 정말 도움이 될 것인가를 깊이 고민했다고 한다.

나는 돌아갈 마음이 전혀 없었다. 이대로 들어가면 또다시 준비해서 나오는 데 적어도 몇 개월이 걸리기 때문이다. 그리고 내 편에서는 독한 결단을 하고 앞으로 몇 년은 한국에 돌아가지 않으리라 마음을 먹었기 때문이다. 학교 관계자 분들은 이 일로 결국 긴급 회의를 하셨고 나를 아끼고 사랑해주셨던 선생님들과 함께 나의 앞으로의 사역을 위해 한국으로 돌아가는 것이 좋겠다고 결정하고 통보해주셨다.

나는 납득이 되질 않았다. 이대로 돌아갈 수가 없었다. 처음으로 내 의지와 결단으로 믿음의 걸음을 옮겼기에 멈추고 싶지 않았다. 그래서 가족에게 말했다.

"돌아가지 않겠습니다. 학교에서는 나왔지만 여기서 바로 다른 곳으로 가겠습니다."

나는 다음 걸음을 준비하기 위해 학교 근처에 있는 호텔방을 예약했다. 또다시 보이지 않고 막막한 상황 가운데 놓이게 되었다. 가족들은 그것이 정말 하나님 앞에서의 믿음의 결단이라면 존중하고 기도하겠다고 했다.

나는 절대 한국으로는 돌아가지 않으리라 굳게 마음을 먹었다. 나름 믿음의 걸음이라고 큰소리치고 나왔기에 더욱 돌아가기가 싫었다. 그런데 우연치 않게 태국 치앙마이에서 내가 훈련받던 선교단체의 국제 컨퍼런스가 열렸다. 각 대표 분들이 모이신 자리에서 나에 대한 이야기가 나왔다.

국제선교동원을 맡고 계시는 선교사님께서 나를 만나고 싶어 하셨다. 그 분은 나를 하나님 앞에 선 선교사로 봐주셨다. 그렇기에 더욱 건강하게 준비되어 훈련받기를 원하셨다. 그 분의 진심 어린 조언을 들으며 내 결단이 사실은 고집이었음을 깨달았다.

"선교 형제를 향해 가지고 계신 하나님의 계획이 기대가 됩니다. 그러나 그 계획대로 이끄시도록 기도하고 또 허락하심 안에서 치료를 받고 기다릴 줄도 알아야 합니다. 치료를 다 받으면 학기 중이든 언제든 돌아오셔서 훈련을 받고 이 단체 선교사가 되었으면 좋겠습니다."

"네! 한국에 들어가서 치료받겠습니다. 건강한 몸으로 다시 돌아오겠습니다."

한국에 들어와 치료를 시작했다. 그러나 전과 마찬가지로 아무리 많은 검사를 받아도 원인이 밝혀지지 않았다. 건강에 대한 확실한 보증 없이 다시 나갈 수 없어서 계속 기다려야 했다. 눈앞에 선교에 대한 열린 문이 있는데, 원인을 알 수 없는 몸의 이상으로 인해 그 어디에도 갈 수가 없었다. 이도 저도 아닌 애매한 시간들이 속절없이 지

15

나갔다. 한두 달이 지나자 처음에 가졌던 패기는 점점 사라져가고 나는 점점 지쳐가기 시작했다.

다음세대를 섬기는 사역이 시작되다

한없이 기다려야 하는 어려운 시간을 지나던 중, 전에 있던 단체에서 성인이 된 선교사 자녀들과 함께 모임을 갖게 되었다. 그들과 편하게 이런저런 이야기를 나누면서 그들이 장년 사역자들 못지않은 훈련, 아니 그보다 더 많은 훈련을 받았음을 알게 되었다. 그 안에 참으로 많은 것이 준비되어 있음에도 불구하고 자신의 사소한 연약함에 대한 다른 사람의 시선 때문에 그 능력을 발휘하지 못하는 것 같았다. 안타까운 마음에 단체의 대표 선교사님을 찾아가 말씀드렸다.

"그들의 사소한 연약함에 대해 걱정하기보다 그들 안에 준비된 것을 드러낼 수 있는 기회를 주십시오."

그 기회를 내가 마련해준다거나 혹은 같이 뭘 하겠다는 생각은 전혀 없었다. 다만 나와 비슷하게 자란 그들에 대한 마음이 남다른 것뿐이었다. 하루는 대표 선교사님께서 나를 부르셔서, 기도하면서 받으신 마음과 비전을 나누어주셨다. 그것은 요한계시록 3장 7,8절 말씀이었다.

"빌라델비아 교회의 사자에게 편지하라 거룩하고 진실하사 다윗의 열쇠를 가지신 이 곧 열면 닫을 사람이 없고 닫으면 열 사람이 없는 그가 이르시되 볼지어다 내가 네 앞에 열린 문을 두었으되 능히 닫을 사람이 없으리라 내가 네 행위를 아노니 네가 작은 능력을 가지고서도 내 말을 지키며 내 이름을 배반하지 아니하였도다"(계 3:7,8).

여러 가지 비전과 의견을 주셨지만 결국은 'K.O.D. mission'(The Key Of David mission)이라는 이름과 약속의 말씀이 핵심이었다. 그러나 이름과 약속의 말씀 외에는 결정된 사역이나 방향이 없었다. 살짝 당황스러웠다. 나는 치료를 끝내고 앞서 말한 국제 선교단체에 합류하려고 했기 때문이다. 단호히 거절하고 더 이상 생각하지 않으려고 했다.

그런데 자꾸 마음이 불편하고 계속 신경이 쓰여 잠을 잘 수가 없었다. 일주일이 넘게 잠도 이루지 못하고 고민하면서 생각을 해보았지만 전혀 답이 나오지 않았다. 그렇게 이것저것 재고 있는 내게 주님이 내 마음의 상태를 짚어내셨다.

'네가 K.O.D. mission에 가고 싶지 않은 이유가 무엇이니? 네가 생각하고 기대하는 것에 맞아떨어지면 순종할 수 있고 아무것도 보이지 않으면 순종할 수 없는 거니?'

따로 설명할 필요없이 내가 국제 선교단체에 가고 싶었던 이유와 K.O.D. mission을 거절했던 이유를 살펴보니 금방 알 수 있었다. 나는 주님을 따라간다고 하면서도 매순간 하나님의 말씀을 의지하는 삶보다 아직도 보장되고 미래가 확실해 보이는 길을 선택하려고 했던 것이다. 이 마음의 동기가 드러나자 더 괴로웠다.

나의 질문은 'K.O.D. mission을 하느냐, 마느냐'라는 질문에서 '정말 하나님 한 분만 바라보고 아무것도 보이지 않아도 순종할 수 있는가?'로 바뀌어버렸다. 사실 이 질문에 대한 답은 이미 나와 있지 않는가? 주님이 항상 일을 이런 식으로 하신다는 것이 어려웠다. 결론이 뻔히 나와 있는 질문을 던지고 사라지시다니!

2주 정도 머리털 휘날리며 잠도 제대로 못 자고 고민하다가 결국 '아멘'으로 응답하기로 했다. 정말 아무것도 보이지 않았다. 그냥 주님이 시키셔서 그 자리에 있다는 것 외에 어떤 것도 나의 삶이나 단체의 미래를 보장해주지 못했다. 오직 팀의 이름과 약속의 말씀만 있을 뿐이었지만 공식적인 발표와 함께 K.O.D. mission이 시작되었다.

일 년이 채 안 된 신생단체이고 지금도 여전히 아무것도 보이지 않는다. 특별히 정해진 사역도 없고, 방향도 모른다. 그저 '다음세대에 의해 다음세대를 섬긴다'라는 비전 외에는 아무것도 없다. 우리가 한 사역이라고는 일주일 동안 청소년들을 복음으로 세우는 학교에 가서 섬기는 것과 연합하는 다른 단체 사역을 섬기느라 주차 안내나 피켓 안내 등 그때그때 허락하신 일을 감당하는 것이 전부다. 그러나 '아무 일도 없다'라고 말하지 않는다. 우리에겐 순종해야 할 하나님의 명령들이 있다. 평소에는 말씀과 기도, 예배 사역 등을 감당한다.

아주 가끔은 "이제 뭐하지?"라는 질문이 공격이 되어 돌아올 때가 있다. 하지만 아무리 그것을 붙들고 고민해도 뭘 해야 할지 도대체 알 수가 없어서 다시 말씀을 읽고 기도하며 예배할 수밖에 없다. 그리고 사람이 필요한 곳에 가서 그냥 이것저것 섬기고 있다.

18

하나님을 향한 열정과 패기로 한 걸음씩

한번은 어떤 훈련 프로그램에 단체 소개를 하러 가는 시간이 있었다. 몇 주 전부터 밤새도록 PPT를 준비했다. 이런저런 기획과 아이디어를 모아서 '우리는 이런 단체다. 아직은 드러나지 않았지만 이런 일을 할 거다'라고 멋지게 광고하고 싶었다. 그러던 어느 날, 평소에 대답도 잘 안 하시던 주님이 내게 말씀하셨다.

'정말 내가 그 일을 너에게 하라고 했니?'

또또또 이런 식으로 말씀하신다. 주님과의 소통에서 제일 어려움을 겪는 것 중 하나는 '무엇을 해라, 저기로 가라!' 이런 말씀은 정확하게 안 하시고 계속 '믿어, 기다려, 순종해'라고 하신다는 점이다. 늘 정확하면서도 모호한 듯한 말씀을 주셨는데 내가 뭘 하려고 하면 점검해야 할 것은 분명하게 짚어서 말씀하시곤 했다.

결국 PPT와 대본을 전부 수정했다. 그리고 단체를 소개하러 갔다. 담당 간사님께 PPT 파일을 넘겨드리고 차례를 기다리고 있었다. 순서는 네 번째였다. 앞서 소개한 팀들은 이미 사역이 많이 진행된 상태여서 구체적으로 여러 가지 일을 하고 있었다. 마음이 점점 압박되기 시작했다.

'괜히 왔나? 아무것도 없으면 가만히라도 있을 걸 왜 여기 기어와서 이러고 있나.'

수많은 생각들이 오고갔다.

'지금이라도 안 한다고 할까?'

고민하고 있다가 결국 내 차례가 되어 앞으로 나갔다. 사람들은 어디서 듣도 보도 못한 단체가 나왔는데 단체장까지 어리니, 내가 느끼기에 '무슨 사역을 하는지 보자' 하고 바라보는 것 같았다.

PPT가 띄워졌다. K.O.D. mission의 로고가 나왔다. 이어서 약속의 말씀이 나왔다. 그리고 까만 화면이 나왔다. PPT를 넘겨주시던 간사님이 당황하셔서 뒤에서 파일이 없다고 계속 손을 흔드셨다. 내가 웃으며 말씀드렸다.

"당황하지 마세요. 없는 게 맞아요."

그리고 앞에 앉아 있는 청중을 향해 말했다.

"저희는 팀 이름과 약속의 말씀 외에 아무것도 없습니다. 앞으로 어디로 가야 할지 무슨 사역을 할지 아무것도 모릅니다. 나중에 찾아오지 마세요. 설명할 것이 아무것도 없습니다. 그래도 만약 마음을 주신다면 무엇이 있기 때문이 아니라, 하나님 한 분 바라보시고 저 까만 블라인드 걸고 오십시오! 보이지 않고 아무것도 보장된 것이 없는데도 주님이 말씀하셨기에 순종하시는 거라면 직접 저 보이지 않는 블라인드 걸고 오십시오! 어딜 가나 무엇을 하나 우리의 기대를 충족시켜줄 수 있는 것은 아무것도 없습니다. 사람을 보고 갔다면 사람에게 실망할 것이고, 사역을 보고 갔다면 사역에 실망할 것입니다. 그러나 주님을 기대하면 절대 실망하지 않습니다. 다른 어떤 것 말고 주님을 기대한다면 보이지 않지만 한 걸음 떼십시오!"

15분의 짧은 소개를 마치고 내려왔다. 다들 어리둥절해하는 것 같왔다. 나머지 단체의 소개 시간이 다 끝나자 부스가 설치되고 개인적으로 상담을 원하는 사람들이 부스에 찾아가는 시간이 마련되었다. 나는 황당하고 어이없게 소개를 한 뒤 아무도 오지 말라고 해놨으니 '혼자 뻘쭘하겠구나' 싶어 핸드폰을 만지작거렸다. 그런 내가 불쌍했는지 많은 사람들이 와주었다. 그 시간에 주님이 주신 마음과 지금까지 어떻게 이끌어주셨는지에 대한 이야기를 나누게 되었다.

정말 주님이 원하시는 것은 말씀의 빛으로 보여주신 길을 이것저것 재지 않고 한 발짝 옮기는 패기인 것 같다!

"주의 말씀은 내 발에 등이요 내 길에 빛이니이다"(시 119:105).

이 길 끝에 주님이 계실 것이라는 확신! 그것으로 이 길을 가기 원하시고, 또 순종의 작은 한 걸음으로 하나님께서 반드시 영광을 받으실 것을 믿어 의심치 않는다. 한 걸음으로 인한 결과, 즉 무엇을 이루어내고 성취하는 것이 아니라 믿음으로 걷는 그 걸음 자체에 의미가 있다는 것이다. 그래서 계속 이 길을 걷고 있다.

하나님을 향한 열정과 패기를 가진 젊은이!

작고 보잘것없어 보이지만 하나님의 영광이 걸려 있다면 일단 걷고 보는 젊은이! 나는 오늘도 이런 청년들이 많이 일어나기를 기대하고 소망하며 기도한다.

너희는 그 은혜에 의하여 믿음으로 말미암아 구원을 받았으니
이것은 너희에게서 난 것이 아니요 하나님의 선물이라
_에베소서 2장 8절

THE PURSUIT OF

FAITH

●

내 믿음
여행의
시작

1

P A R T

나의 이야기

대놓고 지은 이름

나는 1989년 6월 11일 4킬로그램의 건장하고 우람한 아이로 태어났다. 태어나고 보니 2남 3녀 중 막내이며, 부모님은 아주 유별나게 하나님을 사랑하는 분이었다. 세상에 뒤처지는 것은 용서가 되어도 믿음에서 물러나는 것은 용서가 되지 않는 가치관을 갖고 계셨다. 그래서 부모님은 어릴 때부터 내게 기초적인 말씀 묵상과 전도, 기도 등과 같은 신앙훈련을 시키셨다.

한글 공부는 성경 읽기로 대신했다. 아침에 묵상을 하지 않고는 학교에 갈 수 없었다. 그뿐 아니라 하나님께서 주신 은혜를 잊지 않아야 한다고 하셔서 매일 묵상한 내용을 노트에 기록하라고 하셨다. 내가 직접 하나님을 경험하고 말씀을 들어야 하기에 성경의 해석이나 풀이가 적힌 큐티 책자가 아니라, 네모 칸만 쳐 있는 흰 노트를 주셨다. 그리고 가끔 읽어보셨다. 한참 사춘기 때도 예외일 수 없었다. 나는 10분이라도 성경책을 펴놓고 읽는 시늉이라도 하고 학교에 가야 했다. 묵상노트에도 성경 인물들의 긍정적인 면을 포인트로 잡아 대충 적었다.

'베드로처럼 살아야겠다.'

'요한처럼 살아야겠다.'

아무리 바쁘고 졸려도 '가룟 유다처럼 살아야겠다'라고 쓰지는 않았다. 학교 가기 전에 부모님이 어김없이 확인하시는 사항이 있다.

"아침에 묵상했니?"

이것은 "학교에 가져갈 것 잘 챙겼니?" 하고 준비물을 빠뜨리지 않았는지 확인하는 것보다 우선이었다. 아침에 말씀을 보지 않고 묵상을 하지 않고 학교에 가서 배운들 아무것도 쓸모없다는 사실을 강조하셨다.

이처럼 하나님을 향한 열정이 남다르신 부모님은 자식을 낳는 족족 선교사로 바쳐버리셨다. 우리의 동의도 없이….

우리 가족은 아버지, 어머니, 5남매, 총 '7인 체제'로 이루어져 있다. 형 1, 누나 1, 누나 2, 누나 3 그리고 내가 있다. 내 이름은 김선교이다. 함축적인 의미가 있는 것도 아니고 대놓고 '선교'라고 지어놓으시는 바람에 도대체 딴 길로 갈 수가 없었다. 만나고 인사하는 사람마다 똑같은 말씀을 하셨다.

"오, 선교? 선교사 되어야겠네!"

이런 말을 계속 듣다 보니 나는 무조건 선교사가 되어야 하는 줄 알았다. 그러다가 초등학교 6학년 때 학교에서 장래희망을 적어오라고 했는데 군인이 너무 멋있어 보여서 별 생각 없이 '군인'이라고 적었다. 그런데 그냥 한 번 적어본 장래희망이 초등학교 졸업앨범의 내 사진 밑에 떡하니 적혀 있는 사태가 발생했다. 그날 나는 곧바로 어머니의 부르심을 받았다.

"장래희망이 군인이야?"

정말 인자하고 부드러운 음성이었다. 그러나 나는 두렵고 떨림으로 그 앞에서 변명 아닌 변명을 했다.

"하나…님…나라…의 군인…이요."

그 후로 학교에서 장래희망을 적는 곳에는 어김없이 '선교사'라고 적어냈다. 그것이 내 운명이라 여길 수밖에 없었다.

아버지께서는 당시 어린이들을 섬기는 선교단체에 계셨다. 덕분에 나는 그 단체에서 하는 수련회와 훈련 프로그램에 빠지지 않고 참석했다. 원래는 초등학교 3학년부터 참여할 수 있는 수련회인데 부모님의 열심 덕분에 초등학교 1학년 때부터 계속 참여할 수 있었다. 훈련을 받은 뒤로는 '글 없는 책'(복음 전하는 도구)을 들고 동네를 휘저으며 몇십 명씩 끌고 다니며 전도해서 아이들을 교회로 데려오곤 했다. 가끔 친구들과 놀다가 집에 늦게 들어가서 어머니께 혼날 것 같으면 집에 들어가자마자 외쳤다.

"어머니, 전도하고 오겠습니다!"

그러면 어머니께서 기쁘게 보내주시곤 했다.

"어! 우리 아들, 파이팅!"

이렇게 훈련을 받으니 주일학교 예배 때 듣는 내용들이 다 아는 내용이었다. 주일예배가 끝나면 항상 그날 들은 말씀을 복습하는 게임 시간이 있었다. 문제를 맞추면 줄이 여러 개 달린 박스 안에 있는 과자를 뽑아갈 수 있었다.

먼저 선생님이 문제를 내고 "정답을 아는 사람은? 코코코코코!" 하면 아이들이 손가락으로 '코코코코코코코코!' 하면서 선생님의 선택을 기다린다. 선생님은 아이들 중에 한 명을 지명하고, 정답을 맞추면 상품을 준다. 그때가 바로 나의 실력을 드러낼 수 있는 절호의 기회였다. "정답을 아는 사람은?"이라는 말이 떨어지기가 무섭게 나는 소리를 지르며 달려들었다. 만약 나를 선택해주지 않으면 분해서 큰소리로 정답을 이야기하거나 속상하다며 울고불고 떼를 썼다(지금 돌이켜보면 주일학교 선생님들께 정말 죄송하다).

사춘기, '중2병'을 앓다

부모님의 철저하고 엄격한 교육을 받았지만 화목한 가정과 선교사인 형과 누나들 틈에서 나는 막내로 무한한 사랑을 받았다. 그래서인지 까불까불하고 산만하며 장난기가 많은 자유로운 영혼이었다. 그러다 사춘기가 찾아왔다. 초등학교 때에는 신앙 좋고 착하면 인정과 칭찬을 받았기에 교회 다니는 것이나 전도하는 일에 열심을 냈다.

그러나 중학교에 올라가니 내가 하는 행동은 무시받고 괴롭힘 당하기 딱 좋았다. 중학교 시절, 나는 데굴데굴 굴러다닐 정도로 굉장히 뚱뚱했다. 때리기 좋게 생겼다는 이유로 동네와 학교에서 참 많이 맞았다. 내가 무엇을 잘못했는지도 모른 채 한없이 맞았다. 나는 착하고 성실하면 집과 교회에서 인정받듯 학교와 세상에서도 인정받을 줄 알았다. 하지만 세상은 내가 교회와 가정에서 배운 대로 할수록 더 날 괴롭히고 못살게 굴었다. 학교에서나 동네에서 맞고 들어와도 집에서는 가족이 걱정할까 봐 말을 할 수 없었다. 얼굴이 퍼렇게 멍이 들어 집에 들어가도 '쇠창살에 얼굴이 끼었다'는 말도 안 되는 핑계를 대며 그 사실을 숨겼다.

정말 힘들고 괴로울 때, 아무에게도 도움을 요청할 수가 없었다. 누구도 나를 도와주지 못할 것 같았고 겁이 났기 때문이다. 성경적 가치와 부모님의 말씀대로 살려면 왼뺨을 맞으면 오른뺨을 돌려대야 했는데, 그렇게 살면 무시를 받았다. 결국 나는 세상을 착하게만 살면 안 된다고 생각하게 되었다. 나는 죽기 살기로 운동에 매달렸다. 살을 빼고 운동을 해서 힘도 세지고, 세 보이는 친구들과 어울려 다니면 무시받지 않고 맞고 다니지도 않을 것이라 생각했다. 더 악랄해지고 고집스러워지며 이를 악물고 이기적으로 행동하며 독해지기로 결심했다. 불성실한 태도를 보이며 점점 교회에서 멀어져갔다. 그렇게 중2병에 걸려서 한참 부모님, 특히 어머니의 가슴에 대못을 박았더랬다.

어머니는 학교에 매일같이 불려다니셨다. 질풍노도의 시기를 한참 지나던 가운데 아버지께서 섬기시는 공동체가 인천에 있는 신도라는 섬으로 이사를 가게 되었다. 2004년 12월 25일 크리스마스에 나는 부푼 기대가 아닌 부푼 분노를 억누르며 황량하기 그지없는 폐교에 도착했다. 그곳이 내가 앞으로 지낼 곳이라고 하는데 황당하고 어처구니가 없어 웃음도 나오지 않았다.

식당은 천막으로 되어 있었고 학교는 무너지기 일보직전처럼 보였으며, 나무 바닥은 전부 떠서 겨울 칼바람이 자유롭게 드나들었다. 관리되지 않은 풀들이 무성히 자라 있고, 운동장 여기저기에 컨테이너 박스와 정리되지 않은 짐들이 널부러져 있었다. 딱 피난민 컨셉이었다.

'내가 왜 여기 있어야 하는가? 왜 나만 이렇게 살아야 하는가.'

분하고 억울했다. 그런데 폐교에 있는 사람들의 표정은 피난민이 아니라 전쟁에 참여하러 온 군사처럼 비장하고 또 보물섬에라도 도착한 듯 환했다.

'다들 미쳤어. 젊은 사람들이 다 미쳐서 폐교 운동장에서 실없이 웃고 있다니!'

화장실의 물들은 다 얼어터져서 자연 화장실을 사용해야 했고, 옷을 있는 대로 걸치고 자야 했다. 전기장판을 켜도 전기는 자꾸 떨어지고 이불을 덮고 있지 않은 얼굴은 숨을 쉴 때마다 콧물이 얼어붙었다. 이불 속에 얼굴을 파묻으면 숨이 막히고 꺼내면 얼어버리는 그야말로 생지옥이 따로 없었다.

그 와중에서도 나를 정말 힘들게 하는 것은 추위나 불편한 환경이 아니었다. 나는 죽을 것 같은데 거기 함께 사는 공동체 사람들은 행복해한다는 점이었다.

마치 내가 이상한 사람처럼 느껴졌다. 그들은 선택해서 헌신했다지만 나는 태어나기를 그렇게 태어나서 힘든 환경에서 지내나 싶어 화가 나 방황의 끝을 달렸다. 계속 반항하고 고집스럽게 버텼다. 그

때까지도 나는 몰랐다. 하나님께서 나를 다루시고 하나님의 은혜 가운데 직접 인도해가고 계심을….

아버지의 눈물

하루는 부모님의 말씀을 듣지 않고 무단으로 외박을 했다. 다음 날 아버지께서 부르셨다. 당시 아버지는 허리가 좋지 않아 일어서지도 못하고 앉아 있을 수도 없는 상태셨다. 혼이 나면 얼마나 나겠나 싶어 별 두려움 없이 아버지가 누워 계시는 방으로 갔다.

아버지는 자식들에게 사랑의 매를 들 때 감정적으로 하지 않으려고 노력하셨다. 먼저 무엇을 잘못했는지 설명하시고 자신이 맞을 매를 직접 골라오고 몇 대를 맞을지도 직접 정하게 하셨다. 나는 철없는 막내였다. 아버지께서 "김선교! 몇 대 맞아야겠니?"라고 물어보시면 얼마나 잘못했는지에 상관없이 늘 실실 웃으며 "한 대…"라고 대답하곤 했다. 그러면 진짜로 한 대를 때리셨다(물론 가끔 한 대에 다섯 대치를 실어서 때리시긴 했지만). 우리 집안의 훈계는 정확했다.

그날도 아버지께서 동일하게 말씀하셨다.

"네가 맞을 매를 꺾어와라."

지금도 내가 무슨 정신으로 그랬는지 모르겠는데 허리가 아프신 아버지가 드실 수 없을 만한 아주 큰 나무를 가지고 와서는 아버지 앞에 내려놓았다. 아버지는 내가 반항심으로 그러는 줄 아시고는 한 손으로 그 큰 나무를 들어서 내리치시는데 그 큰 나무가 '아작' 소리를 내며 부서졌다.

"이 나무 썩었잖아."

아버지의 그 말을 듣고서야 내가 무슨 짓을 했는지 실감이 났다. 그러나 때는 늦었다. 아버지께서 고개를 돌려 이리저리 살피시더니 내가 보지 않으셨으면 했던 곳으로 눈길을 돌리셨다. 그것은 '대나무 효자손'이었다. 아버지는 효자손을 손에 드시고 옆으로 돌아누우셔서 바닥을 몇 번 쳐보시더니 내게 말씀하셨다.

"종아리 얼어서 터지니까 난로 앞에 가서 종아리 덥히고 와."

무릎 꿇고 빌어도 그냥 넘어갈 수 있는 때는 지났다. 아버지가 물으셨다.

"몇 대면 되겠니?"

그때라도 용서를 구했어야 했다. 이미 늦었다고 생각하고 또 개념 없이 뱉지 말아야 할 말을 뱉어버렸다.

"제가 뭘 잘못한지 몰라서 몇 대 맞아야 할지 모르니 이쯤 됐다 하실 때까지 때리세요."

내가 미쳤던 게 틀림없다. 아버지는 조용하게 말씀하셨다.

"네가 됐다고 생각하면 말해라."

아버지는 곧바로 종아리를 때리기 시작하셨다. 나는 거친 지역의 남학교에서 '죽겠다' 싶을 정도로 많이 맞아본 터라 맷집은 국보급이었다. 그런데 언 종아리를 맞는데 번개가 번쩍번쩍했다. 맞으면서도 정신을 못 차렸다. 몇 번이나 "됐냐?"라고 물어보시는 아버지께 계속 때리시라고 대들었다. 몇 대인지 모를 만큼 맞으면서 아버지의 얼굴을 슬쩍 쳐다봤다. 옆으로 돌아누워서 때리시는 아버지는 눈과 코 사이에 눈물이 가득 맺혀 있었다. 아랫입술이 찢어지도록 이를 악무시고는 소리 없이 울고 계셨다. 한참을 맞은 뒤에 아버지는 잠깐 나 갔다 들어오라고 하시더니 들어온 나를 끌어안으시고 이렇게 말씀 하셨다.

"내 아들이라서만이 아니라 하나님께서 너를 향해 가지고 계신 계획이 너무 커서 포기할 수가 없구나."

다 이해할 수는 없었으나 아버지의 마음이 충분히 전달되었다. 이때쯤부터 하나님께서 나의 마음에 직접 손을 대기 시작하셨다.

그 일이 있고 얼마 후, 나는 잠이 오지 않아 새벽녘에 내가 살던 폐교 주변을 어슬렁거리고 있었다. 그러다 아버지의 사무실에 불이 켜져 있어서 누가 있나 싶어 들어갔다. 아무도 없고 책상 위에 성경책이 펼쳐져 있었다. 어렸을 때 많이 봐서 더는 감동이나 은혜가 없을 것이라 생각되었던 성경책 앞에 가만히 앉아서 펼쳐져 있는 본문을 읽어 내려갔다. 본문은 누가복음 15장이었다. 너무나 잘 아는 '돌아온 탕자'에 대한 말씀이었다. 무엇인가에 붙들려 그 자리에서 떠날 수가 없었다. 그때 주님이 나를 만나주셨다.

폭풍 같은 눈물이 흐르거나 주체할 수 없는 감격이나 기쁨이 있었던 것은 아니었다. 그러나 말씀하시는 분이 하나님이심을 너무나 분명하게 알 수 있었다. 그때가 2005년 3월 21일이었다. 새벽 0시에서 4시까지 주님은 나를 한자리에 붙들어놓으시고 하나님의 말씀이 실제임을 부인할 수 없도록 하셨다. 나는 지금도 매년 3월 21일 0시가 되면 나를 만나주신 하나님을 기념하며 감사와 기도로 그 시간을 올려드린다. 군대에 있을 때에도 특별히 훈련을 받는 시간이 아니고서는 빼놓지 않고 하나님 앞에 그 시간을 올려드렸다(하지만 시간이 시간인지라 기념하고 싶은 마음과는 다르게 줄기도 한다).

친구들과 어울리며 하루가 멀다 하고 대형 사고들을 쳐왔던 터라 하나님을 경험한 후 학교로 돌아갔을 때 하나님에 대한 믿음을 지켜 낼 자신이 없었다. 결단이 필요했다. 나는 학교를 그만두기로 했다. 그리고 아버지께서 섬기시는 공동체가 내가 믿음을 지키고 살아가는 데 최적의 장소라 확신했다. 미친 것 같아 보이는 그들의 삶이 궁금하기도 했다. 나는 공동체의 리더십을 찾아가서 당돌하게 물었다.

"이 선교단체에 나이 제한이 있습니까?"

"글쎄다. 아직 미성년자가 들어오겠다고 한 경우가 없어서 생각해 본 적이 없네."

"한번 생각해봐주세요."

이 소식을 들은 아버지도 당황하셔서 "여기도 부르심이 있어야 온다"고 하시고는 학교 그만두는 것도 기도하면서 잘 생각해보라고 하셨다. 그래서 일주일간 학교에 가정학습기간 신청을 하고 공동체에서 하는 '말씀기도'라는 모임에 참석하여 기도하는 시간을 가졌다. 하지만 말이 기도하는 시간이지 내 마음에서는 이미 학교를 그만두기로 결정이 나 있었다. 문제는 공동체에서 나를 받아주느냐 마느냐를 기다리는 것이었다. 그때는 참 개념이 없었다.

일주일이 지나고 아버지께서 다시 물어보셨을 때 난 주저 없이 학교를 그만두고 이 공동체에 들어오겠다고 대답했다. 곧장 학교로 가서 자퇴서를 작성했다. 선생님들이 황당해하셨다. 말썽 부리고 사고만 치다가 갑자기 하나님께서 은혜를 주셨다고 하면서 학교 잘 다니겠다는 게 아니라 아예 그만둔다고 하니 이해하지 못하시고 말리셨다. 더는 이해시키기 어렵단 생각이 들어 어머니와 함께 얼른 자퇴서에 도장을 찍었다. 그리고 교복을 입고 공동체에서 진행하는 '복음선교관학교'로 갔다.

열일곱 살의 선교사

이때부터 공동체 안에서 선교사의 삶이 시작되었다. 열일곱 살, 아직은 선교사와 간사라는 호칭이 어울리지 않는 그저 평범하기 그지없는 10대 청소년이었다. 마치 아이가 아버지 양복을 입은 것처럼 어색하고 실수투성이였지만 그래도 마냥 즐거웠다.

내가 주로 하는 사역은 삽질, 곡괭이질, 예초 작업, 건물 공사, 페인트칠 등이었다. 특별한 사역을 한 것은 아니었지만 모든 것을 버리고 헌신하신 선교사님들 사이에 껴서 믿음의 걸음을 함께한다는 것이 즐거웠다. 친한 동료 형제님들과 추운 날에 찬물로 씻어도 즐거웠고 후줄근한 작업복을 입고 학교 앞 계단에 앉아 잘 치지도 못하는 기타로 같이 찬양하는 것도 행복했다. 또래 아이들처럼 친구들과 어울려 놀고 맘대로 나가지 못해도 괜찮았다. 내가 원해서 그곳에 있었고 다른 이유 없이 믿음으로 산다는 지체들과 함께 믿음의 대열에 있다는 것이 자랑스러웠다.

공동체는 어리고 부족한 나에게 많은 기회를 허락해주었다. 무식한 놈이 용감하다고 이것저것 일을 벌이고 겁없이 덤벼들었지만, 그때마다 공동체는 내게 안전한 보호처였고 복음 안에서 엇나가지 않도록 붙들어주며 지도해주었다. 지금 돌이켜봐도 그 공동체가 아니었다면 폭풍 같았던 그 시간들을 어떻게 견뎌낼 수 있었을까 싶다.

공동체는 십대 청소년이 공동체 안에 살면서 복음을 살아내는 삶을 기대감과 애정을 담은 시선으로 지켜봐주었다. 사역의 자리에서 또 삶의 자리에서 배려하고 믿음으로 격려해주었다. 나에게 다음세대를 섬길 수 있는 자리를 마련해주었고 그 기회로 나와 비슷한 또래와 함께 복음을 나누고 기도하는 시간을 가질 수 있었다. 작게는 공동체 안에 함께 살았던 아이들과 함께 말씀으로 기도하고 또 청소년들에게 총체적인 복음을 들을 수 있는 훈련학교를 세워주었다.

공동체 안에서 사랑과 배려를 받으며 시간이 흘러가고 있었다. 그런데 어느 순간, 내 안에서 믿음이 퇴보하는 것같이 느껴지기 시작했다. 자꾸 사탄의 공격에 넘어지고 유혹에 빠지는 일이 반복적으로 일어났다. 10대에는 충분히 그럴 수도 있다는 변명은 내게 전혀 위로가 되지 않았다.

'왜 나는 다른 사람들처럼 저렇게 열심히 또 열정을 가지고 달려갈 수 없는가?'

'왜 나는 맥없이 사탄의 공격과 유혹에 넘어지는가?'

믿음으로 전력질주하는 지체들을 보며 자기연민에 빠지고 고민하고 또 고민했다. 아무리 말씀을 보고 지체들과 함께 예배를 드리고 기도를 해도 내 상태를 해결해줄 수 없는 것 같았다.

'왜 내 믿음은 이것밖에 안 될까? 하나님의 말씀은 분명 된다고 하셨는데 왜 나는 그 삶을 살아낼 수 없을까?'

떠오르는 질문들을 묵상노트에 기록했다. 답을 얻을 때까지 그 질문을 다음 날로 옮겨가며 계속 싸웠다. 그런데 싸움이 계속되면 될

수록 해답을 얻어가는 것이 아니라 더욱 내 연약함에 집중하게 되고 점점 지쳐가기만 했다. 이제는 안 되겠다 싶어서 포기하고 싶어졌다. 내가 그 공동체에 있는 것이 믿음으로 잘 달려가는 다른 선교사님들에게 민폐라는 생각이 들었다.

나가려고 몇 번이나 짐을 쌌다 풀었다. '나는 안 돼'라는 사실에 너무 큰 '아멘'을 해버려서 되게 하시는 하나님을 바라보지 않았다. 점점 듣고 배웠던 진리와 말씀에서 멀어지고 있었다. 진리와 멀어진다는 것은 진리가 아닌 것과 가까워진다는 것이다. 점점 믿음의 치열한 싸움에 나아가기보다 그저 적당한 수준을 지키려고만 했다. 믿음을 쓰고 도전해야 하는 자리는 되도록 피했다. 믿음의 자리에서 물러나게 되니 그것은 함께 사는 지체들과의 관계에서도 확연하게 드러났다. 지체들과의 관계에서 어려워지면 내 마음을 열지 않았다.

진리에서 멀어질수록 내 마음이 괴롭고 양심의 가책으로 말씀이 나의 심령을 두드리면 아예 말씀을 피해버렸다. 기도할 때에도 내가 의지적으로 하나님을 선택하고 결단하기보다는 저절로 열정이 생기고 의지가 생기길 기도했다. 그러나 아무리 구해도 나를 사랑하시는 하나님께서는 그렇게 되도록 허락하지 않으셨다. 믿음을 써야 하고 선택해야 하는 자리로 자꾸 나를 몰아가셨다. 나는 그것이 고통스럽고 힘이 들어 하나님의 말씀을 외면했다. 그리고 모든 관계에서 마음의 문을 닫아버렸다.

공동체에서 혼자가 된다는 것은 무리에서 떨어져나온 먹잇감처럼 사탄에게 잡히기 쉬운 상태가 되는 것이었다.

발목을 붙드는 연약함

내게는 자꾸 발목을 붙드는 연약함이 있었다. 그것은 어렸을 때 사고를 목격한 후로 생긴 트라우마였다. 초등학교 때 누군가 옥상에서 자살한 것을 직접 목격했다. 떨어지는 것을 본 것이 아니라 바로 내 앞에서 떨어졌다. 너무 놀라 그 자리에 한참을 서 있었다. 그로부터 얼마 후 엘리베이터에 혼자 1시간가량을 갇혀 있게 되었다. 그 모습이 생생하게 기억에 남아 나를 괴롭혔다(지금도 쉽게 사라지지 않는 잔상이다). 그 트라우마로 인해 나는 잠을 잘 자지 못했고 밤에 반복적으로 가위에 눌렸다.

또 폐쇄공포증이 있어 심할 때는 호흡곤란과 두통으로 힘들어했다. 불을 끄면 잠을 자지 못했고 문을 닫아도 쉽게 잠을 이룰 수가 없었다. 아무리 애를 쓰고 몸부림쳐도 해결이 되지 않았다. 밤늦은 시간에 잠이 오지 않아 남은 시간을 어떻게 해야 할지 모를 때 기도하거나 말씀을 보기보다는 인터넷으로 음란한 영상을 보거나 중학교 때 처음 배운 담배를 피우기도 했다. '이러지 말아야지' 하면서도 반복적으로 연약함 앞에 굴복하고 말았다. 어쩔 수 없어서가 아니었다. 죄의 자리, 쾌락의 자리로 나아가기로 한 나의 선택이었다.

넘어지고 나서 '왜 그랬을까' 후회하고 죄책감에 힘들어했지만 사탄이 이 부분을 걸고넘어지면 여지없이 또 넘어져버렸다. 그러나 공동체에서 나의 연약함을 누구에게도 드러낼 수가 없었다. 아니 말할 사람이 없었다. 내가 마음을 닫는 동안 철저히 혼자가 되어버렸기 때문이다. 그렇게 몇 년을 버텼다. 도저히 안 될 때에는 정신과에서 신경안정제나 수면제를 처방받아 먹기도 했다.

'믿음으로 살고 복음으로 산다고 하는 단체의 사역자가, 존경받는 선교사의 아들이, 주님이 아닌 정신과 치료에 의존하고 약을 먹어야 자고 신경안정제를 먹어야 안정이 되는 실상을 어떻게 드러낼 수 있을까?'

나는 나 자신을 연민하면서 학대하고 정죄했다. 이러지도 저러지도 못하는 겁쟁이가 되어 그저 남의 믿음에 얹혀가는 신세가 되고 말았다.

그러나 주님은 나를 사랑하셨다. 내 영혼이 썩어가는 것을 가만히 보실 수 없으셨다. 그리하여 직접 나의 심령에 수술을 시작하셨다. 감추고 드러내지 않았던 연약함을 진리의 빛 앞으로 이끌어내기 시작하셨다. 그 과정은 매우 고통스러웠다. 하지만 그것이 나를 살리시는 방법이었기에 주님도 포기하지 않으셨다.

공동체의 유익은 믿음으로 하지 않는 것은 바로 드러나게 된다는 것이다. 주님은 공동체 안에서, 무엇보다 진리 앞에서 나의 연약함이 드러나게 하셨다. 음란하고 선교사로서 합당하지 않은 태도와 행위에 대하여 발칵 드러내셨다. 아무 말도 할 수 없었다. 공동체는 이런 나의 연약함을 사랑으로 덮고 품어주었다. 그 사랑의 권면과 징계가 있었음에도 돌이키질 못했다. 몇 번을 다짐하고 결심해도 얼마 지나지 않아 나의 믿음은 사탄의 공격 앞에 무력하게 주저앉아버렸다. 사랑할 수 없는 중에 사랑한 주님의 사랑과 공동체의 사랑을 짓밟아버린 것이다. 그때에는 이것이 소망 없는 내 존재의 실상을 드러내시는 하나님의 뜻인 줄 알지 못했다.

결국 8년간 몸담고 있었던 공동체에서 나오게 되었다. 이제는 더 이상 믿음으로 살 용기도, 의지도 남아 있지 않았다. 어떻게든 도망치려 하는 나를 주님이 붙드셔서 가족의 권유로 한 훈련학교에 들어가게 하셨다. 그곳에서 나는 마지막 남은 내 모든 더럽고 추악한 실상을 볼 수 있었다. 순종을 배우겠다고 들어간 학교에서 내 안의 순종하고 싶지 않은 악심이 드러나는 시간이었다. 학교의 규율과 가이드는 전혀 따르지 않았고 세상에서도 하지 않을 발악을 하여 공동체를 어려움으로 몰고 갔다. 더는 그리스도인이라 말하는 것도 내게는 어울리지 않았고 그냥 내가 없어져버리는 것이 믿음으로 사는 나의 가족과 공동체에 유익할 거라 생각했다.

세상으로도 갈 수 없고 믿음으로도 살 수 없는 절망이었다. 차라리 복음을 듣지 않았더라면 그냥 세상에서 원하는 대로 육체의 정욕대로 살 텐데 차마 그렇게도 못하는 내가 너무 미웠다. 나는 내가 왜 살아야 하는지 의문이 들기 시작했다. 너무 지치고 힘이 들었다. 어디서도 답을 찾을 수가 없었다. 이 치열한 싸움에서 벗어나고 싶었다.

'그냥 목숨을 끊으면 이 치열하고 고단한 싸움이 끝이 나겠지.'

나도 모르게 창고에서 줄을 꺼내 학교 앞에 있는 큰 나무로 향했다. 그날은 내 생일이었다. 단 한 번이면 끝이 날 것이기에 할 수 있으리라 생각했다. 그때 숙소에서 사라진 나를 찾아다니던 학교 관계자에 의해 발견되었다. 나 자신이 너무 비참하고 한심했다.

'다른 곳도 아니고 믿음으로 산다고 하는 공동체에서 또 복음을 들은 자가 어떻게 그런 선택을 할 수 있는가?'

나는 스스로를 정죄했다. 그렇게 숨은 붙어 있었어도 앞으로 어떻게 살아야 하는지, 살아서 뭐하는지, 어디서부터 다시 시작해야 하는

지도 몰랐다. 그냥 하루하루 하루살이처럼 소망도, 기대도 없이 시간을 보내다가 훈련학교를 마치게 되었다. 훈련학교를 마치고 나니 더더욱 나는 아무것도 아니었다. 사역자도 아니고 학생도 아니고 그렇다고 그리스도인도 아니었다. 어디론가 도망쳐 꽁꽁 숨어버리고 싶었다.

'10년 동안 해오던 것들이 다 헛짓이었던가? 그렇게 간절히 믿음으로 살고 싶었고 나의 연약함에서 벗어나고 싶었고 하나님의 영광을 위해 전력질주하고 싶어서 달려왔던 지난 시간들은 아무것도 아니란 말인가?'

'받은 은혜를 세어보아라'

허무하고 허탈했다. 이제 더는 사역자도 아니고 그렇다고 세상에서 살아남을 만한 스펙이 있는 것도 아니었다. 앞으로 나아가지도, 뒤로 물러서지도 못한 비참함 가운데 주님이 찾아오셨다. 그리고 헛된 것 같아 보였던 지난 시간들을 돌아보라고 말씀하셨다.

'네가 받은 은혜를 세어보아라.'

'네 믿음을 보이라.'

이 두 마디 말씀을 주셨다. 그러자 미래에 대한 두려움을 잠시 내려놓고 인도해주신 지난 시간을 찬찬히 살펴볼 마음이 생겼다. 다시 한 번 차근차근 인도해주신 과정을 살펴보는 시간을 가졌다. 어렸을 때부터 10년 정도 기록한 묵상노트와 궁금하면 적어놓았던 노트들을 꺼내들었다. 하루하루만 보느라 그때는 보지 못했던 큰 그림들이 보이기 시작했다. 그리고 그동안 치열하게 고민한 흔적들이 나타나기 시작했다. 무엇을 고민했고 어떻게 답을 얻었는지….

고민이 되면 적어놓았던 수북히 쌓여 있는 포스트잇들을 보며 정리하기 시작했다.

'내가 믿었던 믿음은 무엇이었으며 내가 찾으려 했던 답은 무엇이었는가?'

주님은 내게 깨닫게 해주신 말씀들로 내 믿음을 하나하나 점검해주셨다. 내가 믿는다고 말했던 믿음이 모래 위에 세워진 집과 같음을 드러내주셨다. 나의 믿음을 하나님의 말씀 앞에서 하나씩 점검해나가면서 한 가지 발견한 것은 내가 알든 모르든 주님은 항상 내게 말씀하고 계셨다는 것이다. '나에게 말씀하시는 하나님.' 그것이 얼마나 은혜인지!

사울이 하나님께 버림받았던 첫 번째 증거는 하나님의 말씀이 그에게 임하지 않았던 것이었다. 하나님은 사울과 같이 교만하고 악독한 나를 버리지 않으시고 끝까지 인내하시며 말씀해오셨던 것이다. 무엇보다 주님은 인도하시는 내내 내게 답을 알려주고 계셨다. 단지 내가 다른 곳에 정신이 팔려 알아들을 수가 없었던 것이다. 그렇게 돌아보니 지금까지 오게 하신 것이 하나님의 은혜로밖에는 설명이 되지 않았다. 그리고 고민했던 내용들에 대한 답을 찾아가기 시작했다. 내가 답을 찾을 수 없었던 것은 답을 내게서 찾으려 했기 때문이었다.

'나는 연약해. 그럼 어떻게 해야 하지?'

이런 식으로 계속 '나'를 주목하니 답답할 수밖에 없었다. 답은 너무도 단순하고 명확했다. 바로 예수 그리스도, 복음이었다. 내가 안되는 것은 이상한 일이 아니었다. 불가능한 것이 당연했다. 그래서 예수 그리스도의 복음이 있었고 내주하시는 성령이 계신 것이었다. 그런데 정작 바라봐야 할 대상을 바라보지 않고 자꾸 안 되는 나에게 시선이 머물러 있으니 답이 눈앞에 있는데도 보지 못했다.

"내가 그리스도와 함께 십자가에 못 박혔나니 그런즉 이제는 내가 사는 것이 아니요 오직 내 안에 그리스도께서 사시는 것이라 이제 내가 육체 가운데 사는 것은 나를 사랑하사 나를 위하여 자기 자신을 버리신 하나님의 아들을 믿는 믿음 안에서 사는 것이라"(갈 2:20).

주님은 치열한 믿음의 공동체 안에서의 시간을 통하여 처절한 나의 절망을 보게 하셨다. 앞으로도 더 나은 나를 기대하기가 어려울 정도로…. 그러나 하나님께서 붙드시는 삶은 결코 절망으로 끝이 나지 않는다. 아무 소망이 없는 죄인인 나는 2000년 전에 예수 그리스도께서 죽으실 때 함께 죽었고 사흘 만에 다시 부활하실 때 함께 예수 생명으로 부활했음을 믿음으로 붙들게 되었다.

이것이 아니면 나는 그냥 죽음으로 결론을 내릴 수밖에 없는 존재이기 때문이다. 앞으로 내가 또 믿음으로 살기를 피하고 주저하면 어떻게 하나 두려워 공동체 안에 있으면서도 '나는 죽었습니다. 주님과 함께 살았습니다'라는 고백을 하지 못했다. 그러나 하나님께서 믿음으로 고백하게 해주셨다. 이것은 내 감정으로 느껴지냐, 아니냐가 아니다. 그것을 떠나 믿음으로 붙들어야만 하는 진리이다. 이 진리를 떠나서는 제대로 살 수도, 만족할 수도 없는 존재가 되어버린 것이다.

또한 예수 그리스도의 생명으로 살아가는 것은 성령님의 도우심과 이미 이루어놓으신 완벽한 조치가 없으면 안 되는 것이고 성령 하나님께 내 삶을 내어드리는 의지적인 노력이 있어야 함을 알게 하시며 결단하는 시간을 갖게 하셨다.

지난 10년 동안 변함없이 나를 붙들어주셨던 약속의 말씀이 있다.

"하나님의 은사와 부르심에는 후회하심이 없느니라"(롬 11:29).

후회하지 않으신다는 말씀은 처음부터 후회하지 않을 선택을 했다는 것이 아니라 부르신 하나님께서 그를 하나님의 은사와 부르심에 합당한 자로 세우실 수 있다는 전능하신 하나님의 능력에 대한 자신감이셨다. 그 전능하신 하나님의 능력을 난 믿는다.

절대 변할 것 같지 않은 나를 뒤집어놓으신 것도, 벗어날 수 없을 것 같은 어둠에서 나를 끄집어내신 것도 전능하신 하나님의 능력이었다. 그 완전하신 하나님의 능력과 마음이 나를 향해 있으시다는 것이다. 이것이면 충분하다! 하나님의 마음이 나를 향해 있으시고 여전히 나를 사랑하신다는 것이었다. 얼마나 많은 시간 동안 신앙생활을 했고, 얼마나 많은 신학 지식을 갖고 있으며, 얼마나 많은 사역을 했느냐는 중요하지 않다. 다시 출발선상에 올라섰다.

나는 아직도 여전히 나의 연약함을 본다. 그리고 이전보다 나아졌다고 말하기 무색할 정도로 동일한 연약함으로 공격을 받고 그 공격 앞에 무력한 나를 본다. 그러나 그런 나를 조롱하고 정죄하고 손가락질하는 이 앞에 우뚝 서서 이렇게 외친다.

"남의 하인을 비판하는 너는 누구냐 그가 서 있는 것이나 넘어지는 것이 자기 주인에게 있으매 그가 세움을 받으리니 이는 그를 세우시는 권능이 주께 있음이라"(롬 14:4).

이 확실한 약속이 있는데 어찌 내 연약함 따위에 시선이 머물 수 있겠는가? 내 연약함이 발견되면 될수록 더욱 주님을 바라볼 이유가 될 뿐이다.

이제는 안다. 내 모든 연약함과 부족함에 대한 대책을 가지고 계시는 예수 그리스도를 주목하고 나아가야 내 삶에 답이 있음을! 이 사실을 알게 하시려고 허락하셨던 지난 시간들이 결코 헛되지 않음을! 지금도 누군가 옛날 얘기를 꺼내면 민망하고 식은땀이 나지만 그 시간이 없었더라면 하나님께서 내게 베푸신 은혜를 깨달을 수 없었음을 알기에 감사하다.

이제 해답을 가진 나는 더는 헤매지 않아도 되었다. 더 나은 나를 만들려고 애쓸 필요도 없었다. 멋진 행위도 필요 없었다. 그냥 아는 만큼 또 알려주시는 만큼 믿음의 자리에서 치열하게 싸우고 주님을 경험하면 되는 것이었다. 그래서 처음부터 다시 선교사로 시작하기로 했다. 이 믿음의 도전 앞에서 물러서고 싶지 않다. 물론 두렵기도 하고 한참 치열할 때는 도망치고 싶기도 하다. 그러나 가장 치열한 믿음의 자리가 살아 계신 하나님을 가장 깊이 경험할 수 있는 자리이기에 계속 도전하며 나아가기로 결정했다.

믿음의 여행

믿음에 대해 고민하고 정리해 나가면서 나 스스로와 많은 사람들에게 질문을 던져 보았다.

"믿음은 무엇입니까?"

단순한 이 질문 앞에서 나는 당황했다. 이렇게 중요한 질문을 대하는 우리의 태도는 너무 추상적이며 불확실했다. 우리가 이 땅에서 살면서 하나님께서 주신 십자가의 복음을 누리는 데에 가장 중요한 개념이 있다면 바로 믿음이다. 우리에게 하늘의 복을 누릴 수 있게 하는 열쇠가 바로 믿음이다. 성경은 "오직 의인은 믿음으로 말미암아 살리라"(롬 1:17)라고 말하고 있다. 이 땅에서 살아가는 동안 복음을 누리는 가장 중요한 핵심인 '믿음'이 우리에게 분명하고 정확하지 않다면 도대체 어떻게 이 세상의 유혹과 수많은 공격 앞에서 진리 위에 견고히 서 있을 수 있겠는가.

많은 사람들이 이에 대하여 이상히 여기지도, 문제를 삼지도 않는다. 왜냐하면 이 질문을 던지는 순간부터 우리의 존재가 흔들릴 것이고 그것이 두렵기 때문이다. 또한 이 질문 앞에서 정직하게 반응하면 무슨 일이 일어나는지 아는 사탄이 우리가 이 질문을 던지지 못하도록 방해하기 때문이다.

사탄의 방해와 두려움 앞에서도 우리는 우리의 믿음을 살펴보아야 한다. 내 존재를 흔들고 죽음과 같은 고통이 있더라도 우리의 믿음이 무너질 모래 위에 집을 짓지는 않았는지 점검해야 한다. 내가 서 있는 이 자리가 하나님께서 보시기에 올바른 믿음의 자리인지 반드시 진리의 잣대로 확인해 보아야 한다.

사탄은 하나님께서 완전히 이루어놓으신 진리를 뒤엎을 만한 힘이 없다. 그래서 사탄이 공격하는 방법은 속임이다. 진리는 변함없는데 그 진리를 믿어야 하는 우리를 속여서 진리 앞에서 믿음으로 서지 못하게 하고 의심하게 한다. 그때에 내 지식이나 감정을 의지하지 말고 하나님께서 성경에 믿음이 무엇이며, 우리가 믿을 것이 무엇이라고 말씀하는지 알고, 그것을 굳게 의지해야 한다.

믿음 자체는 전혀 추상적이지도, 이상적이지도 않다. 아주 정확하며 분명하고 단순하다.

"너희는 그 은혜에 의하여 믿음으로 말미암아 구원을 받았으니 이것은 너희에게서 난 것이 아니요 하나님의 선물이라"(엡 2:8).

우리를 사랑하시는 하나님이 유일한 구원에 이르는 열쇠인 믿음을 복잡하고 어렵게 만들어놓으실 리가 없다. 하나님은 우리에게 주신 완전한 복음을 마음껏 누리기를 원하신다. 이 하나님의 본심만 알아도 우리는 믿음 자체가 어려워서라기보다 믿음을 대하는 우리의 태도에 문제가 있음을 쉽게 알 수 있다.

우리는 앞으로 믿음에 관해 살펴볼 것이다. 왜 우리는 이 완전한 복음을 제대로 누리지 못하고, 온전한 믿음으로 붙들지 못하는지 말씀의 기준으로 점검해보자. 당신뿐 아니라 이 글을 쓰는 나도 매일 다시 돌아보고 점검할 부분이다.

나는 누군가에게 믿음을 제시할 만큼 완벽하게 살지 못했다. 그리고 다른 사람과 비교해도 더 뛰어난 신앙을 소유한 삶이라고 말할 수 없을뿐더러 오히려 부끄럽다. 그럼에도 글을 정리하게 된 것은 믿음으로 살고 싶어 몸부림치지만 답이 없는 자신을 바라보느라 훤하게 보이는 답을 눈앞에 두고 방황하고 믿음의 삶을 살기를 주저하고 포기하는 사람들에게 나같이 소망 없는 자에게도 주님이 알려주셨고 결국 믿음의 고백을 받아내신 것을 나누고 싶어서다.

앞으로도 이 믿음의 싸움을 치열하게 싸워나가야 하고 더욱 말씀을 붙들어야 함을 안다. 넘어지는 것은 한순간이다. 아무리 엄청난 고백, 거창한 진리를 뱉어놨어도 지금 다시 믿음으로 서지 않는다면 좋은 이야기나 거창한 고백이 결코 나를 붙들어주지 못한다. 지금 붙들고 서야 한다. 이 믿음의 여행을 함께 떠나자. 한없이 부족하고 연약한 나를 진리의 말씀으로 인도하신 주님이 당신의 믿음도 견고한 진리의 말씀 위에 굳게 세우실 것을 믿어 의심치 않는다. 우리의 연약함을 뛰어넘어 완전하신 하나님의 능력을 붙들고 주님을 의지하며 기대하자.

02

믿음 여행의 준비

점검의 필요성

우리는 각자 믿음이 무엇이며 내가 주님 앞에서 제대로 믿고 있는지 점검해야 한다. 그러려면 믿음을 점검해야 하는 이유에 대해서도 정확하게 알아야 한다. 믿음을 점검하는 일에는 굉장한 집중력과 에너지가 소모되기 때문에 동기부여가 되지 않은 채로는 자기 자신을 직면하는 게 불가능하기 때문이다.

A. W. 토저는 《믿음에 타협은 없다》라는 책에서 다음과 같이 말한다.

그리스도인이 승리의 삶을 살지 못하도록 방해하는 큰 요인들 중 하나는 잘못된 개념이다. 다시 말해서, "요한복음 3장 16절에 복음의 모든 것이 담겨 있다. 내가 요한복음 3장 16절을 믿고 예수 그리스도를 구주로 영접했으므로 이제 나는 천국행 비행기를 '자동조종장치'로 해 놓고 뒷좌석에 앉아 편안히 천국으로 가면 된다"라는 개념이다. 이런 생각에 사로잡힌 채 신앙생활을 하는 사람은 언젠가는 큰 환멸을 느껴서 낙심하게 될 것이다.

그리스도인의 신앙생활에서 자동조종장치 같은 것은 없다. 그리스도인은 매사에 믿음으로 살아야 한다. 자동조종장치에 의해 신앙생활이 가능하다고 믿는 사람은 영적 무감각에 빠질 가능성이 매우 높다. 영적 무감각은 마치 폭군 같기 때문에 그것의 손아귀에서 벗어나는 일은 지극히 어렵다. 따라서 우리는 영적 무감각에서 벗어나는 것을 가장 시급한 일로 여겨야 한다.

우선 필요한 것은 영적 무감각의 위험성을 깨닫는 것이다. 무엇보다 중요한 것은 나 자신부터 살피는 것이다. 우리는 다른 사람들의 결점을 눈치 채는 데는 선수이지만, 하나님 앞에서 자신의 상태를 살피는 데는 둔감하기 짝이 없다.

그렇다면 어떻게 해야 할까? 성실하신 성령님을 의지하며 그분께 "성령님, 제가 제 잘못을 온전히 깨닫도록 저를 철저히 살펴서 말씀해주소서"라고 기도하면 된다. 하나님은 당신을 무척이나 사랑하시기 때문에 당신의 잘못을 반드시 고쳐주신다.

우리가 오해하고 있거나 사탄에게 속고 있던 영역을 진리의 말씀으로 밝히 드러내주실 성령 하나님을 의지하자. 그리고 우리의 믿음을 바르게 교정해주실 말씀 앞으로 나아가자.

문제를 해결하는 첫걸음은 무엇이 문제인지를 아는 것이다.

시대가 바뀌고 날이 갈수록 미디어 매체가 발달함으로 인해 우리는 풍성한 하나님의 말씀과 주옥같은 진리를 들을 수 있는 기회를 많이 얻게 되었다. 이때 우리가 조금만 진지하게 진리의 말씀 앞에 섰다면 다음과 같은 질문 앞에 서게 된다.

'완전한 복음을 들었는데 왜 내 삶은 그대로인가? 왜 변하지 않는가? 왜 실제가 되지 않는가?'

'하나님께서 이루어놓으신 복음을 누리는 게 이렇게 어렵단 말인가?'

어떻게든 들은 진리를 내 삶으로 살아내고자 몸부림치고 고민하지만 잘되지 않는다. 일반적으로 이런 고민은 굉장히 신령하고 열심 있는 자들의 성숙한 고민이라고 생각한다. 나 역시 그렇게 생각했다. 그러나 그 고민과 질문에 대한 해답은 굳이 오래 연구할 필요가 없었다. 왜냐하면 그 질문에 대한 답은 성경에 단 한 구절로 이미 기록되어 있기 때문이다.

"그들과 같이 우리도 복음 전함을 받은 자이나 들은 바 그 말씀이 그들에게 유익하지 못한 것은 듣는 자가 믿음과 결부시키지 아니함이라"(히 4:2).

말씀이 우리에게 유익이 되지 못하는 것은 말씀을 믿지 않아서라는 것이다. 이는 흡사 씻지 않고 '왜 간지럽지?', 먹지 않고 '왜 배고프지?', 자지 않고 '왜 피곤하지?'라고 질문하는 것과 다를 것이 없다. 나는 답이 훤히 나와 있는 뻔한 질문 앞에서 한참이나 시간을 낭비하고 있었다.

"믿었는데 안 되었다.", "해봤는데 안 되더라."

과연 이 말이 가능한지 진지하게 생각해보아야 한다. 하나님의 말씀을 믿는다고 말하면서 삶 속에서 이러한 모순을 보일 때가 너무 많다. 우리의 빗나간 초점과 모순된 고민을 바로잡아야만 한다.

우리는 이 땅에서 신앙생활을 한다. 신앙생활을 다른 말로 바꾼다면 믿음의 싸움이라 말할 수 있다.

예수님께서 2000여 년 전에 십자가에서 죽으시고, 부활하시고 승천하셨다. 예수 그리스도의 복음이 완성이 된 것이다. 그런데 예수님께서는 자신의 제자들과 자신을 따르던 많은 사람들을 세상의 공격과 유혹, 핍박과 환난 한복판에 노출시켜 놓으신 채 떠나셨다. 이 말은 예수님의 제자들이 세상의 환난과 핍박, 유혹과 공격 앞에서 계속 믿음을 쓰고 싸워야 한다는 것이다. 이 믿음의 싸움은 2000여 년이 지난 지금도 계속되고 있다.

이 싸움에서 어떤 이는 믿음에서 떨어져 나가기도 하고 지쳐 쓰러지기도 하고 포기하기도 한다. 당신도 이 싸움 앞에서 때로는 주저앉고 포기하고 싶었던 때가 있었을 것이다. 혹은 지금 포기해버린 상태일 수도 있다.

여기서 우리는 중요한 사실을 놓치고 있었다. 예수님께서는 무책임하게 혼자 덜렁 승천해버리셨거나 혼자 이기시고 우리는 남아서 질지도 모르는 싸움을 싸우라고 하신 것이 아니다. 우리가 반드시 놓치지 말아야 할 중요한 사실은 우리의 믿음의 싸움은 승패를 가리는 싸움이 아니라는 것이다.

천천히 믿음의 싸움(신앙생활)에 대하여 살펴보자.

싸움에 대한 오해

'싸움'(전쟁, 전투)이란 무엇인가? 어떤 무리와 무리, 단체와 단체, 세력과 세력 간에 일으키는 세력 다툼이다. 싸움의 목적은 무엇인가? 자신이 속해 있는 세력, 단체, 무리 혹은 자신이 붙들고 있는 것이 승리하는 것이다. 승리가 모든 싸움의 목적이다. 누구도 패배를 위하여 싸우는 사람은 없다. 아무리 불가능해 보이는 상황이라도 승리를 소망하며 싸움에 임한다.

믿음의 싸움을 싸워나가는 그리스도인들도 동일한 생각을 가지고 있다. 승리하기 위해 믿음의 싸움을 하는 것이다.

바로 이것이 우리가 범하는 오류다. 예수님께서 2000여 년 전에 십자가에서 "다 이루었다"라고 선포하셨다. 이것은 우리가 싸웠어야 하고 앞으로 싸워야 할 모든 싸움을 승리로 끝을 맺으신 완료형이다. 우리가 싸워야 할 싸움은 이미 승리가 보장되어 있다. 예수님께서 승천하실 때에는 제자들과 예수님을 따르는 무리들이 앞으로 처하게 될 모든 상황 속에서도 승리를 보장해놓고 떠나신 것이다.

"이것을 너희에게 이르는 것은 너희로 내 안에서 평안을 누리게 하려 함이라 세상에서는 너희가 환난을 당하나 담대하라 내가 세상을 이기었노라"(요 16:33).

그렇다면 의문이 생기지 않을 수 없다.

'승리가 이미 보장되어 있는데 왜 싸워야 하는가?'

'주님은 왜 우리에게 믿음의 싸움을 싸우라고 하시는가?'

이제 다른 관점에서 생각해보자.

'승리의 기쁨은 누가 누릴 수 있는가?'

승리의 기쁨을 가장 크게 누릴 수 있는 사람은 전쟁에 참여한 사람이다. 전쟁과 싸움에 참여한 자만이 승리의 기쁨을 누리며 전리품을 취할 수 있다. 2000여 년 전에 예수님께서 모든 싸움의 승리를 혼자 다 이루어놓으셨다. 그러면 우리는 어떻게 그분이 '다 이루신' 승리를 누릴 수 있단 말인가?

여기서 믿음의 싸움이 허락된다. 우리가 싸우는 싸움은 승패를 위한 싸움이 아니라 예수 그리스도께서 이미 이루어놓으신 승리를 누리기 위한 싸움이다. 이것은 굉장히 중요한 사실이다. 군인이 싸움의 목적을 모른다면 자신의 생명을 걸고 싸우기 힘들다. 도망가거나 숨지 않으려면 잘못 알고 있는 싸움의 목적과 싸움의 대상을 바로잡아야 한다.

우리는 승리할 수도, 패배할 수도 있는 불확실한 미래에 두려워하며 승리하기 위해 부단히 애쓰며 싸우는 것이 아니다. 우리가 싸울 싸움은 승리가 보장된 싸움이며, 이 싸움의 목적은 예수님께서 이루신 승리를 누리는 것이다. 그래야 제대로 된 싸움을 할 수 있게 된다.

초점이 빗나간 싸움은 하나님께서 원하시는 믿음과 동떨어진 자리에 서게 한다. 초점을 바로잡지 않으면 우리는 계속해서 어긋나고 결론이 나지 않는 싸움을 계속하게 된다.

"우리의 씨름은 혈과 육을 상대하는 것이 아니요 통치자들과 권세들과 이 어둠의 세상 주관자들과 하늘에 있는 악의 영들을 상대함이라"(엡 6:12).

나는 빗나간 초점으로 싸움의 대상을 잘못 잡고 헛된 싸움을 싸우고 있었다. 내게 일어나는 소욕, 감정, 내가 가진 믿음 자체를 붙들고 싸우고 있었던 것이다.

'나는 왜 이렇게 반응하지? 나는 왜 이렇게밖에 못하지? 조금 더 나아질 순 없을까? 내 믿음은 왜 이 모양이지?'

이러한 수많은 질문들이 '나'에게 맞추어져 있을 때 완전히 초점을 잃고 만다. 믿음의 여행을 시작하며 초점을 분명하게 잡고 시작하자. 사탄은 우리가 이 믿음의 여행을 하는 동안 초점을 흐리게 만들려는 시도를 계속할 것이다. 그때마다 기억해야 할 것이 있다. 하나님의 선하심이다. 우리가 복음을 누리기를 원하시는 하나님 아버지의 마음. 이것을 기억하면 우리는 사탄의 방해 앞에서도 분명하게 푯대를 향해 달려나갈 수 있다.

계속해서 우리가 믿음에 대하여 안다고 생각하면서 우리가 얼마나 믿음에 대하여 무지하고 무시했는지 보게 될 것이다. 그렇게 되면 우리가 왜 믿음을 점검해야 하는지 알게 될 것이다.

하나님께서 우리에게 주신 복음을 누리는 핵심은 믿음이라고 앞서 말했다. 그런데 우리의 믿음보다 더 중요한 것이 있다. 그것은 믿음의 대상이다. 즉, 믿음의 '근거'이다. 믿음은 반드시 믿음의 대상, 믿음의 근거가 전제되어야 한다. 아무것도 없는 것을 믿는다면 그건 그냥 '헛믿음'이다. 구원도 없고 복음도 없다면 우리의 믿음은 아무런 의미가 없다. 우리의 믿음이 구원을 얻게 하고 복음을 누리게 한다는 것은 구원이 믿음으로 허락되었고 복음이 준비되어 있어야 가능한 일이다.

나는 믿음이 어렵다고 생각했다. 그러나 결코 그렇지 않았다. 믿음은 어렵거나 힘들고 의지를 많이 써야 하는 일이 아니었다. 사람은 믿음 없이는 하루, 한 시간, 일 분, 일 초도 살 수가 없다.

지금 당신이 만약 어느 공간 안에서 이 글을 읽고 있다면, 당신은 지금 머물고 있는 그곳이 무너지지 않을 것이라는 암묵적인 믿음이 있어서이다. 만약 조금이라도 그 건물에 대하여 의심이 들고 믿지 못한다면 그곳에 앉아 있을 수도, 책을 읽을 수도 없을 것이다.

한번은 사역을 위해 중국 시안(西安)에 방문한 적이 있었다. 그때는 쓰촨성 대지진이 있은 후였는데 그 여진으로 인해 시안에도 영향이 미쳤던 상황이었다. 우리 팀은 시안에 도착해 선교사님 댁으로 가게 되었는데 고층 아파트였다. 외관으로도 뚜렷하게 건물에 균열이 가·있었다. 집안 내부로 들어가자 더 뚜렷한 균열들이 눈에 들어왔다. 여진으로 불안에 휩싸인 주민들은 전부 바깥으로 나와 이부자리를 펴놓고 노숙을 하고 있었다. 그들의 집에 균열이 간 것을 보고 집에 대한 믿음이 깨졌기 때문이다. 지진이 발생하기 전, 그들은 자신들의 집이 무너지지 않을 것이란 믿음이 있었기에 집 안에 살았었다. 그러나 지진으로 언제 무너질지 모른다는 정보에 그들의 믿음이 통째로 흔들려버린 것이다.

모든 것이 마찬가지이다. 집에서 누워 자는 것, 자동차를 운전하고 타는 것, 거리를 걷는 것, 모든 것이 믿음이 전제되지 않고는 할 수 없는 일이다. 이처럼 믿음은 어렵거나 힘든 것이 결코 아니다. 우리는 암묵적으로 믿음을 가지고 살고 있다. 그리고 그 믿음에 자신의 삶을 걸고 살아가고 있다. 그런데 어떤 정보라도 그 믿음을 흔들 만한 외부적인 압력이 들어오면 사람들은 불안해서 한순간도 그냥 있을 수가 없다. 자신이 살 수 있다고 하는 믿음에 의하여 몸이 움직이는 것이다. 그게 얼마나 불편하든 힘들든 상관없다. 믿음이 가면 기꺼이 그 자리를 선택하여 그곳에 머문다.

이처럼 우리의 믿음을 믿음 되게 하는 것은 우리의 의지나 노력이 아니라 우리가 믿고 있는 대상이다(그 건물, 그 자동차). 오래된 낡은 차를 아침에 운전하고 나가는 것은 오늘 이 차가 퍼지지 않을 것이란 믿음이 충만하기 때문이다. 그런데 그 차가 퍼져서 멈추면 우리의 믿음은 헛것이 된다.

그렇다면 우리가 항상 돌아보고 확인해야 할 것은 우리의 믿음의 상태가 아니라 우리가 믿는 바, 믿음의 대상이 정확하고 확실하며 믿을 만한 것인가이다. 우리의 믿음의 내용이 올바른 대상을 향해 있는지 확인해야 한다. 따라서 우리의 믿음보다 비교할 수 없을 만큼 중요한 것은 우리가 믿는 믿음의 대상, 믿음의 근거이다.

믿음의 빗나간 초점

우리의 신앙생활 속에서 우리가 바라고 믿는, 죄인 된 인간을 구원하시고 이 복음을 누릴 수 있게 만드는 믿음의 근거는 바로 '하나님의 은혜'이다.

"너희는 그 은혜에 의하여 믿음으로 말미암아 구원을 받았으니 이것은 너희에게서 난 것이 아니요 하나님의 선물이라"(엡 2:8).

믿음으로 말미암아 구원을 얻는데, 이것은 반드시 '은혜'가 전제되어야 한다. 이 은혜 없이 우리의 믿음은 아무런 의미가 없다.

우리가 바라보고 주목해야 할 것은 '내가 얼마나 믿음으로 잘 사는가, 믿음으로 이기고 있는가?'가 아니다. 우리의 초점은 하나님의 은혜에 있어야 한다. 예수 그리스도께서 완전하게 이루어놓은 십자가의 은혜를 바라보고 주목해야 한다.

그렇다면 우리가 믿는 바 하나님의 은혜가 흘러오는 동안 바뀌거나 변질된 적이 있었는가? 하나님께서 신실하시듯 하나님께서 우리에게 베푸시는 은혜 또한 변함없다. 그렇다면 변함없는 하나님의 은혜를 믿는 믿음 역시 변함이 없어야 하는 것 아닌가?

왜 롤러코스터 타듯 믿음생활에 기복이 있는가? 내가 못해서 은혜가 떠나는 것도 아니고 잘해서 임하는 것도 아닌데 왜 내가 잘하고 못하고에 따라 믿음에 기복이 있느냐는 말이다. 조금만 생각해 보아도 나의 상태가 분명히 잘못되었음을 알 수 있었다. 그런데 나는 마치 하나님의 복음이 잘못된 것처럼 하나님 탓, 상황 탓을 하고 있었다. 정신 차리고 똑똑히 보아야 한다. 하나님께서는 우리를 모든 상황과 환경 위에 두시고 다스리라고 하셨다.

"하나님이 그들에게 복을 주시며 하나님이 그들에게 이르시되 생육하고 번성하여 땅에 충만하라, 땅을 정복하라, 바다의 물고기와 하늘의 새와 땅에 움직이는 모든 생물을 다스리라 하시니라"(창 1:28).

우리는 상황과 환경에 침몰당할 존재가 아니다. 상황이나 환경을 핑계대는 것은 우리에게 어울리지 않는다. 우리 안에는 어떤 상황에서도 그것을 다스리고 뛰어넘을 수 있는 충분한 능력이 있다. 다만 우리의 태도, 우리의 잘못된 초점이 문제이다. 이것을 바로 고치기만 하면 된다. 나는 안 되기 때문에 하나님도 안 되는 것이 아니다. 우리가 안 되기에 우리는 주님이 필요하고 하나님의 전능하심과 신실하심이 필요한 것이다. 우리의 상태에 따라 하나님을 멋대로 판단하고 결론짓지 말아야 한다.

우리는 믿음의 대상보다 자신의 믿음의 상태에 더욱 집중되어 있다. 그런데 문제는 자기의 믿음에 집중된 이 고민과 빗나간 초점이 선하게 보인다는 것이다. 겉으로는 하나님 앞에서 자신을 돌아보는 선한 고민이며 그냥 막 신앙생활하는 사람보다 훨씬 신실해 보인다. 그런데 어쩌면 아무 생각 없이 사는 사람보다 하나님께서 기뻐하시는 믿음에서 더 멀리 가 있는지도 모른다.

초점을 올바른 곳에 두어야 한다. '내가 어떻게 믿음으로 살아야 하지?'에서 '나로 하여금 믿음으로 살게 하시는 예수 그리스도'에게 초점을 옮겨야 한다.

"그러므로 함께 하늘의 부르심을 받은 거룩한 형제들아 우리가 믿는 도리의 사도이시며 대제사장이신 예수를 깊이 생각하라"(히 3:1).

우리가 그리스도인다운 삶을 살아가도록 하는 방법을 누가 제일 잘 알겠는가? 예수 그리스도 아니신가? 그러면 '사람의 방법으로 어떻게 살지?'가 아니라 '예수 그리스도는 어떻게 사셨는가?' 곧장 말씀으로 우리의 초점이 옮겨져야만 한다.

만약 이 초점이 옮겨지지 않으면 우리의 신앙생활이 불안하기 짝이 없다. 자꾸만 나의 상태에 따라서 구원의 확신이 흔들리고 어렵기만 하고 부담되고 지치고 힘이 든다. 이렇게 어려움을 겪는 사람들이 취하는 두 가지 태도가 있다. '자기의 믿음을 믿는 것'과 '자신이 불안한 구원을 이루려고 하는 것'이다.

먼저, 자기의 믿음을 믿는 것을 살펴보도록 하겠다.

자기의 믿음을 믿는 것은 한 마디로 아주 위험한 태도이다. 문제를 모르기 때문에 문제를 해결해야 할 필요성을 느끼질 못한다.

"나는 지금 믿고 있다고 스스로 믿는다."

이것을 자기 확신이라고 한다. 우리의 믿음의 유무를 판단하실 분은 하나님이시다. 그런데 그 진리에 자신의 믿음을 맡기지 않고 스스로 자신의 모습을 판단하는 것이다.

"이 정도면 믿음으로 사는 거지", "세상 사람들과 다르게 사니까", "다른 고민을 하고 있으니까", "교회를 다니니까", "교회를 잘 섬기고 있으니까" 등 여러 가지 이유와 근거를 들이대면서 자신은 믿음이 있다고 믿어버린다. 이런 자기확신의 결과는 생명의 열매가 드러나지 않는 것이다.

멀티탭에는 다른 콘센트를 꽂을 수 있는 여러 개의 구멍이 있다. 그리고 그 구멍에 전기를 공급해주는 콘센트가 달려 있다. 그런데 그 자신의 콘센트를 자신의 구멍에 꽂아넣는다고 생각해보자. 모양새로 보면 전기 콘센트를 콘센트 구멍에 꽂았는데 전기는 전혀 공급되지 않는 것이다. 아무리 다른 전자제품을 거기다 꽂아도 전기가 공급되지 않기에 작동되지 않는다. 마찬가지로 예수 그리스도의 생명을 살아가는 것은 예수 그리스도의 생명력을 공급받는 포도나무에 붙어 있어야 가능하다. 그런데 떨어져나온 채 예수 그리스도의 생명을 살아간다는 것은 어불성설이다.

"나는 포도나무요 너희는 가지라 그가 내 안에, 내가 그 안에 거하면 사람이 열매를 많이 맺나니 나를 떠나서는 너희가 아무것도 할 수 없음이라"(요 15:5).

스스로 믿음이 있다고 여기는 것은 아주 위험하다. 마태복음 7장에서는 이 태도가 굉장히 위험하다는 것을 강조하며 이런 자들의 끝을 일러두셨다.

"나더러 주여 주여 하는 자마다 다 천국에 들어갈 것이 아니요"(마 7:21).

이들은 정확하게 예수님을 향해 '주여, 주여'라고 한다. 그런데 예수님께서 아주 단호하게 '네가 아무리 주여 주여 한다고 해도 천국에 못 들어온다'고 말씀하신다. 예수님의 이름을 부르며 자신이 믿고 있다고 굳게 믿었던 "많은 사람들이"(이런 사람들이 많다는 것이다) 놀라서 말한다.

"아니, 주여 내가 주님의 이름으로 선지자 노릇도 하고 권능도 행하고 귀신도 내쫓고 했는데 나를 모르신다니요!"

이들은 자신이 구원에 이르는 믿음을 가지고 있다고 얼마나 철석같이 믿었던지 예수님이 아니라고 하는데도 납득을 하지 못하고 따지고 들었다. 그런 그들에게 예수님이 마지막 못을 박으신다.

"내가 너희를 도무지 알지 못하니 불법을 행하는 자들아 내게서 떠나가라"(마 7:23).

이 얼마나 무서운 말씀인가? 무엇이 믿음인지 알지 못한 사람들도 불쌍하지만, 자신은 믿음이 있고 구원을 받았다고 확신하며 달려왔는데 마지막에 아니라는 결론에 이른다면 얼마나 불행한가?

그 후에 예수님께서는 이 말씀을 듣고 행하면 반석 위에 집을 지음과 같고 듣지 않으면 모래 위에 짓는 것과 같다고 하셨다. 지금 혹시 자신의 믿음을 믿으며 모래 위에 집을 짓고 있지는 않은가? 당신은 진리인 하나님의 말씀이 아니라 내가 지금 믿고 있다고 자기 확신에 차 있지는 않는가?

"그 날에 많은 사람이 나더러 이르되 주여 주여 우리가 주의 이름으로 선지자 노릇하며 … 많은 권능을 행치 아니하였나이까 하리니"(마 7:22).

당신이 이 무리 속에 속해 있진 않은지 스스로 점검해보아야 한다. 사도 바울의 고백을 보라.

"내가 이미 얻었다 함도 아니요 온전히 이루었다 함도 아니라 오직 내가 그리스도 예수께 잡힌 바 된 그것을 잡으려고 달려가노라"(빌 3:12).

"형제들아 내가 그리스도 예수 우리 주 안에서 가진 바 너희에 대한 나의 자랑을 두고 단언하노니 나는 날마다 죽노라"(고전 15:31).

"내가 내 몸을 쳐 복종하게 함은 내가 남에게 전파한 후에 자신이 도리어 버림을 당할까 두려워함이로다"(고전 9:27).

하나님 앞에서 믿음이라고 하는 것은 그저 믿을 수밖에 없어서, 믿어지기에 믿는 것이다. 내가 애쓰고 노력하는 게 아니다. 믿음의 자리로 나아가는 데 있어서 우리의 자유의지를 사용해야 할 때는 있지만 의지 자체가 믿음은 아니다. 온전한 믿음은 나로부터 시작되는 것이 아니라는 사실을 반드시 기억해야 한다.

또한 자신이 스스로 불안한 구원을 이루려고 하는 것은 매우 위험하다. 구원은 예수 그리스도께서 십자가에서 이미 이루어놓으셨다. 이 구원은 내가 노력해서 따내는 것이나 자격 조건을 요하는 것이 아니다.

"너희는 하나님으로부터 나서 그리스도 예수 안에 있고 예수는 하나님으로부터 나와서 우리에게 지혜와 의로움과 거룩함과 구원함이 되셨으니"(고전 1:30).

이 말씀에서 보듯이 과거 완료형이다. 예수님께서 이미 우리에게 지혜가 되셨고, 의로움과 거룩함이 되셨으며, 구속함이 되셨다. 이것은 나의 어떠함과 상관없이 이미 이루어진 일이다. 그런데 자꾸 이 구원을 내가 스스로 이루어보려고 하는 헛된 노력 때문에 믿음의 싸움이 피곤하고 힘든 것이다. 이루어진 일을 누리라고 주신 것이 믿음인데 자꾸 내가 이루려고 애쓰다 보니 힘들고 지치고 고단한 것이다.

자신이 구원을 이루려고 하는 잘못된 태도가 적나라하게 드러나는 대목이 바로 율법주의이다. 이렇게 반응하는 것은 믿음의 목적이 잘못되어서인데, 우리가 믿는 믿음의 목적에 대하여는 앞으로 살펴볼 것이다.

믿음에 대하여 바르지 못한 초점을 가지고 있는 자들의 태도 중에 당신의 모습을 발견하였는가?

지금 우리가 가지고 있는 믿음의 상태에 대하여 가장 기초적이고 본질적인 질문을 던질 것이다. 현재 자신의 상태를 돌아보고, 이 질문 앞에 정직하게 서면 우리의 빗나간 믿음을 발견할 수 있을 것이다.

구원에 이를 믿음인가

"당신은 구원의 확신이 있는가?"라는 구원의 확신을 묻는 질문에 대한 답은 둘 중 하나다. "예" 혹은 "아니오"이다. 당신 자신이 스스로 생각했을 때 당신은 구원의 확신을 가지고 있는가?

이 질문에 대한 답을 내렸는가? 그럼 다음 질문에 들어가겠다.

"하나님을 향한 당신의 믿음이 만족스러운가?"

스스로 돌아보았을 때 만족스런 믿음인지 점검해보라.

"그들의 열매로 그들을 알지니 가시나무에서 포도를, 또는 엉겅퀴에서 무화과를 따겠느냐"(마 7:16).

열매를 보아서 그가 좋은 나무인지, 나쁜 나무인지 알 수 있다고 하셨다. 당신의 삶 속에서 맺은 열매는 좋은 열매인가, 나쁜 열매인가? 당신의 믿음이 만족스럽다고 대답했다면 반드시 하나님이 보시기에 좋은 열매를 맺고 있어야 한다. 지금 당신은 하나님이 보시기에 믿음으로 살고 있고, 그에 합당한 열매를 맺고 있다고 생각하는가? 그렇다면 당신은 당신의 믿음이 만족스럽다고 생각할 수 있는가?

무엇이 죄냐, 아니냐를 시비 걸고 싶은 것이 아니다. 하나님께서도 '이건 죄다, 저건 죄가 아니다'로 죄를 나누지 않으셨다. '선을 알고도 행하지 않는 것이 죄다!' 선의 절대적 기준은 하나님이시다. 즉, 선이신 하나님 앞에서 행하지 않는 것은 다 죄라는 것이다. 아무리 우리 눈에 보기에 선해 보인다 해도 말이다. 내가 맺고 있는 열매가 하나님 앞에서 합당하고, 하나님 보시기에 부끄럼이 없다고 확신할 수 있는 사람은 없을 것이다.

"할례자도 믿음으로 말미암아 또한 무할례자도 믿음으로 말미암아 의롭다 하실 하나님은 한 분이시니라"(롬 3:30).

"일을 아니할지라도 경건하지 아니한 자를 의롭다 하시는 이를 믿는 자에게는 그의 믿음을 의로 여기시나니"(롬 4:5).

"사람이 의롭게 되는 것은 율법의 행위로 말미암음이 아니요 오직 예수 그리스도를 믿음으로 말미암는 줄 알므로 우리도 그리스도 예수를 믿나니 이는 우리가 율법의 행위로써가 아니고 그리스도를 믿음으로써 의롭다 함을 얻으려 함이라 율법의 행위로써는 의롭다 함을 얻을 육체가 없느니라"(갈 2:16).

"이같이 율법이 우리를 그리스도께로 인도하는 초등교사가 되어 우리로 하여금 믿음으로 말미암아 의롭다 함을 얻게 하려 함이라"(갈 3:24).

우리가 구원에 이를 수 있는 것은 하나님 앞에서 의롭다 하심을 얻었을 때뿐이다. 하나님이 보시기에 의롭지 않다면 우리는 절대 하나님나라에 들어갈 수 없다.

그런데 우리가 의로움에 이르려면 오직 믿음으로만 가능하다.

앞서 질문을 통해 내가 나 자신을 돌아보아도 쉽게 하나님 앞에 합당한 믿음을 가진 사람이라고 단정지을 수 없었을 것이다. 그렇다면 당신이 가지고 있던 구원의 확신은 어디에 근거를 둔 것인가?

혹시 '구원에 이르는 믿음'과 '믿음으로 사는 삶'에 대해서는 관심이 없으면서 '구원만 얻어내고 싶은 것'이 아닌가? 나는 많은 청년들과 청소년들에게 이 질문을 던져보았다. 많은 이들이 "구원의 확신은 있습니까?"라는 질문에 "음… 있는 것 같아요"라고 대답했다. 믿음은 만족스럽지 않지만 구원의 확신은 가지고 싶은 마음인 것이다.

내가 그랬다. 한참 방황할 때 어머니께서 나의 신앙을 점검하시며 내게 물으셨다.

"선교야, 구원의 확신이 있니?"

그때 나는 믿음과는 전혀 상관없이 대답했다.

"예, 있어요."

내가 확신이 있든 없든 구원에 대해서는 그렇게 대답해야 하는 줄 알았다. 그런데 하나님께서는 나의 믿음의 정확한 진단 없이 구원의 확신만 갖고 있는 것이 얼마나 위험한지 깨닫게 해주셨다.

나는 구원만 얻고 싶은 것이었다. 그렇지만 하나님께서 주신 구원은 그런 것이 아니다. 조금만 생각해도 우리의 믿음이 잘못된 방향으로 가고 있고 초점이 흐려졌음을 알 수 있는데 우리는 스스로를 돌아볼 생각을 하지 않는다. 다른 사람으로부터 인정받거나 나 스스로 노력해서 만족스러우면 구원의 확신을 갖는다.

하나님께서는 그런 목적으로 우리에게 믿음을 주시지 않았다. 믿음이 구원에 이르는 열쇠인 것은 맞지만, 구원을 얻기 위해 사용하라고 주신 것은 아니다.

당신의 믿음 상태를 스스로 볼 수 있다면, 그리고 그 믿음이 불안한 상태라면 믿음을 점검해야 할 이유가 충분하다.

믿음 점검을 위한 태도

앞서 살펴보았지만 우리에게 믿음은 가장 중요하면서도 제일 외면받았던 주제이다. 믿음을 고민한다고 하는 사람들도 본질적인 이야기에 들어가기도 전에 사탄의 속임에 둘러빠지고 만다. 이것은 우리가 믿음이라는 주제 앞에 서는 태도의 문제이기 때문이다. 우리는 하나님 앞에서 믿음에 대한 바른 태도를 취해야 한다.

왜 성경에서 말하는 영적인 이야기와 우리의 현실은 동떨어진 이야기처럼 들리는가? 성경은 분명 육신을 입고 살아가는 그리스도인에게 주신 것이다. 예수 그리스도께서도 친히 육신을 입고 살아가시지 않았는가? 예수님도 시험을 받으시고 고난을 받으셨기에 누구보다 이 땅에서 믿음을 지키는 것의 어려움을 알고 계신다.

"그가 시험을 받아 고난을 당하셨은즉 시험 받는 자들을 능히 도우실 수 있느니라"(히 2:18).

말씀이 이 땅 가운데서 실제임을 증명하시기 위해 예수님은 이 땅에 육신을 입고 오셨다. 이 말은 우리도 동일하게 현실에서 하나님의 말씀을 실제로 누릴 수 있다는 것이다. 그런데 우리의 현실과 영적인 일에는 큰 간극이 느껴진다. 그것은 우리가 말씀을 듣고 또 보면서도 여전히 영적인 영역과 현실을 분리해놓고 있기 때문이다. 문제는 바로 거기에 있다. 하나님께서 현실을 살아가는 우리가 살아낼 수도 없는 불가능한 일을 시키셨겠는가?

하나님은 누구보다 현실을 잘 아시고 현실적이신 분이시며, 이 세상에서 당할 수 있는 모든 문제의 해답을 가지신 분이시다. 사실 하나님 자체가 해답이시다. 이 세상을 창조하시고 누구보다 이 세상의 현실을 잘 아시는 주님께서 "오직 의인은 믿음으로 말미암아 살리라"(롬 1:17)라고 하신 말씀은 먼 이상도 아니고 상상 속에만 존재하는 불가능한 일도 아니다. 이것은 실제이다. 성경의 모든 일은 지금 내게 일어날 수 있는 실제임을 기억하라.

한번은 어린 나이에 믿음의 공동체 안에서 사는 내게 누군가 이런 말을 했다.

"세상을 섬기려면 세상을 알아야 한다. 세상에서 부딪혀보고 경험해봐야 세상을 알 수 있다."

그분의 마음과 의도가 전달되었다. 그래서 마음에 두고 있다가 기회가 되어 아버지께 정중히 말씀드렸다.

"세상을 섬기려면 세상을 알아야 할 것 같아요. 세상에서 부딪혀가며 믿음을 점검하고 배우겠습니다."

아무리 봐도 문제 될 것 없는 너무도 선한 의도였다. 하지만 아버지께서는 단호하게 말씀하셨다.

"거짓과 속임이 가득한 세상 한복판에서 세상이 어떤 곳인지 배울 수 없다. 세상을 알려면 이 세상을 창조하신 하나님 앞에 나아가야 한다. 하나님께서 말씀하신 그 세상이 진짜 세상이며 진짜 세상을 알아야 제대로 이 세상을 섬길 수 있다."

깊이 공감되는 말이었다.

이 세상을 창조하신 하나님보다 세상을 잘 아시는 분은 없다. 그렇기에 그분 앞에 나아가야 이 현실 가운데서 영적인 삶을 살아가는 그리스도인들이 겪는 모든 문제의 해답을 찾을 수 있다. 그분 앞에 나아가자. 지금 우리가 직면한 이 모든 문제를 능히 뛰어넘을 수 있는 힘(믿음)을 주실 것이다.

정확한 믿음인가

예수 그리스도를 주라 시인하고 그분을 위해 또한 예수 그리스도로 말미암아 살아가는 사람들을 그리스도인이라 하며 '믿는 자'(신자)라고도 한다. 반대로 예수 그리스도를 알지 못하며 자기가 주인 되어 자기가 원하는 대로 사는 자들을 믿지 않는 자(불신자)라고 한 다. 세상에 속한 자와 예수 그리스도께 속한 자를 구분하는 유일한 방법은 '믿음'이다.

개신교 교리 중 가장 중요한 한 가지를 뽑으라면 아마 '이신칭의' (以信稱義)라고 말할 것이다. 믿음으로 말미암아 의롭게 된다는 성경 의 핵심적인 진리이다. 죄를 결코 용납하실 수 없으신 거룩하신 하나 님 앞에서 의롭다 여기심을 받아 구원에 이를 수 있는 유일한 길은 믿 음뿐이다.

"만일 아브라함이 행위로써 의롭다 하심을 받았으면 자랑할 것이 있으려니와 하나님 앞에서는 없느니라 성경이 무엇을 말하느냐 아브 라함이 하나님을 믿으매 그것이 그에게 의로 여겨진 바 되었느니라 일하는 자에게는 그 삯이 은혜로 여겨지지 아니하고 보수로 여겨지 거니와 일을 아니할지라도 경건하지 아니한 자를 의롭다 하시는 이 를 믿는 자에게는 그의 믿음을 의로 여기시나니"(롬 4:2-5).

그러나 우리는 가장 중요한 이 믿음에 대하여 모호하고 무심한 태 도에서 벗어나지 못하고 있다. 믿는다는 말이 너무 보편화되어서 그 저 교회를 다니고 직분 받아 교회를 섬기면 그것이 믿음인 줄 생각하 고 그런 사람들을 "믿음이 좋다" "신실하다"라고 표현한다. 말씀에 서 보듯이 주님은 아브라함이 행위로써 의롭다 하심을 받지 않고 하 나님을 믿은 것을 의로 여기셨다고 단호하게 선언하신다.

우리가 소위 말하는 '믿음이 좋다'고 말하는 기준인 눈으로 보이는 행위(교회 봉사, 직분, 선행 등)와 하나님께서 말씀하시는 믿음은 다를 수도 있다. 섬기는 행위 자체를 믿음이라고 보기에는 무언가 굉장히 허술하다는 것이다.

나는 믿음으로 사는 사람이 내 행위를 인정해주면 잘 믿는 것이라고 굳게 믿었다. 하나님의 말씀이 기준이 아니라 내가 존경하고 따르는 사람이 내 믿음을 판단할 기준이었던 것이다. 혹 당신은 믿음을 하나님의 진리의 잣대로 점검하기보다 사람의 평가와 인정에 자신의 믿음의 유무를 맡기고 있지는 않은가?

믿음이 있고 없고를 판단하실 분은 하나님이시다. 하나님께 인정받지 못한 믿음은 쓸모가 없다. 그래서 하나님께서는 무엇이 옳고 그른지를 자기의 짧은 소견으로밖에 볼 수 없는 인간에게 믿음을 판단할 권리를 주지 않으셨다. 마태복음 13장에 곡식과 가라지의 비유가 나온다. 종들이 가라지가 생겼다고 하면서 뽑을지를 묻자 주인은 추수 때까지 가만히 두라고 말한다. 그 이유는 종들의 제한된 능력으로 가라지를 뽑다가 곡식도 함께 뽑을 수 있기 때문이다. 즉, 종들에게 가라지를 뽑는 권한을 위임하지 않으셨다는 것이다.

가라지로 판명되어 불사를지 곡식으로 곳간에 들일지는 추수 후(심판, 예수 그리스도의 재림 이후)에 주님이 친히 하실 것이다. 믿음을 판단하는 자들과 그런 자들에게 자신의 믿음의 유무를 맡긴 자들은 조심해야 한다. 이것은 하나님의 절대주권에 대한 월권행위이며 주님의 판단을 신뢰하지 못하는 불신의 행위일 수 있다. 우리의 믿음은 정확한 하나님의 말씀(진리)의 잣대 앞에 서서 하나님에게 인정받아야 한다.

"그러므로 때가 이르기 전 곧 주께서 오시기까지 아무것도 판단하지 말라 그가 어둠에 감추인 것들을 드러내고 마음의 뜻을 나타내시리니 그때에 각 사람에게 하나님으로부터 칭찬이 있으리라"(고전 4:5).

또 많은 사람들이 믿음이 중요한 줄 알고 세상에서 믿음을 지키고 살아보려 애를 쓴다. 하지만 얼마 못 가서 주저앉고 만다.

"무릇 하나님께로부터 난 자마다 세상을 이기느니라 세상을 이기는 승리는 이것이니 우리의 믿음이니라"(요일 5:4).

반드시 승리할 것이라 약속하신 하나님의 말씀은 온데간데없이 우리는 세상의 유혹과 공격 앞에 무력하기 그지없다. 우리가 믿음으로 이겨야 할 세상은 만만한 상대가 아니다. 어둠의 세력과 세상 주관자들이다. 이들을 상대하도록 무기로 주신 것이 믿음인데 그 무기를 정확하게 사용할 줄을 모르니 그 공격 앞에 무력한 것이다. 그리고 믿음의 싸움이라고 찔끔찔끔 간만 보다가 결국 과격하고 극단적인 그리스도인의 삶을 사는 것은 특별한 믿음의 선진들과 선택받은 몇몇만의 이야기라고, 자신은 그렇게 살 수 없다고 단정짓고 믿음의 걸음을 멈추고 만다.

그러면서 복음주의적인 메신저나 래디컬한 삶을 사는 이들을 동경하며 찾아다닌다. 진정 믿음으로 살고자 하는 소망 때문인가? 아니면 그렇게 살고 있는 자들을 통하여 대리만족을 얻기 위한 것인가? 믿음은 그들에게만 해당되는 것이 결코 아니다.

그런데 왜 이 믿음은 내게 능력이 되지 않고 무기력한가.

바로 정확하지 않기 때문이다. 내가 무엇을 믿고 있는지, 어떤 믿음 위에 내가 서 있는지 점검해본 적이 없는 것이다. 하나님께서는 아들 예수 그리스도를 통하여 그분의 구속의 역사를 한 치의 오차도 없이 완전하고 완벽하게 이루어내셨다. 그렇다면 그것을 믿는 우리의 믿음 역시 한 치의 오차도 없이 정확해야 한다. 하나님은 우리에게 묻고 계신다.

'너의 믿음은 정확하니?'

"내가 너희에게 이르노니 속히 그 원한을 풀어주시리라 그러나 인자가 올 때에 세상에서 믿음을 보겠느냐 하시니라"(눅 18:8).

당신은 이런 예수님의 물음에 '네, 여기 있습니다!'라고 당당히 고백할 수 있겠는가?

나는 앞서 짧게 삶을 나누었지만 극단적인 믿음의 삶과는 거리가 멀다. 신학을 제대로 공부한 적도 없고, 의지는 너무 박약해서 세상의 유혹에 터무니없이 넘어지는 사람이다. 그래서 성경에서 말하는 옳은 믿음의 행위를 흉내도 내지 못하는 그냥 평범한 청년일 뿐이다.

그러나 이 글은 어려서부터 극단적인 믿음의 걸음을 걸으시며 오직 믿음의 유산만을 물려주기를 소원하시는 부모님과 믿음의 공동체 안에서 '믿음은 무엇이며 그 믿음은 왜 내게 능력이 되지 않는가?'라는 질문과 10년 가까이 씨름하며 말씀과 삶에서 하나하나 발견한 작은 이야기이다. 그렇지만 나는 확신한다. "나를 사랑하는 자들이 나의 사랑을 입으며 나를 간절히 찾는 자가 나를 만날 것이니라"(잠 8:17)라는 말씀대로 주님은 주님을 사랑해서 주님의 뜻대로 살기를 소원하는 자에게 성령으로 말미암아 눈을 여시고 귀를 여셔서 하나님의 말씀을 깨닫게 하시고 듣게 하심을!

어리고 부족하고 연약하고 미련하지만 분명하고 정확하게 하나님의 뜻을 내게 깨닫게 해주실 것을 믿는다. 믿음의 삶을 살아내고 싶은 소원함과 믿음으로 말미암아 멋지게 세상으로부터 승리하는 삶을 살고 싶지만 연약하여 믿음의 삶을 살기를 포기한 자든, 믿음이 무엇인지 모르는 자든 상관없다. 동병상련의 마음으로 함께 가자. 하나님께서는 우리보다 더 우리가 믿음으로 살기를 원하신다. 그래서 우리에게 소망이 있다. 우리를 사랑하셔서 자신의 하나밖에 없는 아들 예수 그리스도를 십자가에서 죽이시면서까지 우리를 구원하고 싶으셨던 그분의 우리를 향한 열정이 우리를 십자가의 완전한 복음을 누리는 온전한 믿음 가운데로 이끌어가실 것이다.

말씀을 만나는 자리

믿음에 대하여 말씀 앞에 바로 서기 전에 우리가 말씀 앞에서 취해야 할 중요한 태도가 있다.

"내가 너희 보기를 간절히 원하는 것은 어떤 신령한 은사를 너희에게 나누어주어 너희를 견고하게 하려 함이니"(롬 1:11).

로마서는 예수 그리스도의 완전한 복음과 그것을 누리는 믿음에 대하여 분명하고 명확하게 제시하고 있다. 로마서는 사도 바울이 로마에 있는 성도들을 완전한 복음 앞에 세우기 위해 쓴 편지이다.

로마서 1장에서 사도 바울은 자신이 사도로 부르심을 받고 하나님의 복음을 위해 택정함을 받아서 로마에 있는 성도들에게 복음을 전할 것인데, 이 복음은 예수 그리스도라 결론을 분명하게 찍고 시작한다. 바울이 로마에 있는 성도들이 보고 싶은 이유는 그들에게 어떤 신령한 은사를 나누어주어서 성도들의 믿음을 견고하게 하기 위함이라고 말한다. 성령께서 주시는 은사(선물)는 예수 그리스도, 십자가의 복음이다. 이 복음을 정확하고 분명하게 선포하고 그들에게 들려줌으로써 그들의 믿음을 견고하게 하겠다는 것이다.

"이제는 나타내신 바 되었으며 영원하신 하나님의 명을 따라 선지자들의 글로 말미암아 모든 민족이 믿어 순종하게 하시려고 알게 하신 바 그 신비의 계시를 따라 된 것이니 이 복음으로 너희를 능히 견고하게 하실 지혜로우신 하나님께 예수 그리스도로 말미암아 영광이 세세무궁하도록 있을지어다 아멘"(롬 16:26, 27).

로마서 16장의 결론은 이 복음으로 말미암아 로마에 있는 성도뿐 아니라 모든 민족이 믿어 순종하게 되는 것이다. 즉, 믿음 자체가 나의 의지나 노력이 아닌 올바르고 정확한 복음을 듣는 데서부터 시작된다는 것이다. 믿는 대상을 정확하게 알지 못하면 믿음 역시 정확하지 못할 뿐더러 그 믿음은 나를 움직일 수 있는 힘을 제공해주지 못한다.

"누구든지 주의 이름을 부르는 자는 구원을 받으리라 그런즉 그들이 믿지 아니하는 이를 어찌 부르리요 듣지도 못한 이를 어찌 믿으리요 전파하는 자가 없이 어찌 들으리요"(롬 10:13, 14).

믿음의 시작은 들음이다. 들어야 믿을 수 있다.

"그러므로 믿음은 들음에서 나며 들음은 그리스도의 말씀으로 말미암았느니라"(롬 10:17).

"그 안에서 너희도 진리의 말씀 곧 너희의 구원의 복음을 듣고 그 안에서 또한 믿어 약속의 성령으로 인치심을 받았으니"(엡 1:13).

우리가 믿는 바가 무엇이며 그 대상은 어떤 것인지에 대해 들어야 한다. 듣는 것은 단지 귀로 듣는 행위로 그치지 않는다. 반드시 그 들음으로 말미암아 뭔가를 알게 되고, 아는 것과 알아가는 것이 우리의 믿음을 더욱 견고하게 세운다.

그런데 듣는 것이 믿음의 시작이라고 해서 아무것이나 들어야 하는 것은 아니다. 무엇을 들어야 하는지 분명하게 말씀하셨다. 들음은 그리스도의 말씀으로 말미암았다고 말한다. 반드시 들어야 할 것을 들어야 한다. 하지만 듣는다는 것은 단지 듣는 자만 있어서 되는 것이 아니라 듣는 자에게 들려주는 주체가 있어야 한다. 그 주체는 말씀이다. 로마서 10장에서는 그리스도의 말씀이라고 말하고 있고 요한복음 1장 1절에서는 "이 말씀은 곧 하나님이시니라"라고 말한다.

우리에게 들려주시는 말씀은 하나님이시다. 하나님은 시공간에 제한받지 않으시며 지금도 살아 계신다. 그분이 말씀이시라면 성경은 단지 이스라엘의 역사책도 아니고 내가 보고 지금 나에게 맞게 해석하는 것이 아니라는 것이다. 말씀은 살아 계신 하나님이시다. 그렇기에 우리는 성경을 펴들고 죽은 글자를 보는 것이 아니라 살아 계신 하나님의 음성을 듣는 것이다. 그러므로 성경은 자리이다. 우리가 성경을 펼치는 행위는 내가 스스로 성경을 깊이 파헤쳐서 지식을 쌓기 위함이 아니라 살아 계신 하나님의 말씀을 듣기 위하여 그 자리로 나아가는 것이다.

하나님께서는 그 누구보다 우리가 하나님을 깊이 알기를 원하신다. 그래서 말씀을 듣고자 하는 의지와 간절함이 들려주시고 싶으신 하나님의 마음과 만나서 그분의 음성을 들음으로 우리는 그분을 더욱 깊이 알게 되는 것이다.

우리가 그분을 깊이 알게 될수록 우리의 믿음은 더욱 깊어질 것이다.

버릴 교만, 취할 겸손

주님을 알아가는 과정에서 조심해야 할 것은 우리의 앎은 단지 지식을 쌓아올리기 위함이 아니라는 것이다. 삶과는 동떨어진 신학 이론과 지식은 우리를 십자가에서 멀어지게 할 수도 있다. 그렇기에 말씀은 우리에게 복음을 알아가는 데 있어서 또 하나 중요한 태도를 요구한다.

로마서 2장은 1절부터 "그러므로 남을 판단하는 사람아"라고 시작한다. 남을 판단하는 행위는 예수님께서 가장 싫어하시는 것 중의 하나이다. 왜냐하면 판단하는 그 자신이 옳고 그름의 기준이며 자신은 판단할 수 있는 능력이 있다는 교만이기 때문이다. 이런 자들은 결코 하나님의 말씀 앞에서 자신의 믿음을 점검할 수 없다. 들리는 모든 말씀을 자신에게 적용하지 않고 도리어 남을 판단하고 정죄하는 도구로 사용하기 때문이다.

"율법의 교훈을 받아 하나님의 뜻을 알고 지극히 선한 것을 분간하며 맹인의 길을 인도하는 자요 어둠에 있는 자의 빛이요 율법에 있는 지식과 진리의 모본을 가진 자로서 어리석은 자의 교사요 어린아이의 선생이라고 스스로 믿으니"(롬 2:18-20).

그런 자들이 범하는 가장 큰 오류는 하나님의 뜻과 말씀을 이미 '알고 있다'고 스스로 믿는 믿음이다. 근거 없는 잘못된 확신이 하나님이 우리에게 알려주고 싶어 하시는 그분의 뜻을 알지 못하게 방해한다. 하나님의 광대하신 뜻을 우리가 알면 얼마나 알겠는가? 우리는 그분의 뜻을 온전히 이해할 수 없다. 다만 믿을 뿐이다. 그렇기에 스스로 복음과 복음을 주신 하나님을 '알고 있다'라고 믿는 잘못된 확신이 깨지지 않으면 우리는 절대 말씀 앞에서 주님의 음성을 들을 수 없다. 그렇기에 우리는 십자가의 복음을 듣지 못하고 깨닫지 못하게 하는 스스로에 대한 교만한 확신을 깨야만 한다.

"내가 너희 중에서 예수 그리스도와 그가 십자가에 못 박히신 것 외에는 아무것도 알지 아니하기로 작정하였음이라"(고전 2:2).

여기서 '십자가 외에 아무것도 알지 않겠다'는 말에서 '알다'라는 헬라어 단어 '에이도'(eidw)는 두 가지 비슷한 형식의 용법을 함유하고 있다. 먼저는 '보다'(to see)라는 의미이고 또 다른 하나는 '알다'(to know)라는 의미이다. 그러므로 이것은 단지 모르는 척 하라는 것이 아니다. 또한 고상한 지식, 신학 이론, 경험 등이 잘못되었다는 것도 아니다. 그 지식과 경험이 예수 그리스도의 십자가를 바라보지 못하도록 방해한다면 기꺼이 쓰레기처럼 취급하겠다는 것이다. 이는 예수 그리스도 십자가 외에 다른 것은 쳐다보지 않겠다는 사도 바울의 확고한 태도인 것이다.

"그러나 무엇이든지 내게 유익하던 것을 내가 그리스도를 위하여 다 해로 여길 뿐더러 또한 모든 것을 해로 여김은 내 주 그리스도 예수를 아는 지식이 가장 고상하기 때문이라 내가 그를 위하여 모든 것을 잃어버리고 배설물로 여김은 그리스도를 얻고 그 안에서 발견되려 함이니 내가 가진 의는 율법에서 난 것이 아니요 오직 그리스도를 믿음으로 말미암은 것이니 곧 믿음으로 하나님께로부터 난 의라"(빌 3:7-9).

십자가만 바라보기로 결정되어 있다면 사도 바울이 알고 있는 율법의 지식과 그의 열정은 십자가 앞에 더욱 가까이 나아가게 하는 귀한 도구가 될 것이다. 그러나 먼저는 나의 선(先)지식과 경험을 내려놓고 예수 그리스도의 십자가만 바라보기로 결정해야 한다.

하지만 나의 지식과 경험을 내려놓고 말씀 앞에 선다는 것이 말처럼 쉽지는 않다. 어떻게 내가 알고 있는 경험과 지식을 내려놓고 그 말씀 앞에 설 수 있을까. 먼저는 우리의 존재의 실상을 기억해야 한다.

피조물의 겸손과 영광

나는 그리스도인이 살아가면서 갖추어야 할 가장 중요한 덕목은 '겸손'이라고 생각한다. 말씀 앞에 설 때 우리가 가져야 할 자세가 바로 이 겸손이다. 겸손(謙遜, 謙巽)의 사전적 의미는 "남을 존중하고 자기를 내세우지 않는 태도가 있음"이다. 성경에서는 나보다 남을 낮게 여기는 것을 겸손이라고 말했다. 겸손은 한 마디로 낮아짐이다. 그러나 겸손의 깊은 의미를 묵상할수록 단지 나를 낮추는 것만이 다가 아님을 알게 되었다. 이 겸손이란 주제를 고민하는 가운데 앤드류 머레이의 《겸손》을 소개받아 읽게 되었다. 그 책은 이렇게 말하고 있었다.

"피조물에게 겸손은 영광이다."

이 책은 창조주의 겸손과 피조물의 겸손을 구분지어 놓았다. 따라서 우리가 말하는 겸손이 창조주이신 하나님의 겸손과는 다를 수 있다는 것이다.

창조주이신 하나님은 피조물과 같이 되시는 가장 천하고 낮은 자리로 내려오셨다. 그러나 우리는 더 내려갈 곳도 낮아질 것도 없다. 우리가 가장 천하고 낮기 때문이다. 그렇다면 창조주이신 하나님께는 겸손이라는 단어가 가능하고 어울리는데, 한낱 피조물이며 그것도 죄악으로 완전히 망가져버려서 존재 자체가 버러지 같은 우리가 더 낮아질 게 어디 있겠는가?(사 41:14)

그렇다면 피조물에게 겸손이란, 더 낮아질 것도 없을 만큼 천하고 연약하며 아무것도 아닌 존재임을 알고 하나님 없이는 한순간도 살 수 없는 은혜 입은 죄인임을 인정하는 것이다.

바울이 자신이 알고 있는 경험과 지식을 기꺼이 내려놓을 수 있었던 것은, 자신이 알고 있는 모든 지식과 지혜보다 더 풍성하고 영광스러운 십자가를 보았기 때문이다. 또한 완전하고 영광스러운 십자가 앞에 선 자신의 존재(자신에게 속한 모든 지식과 행위)가 아무것도 아님을 철저하게 인정했기 때문이다.

높은 자리나 직분, 직위가 우리의 존재를 높여줄 수 없다. 우리는 그저 긍휼과 은혜가 필요한 피조물일 뿐이다. 이것은 내가 인정하든 안 하든 사실이므로, 사실 우리는 '내가 좀 낮아져야지, 겸손해져야지'라고 결심할 필요조차 없다. 사실을 사실대로 인정하면 된다. 그러면 하나님께서는 겸손하다고 하시며 우리를 예수 그리스도와 같이 높여주신다.

"무릇 자기를 높이는 자는 낮아지고 자기를 낮추는 자는 높아지리라"(눅 14:11).

높아지는 것은 내가 아니라 낮은 자를 높이시는 은혜다. 그래서 피조물에게 겸손은 영광인 것이다. 하지만 그 사실을 사실로 인정하는 것도 하나님의 은혜 없이는 불가능하다.

인간은 하나님을 영화롭게 하기 위하여 창조되었다. 그러나 인간은 자신에게서 하나님을 밀어내고 스스로 왕이 되려고 했다.

이스라엘의 구약 역사 내내 반복되는 것은 하나님을 밀어내고 자신들이 왕이 되고자 했던 타락한 역사였다. 이와 같이 하나님의 주권을 인정하는 것은 스스로 왕이 되고자 하는 자신을 완전히 부인해야만 가능하다.

자신의 존재를 인정했다는 것은 죽을 수밖에 없는 존재임을 알았다는 것이다. 그 순간 '이젠 끝이구나' 하는 절망과 함께 자연스런 생존 본능이 발동하여 살고자 하는 소망으로 하나님 앞에 엎드러지는 것이 정상적인 반응이다. 그런데 우리는 말로는 죄인이라고 인정하지만 주님 앞에 나아가지 않는다. 왜냐하면 우리의 감정이 우리가 아무것도 아닌 존재임을 인정하고 싶지 않기 때문이다.

우리의 감정이 항상 옳은 사실에만 반응하는 것은 아니다. 옳은 것과 상관없이 내가 좋다고 느끼는 것에도 즉각적으로 반응한다. 그렇기에 죄로 완전히 왜곡돼버린 감정은 우리가 죽을 수밖에 없는 죄인임을 인정하는 것에 도움이 되지 않는다.

이후 우리의 바른 믿음을 혼란케 하는 감정에 대하여 좀 더 깊이 다룰 것이다.

감정이 아닌 사실에 반응하라
내 감정이 동의하지 않았다고 사실이 거짓이 되는 것은 아니다. 내가 인정하든 안 하든 내가 죄인이며 죽어야 한다는 것은 사실이다. 이 사실 앞에서 감정이 자연스럽게 일어나서 동의하기를 기다려야 하는 것이 아니다. 내 육체가 반응하는 왜곡된 감정의 반응을 부인하고 진리를 선택해야 한다. 이 원리를 이스라엘 백성에게 깨닫게 하시려고 허락하신 제도가 바로 '도피성'이다.

"부지중에 실수로 사람을 죽인 자를 그리로 도망하게 하라 이는 너희를 위해 피의 보복자를 피할 곳이니라"(수 20:3).

도피성에 대해서는 은혜의 제도라는 생각만 하고 깊게 생각해보지 않다가, 어느 날 묵상 중에 '부지중'이라는 단어가 눈에 들어왔다. 도피성은 그냥 살인자가 아닌 '부지중에 살인한 자'를 위해 있다. 즉, 분노나 죽이려는 악한 의도 없이 살인을 저지른 자에게만 해당되는 은혜의 제도이다.

부지중에 살인한 자는 의도성은 없었으나 결과적으로 사람을 죽인 자다. 자신의 손에 피를 묻힌 살인자다. 고의성이 없기에 자신의 감정은 억울하다고 하소연할 것이다. 또 이 어처구니없는 상황에 당황하고 분노할 수도 있다. 그러나 지금은 억울하다고 하소연할 때가 아니다. 이 상황을 탓할 때가 아니다. 지금은 죽자 살자 뛰어야 할 때이다. 그가 만약 억울해하는 동안에 보복자의 손에 잡혀 죽게 되어도 불쌍히 여김을 받지 못한다.

"피를 보복하는 자가 도피성 지경 밖에서 그 살인자를 만나 죽일지라도 피 흘린 죄가 없나니"(민 35:27).

자신을 변명하고 내 감정이 인정할 때까지 기다릴 수 없다. 일단 도피성을 향해 전력으로 달려야 한다. 그리고 그는 회중 앞에서 재판을 받기까지 또한 그 당시 대제사장이 죽기까지 도피성에 머물러야 한다. 즉, 자신의 죗값을 치른 후에 나올 수 있다는 것이다.

우리는 자기가 선택해서 죄인으로 태어난 것이 아니다. 내가 선택할 겨를도 없이 아담의 후손으로 그 죄의 생명을 고스란히 가지고 죄인으로 태어났다. '내가 스스로 선택한 것이 아니다. 내가 원해서 죄인으로 태어난 것이 아니니 죄를 짓는 건 필연적인 것이 아니냐'라고 변명할 수도 있다. 그러나 하나님의 공의도 필연적으로 나에게 죄에 대한 대가로 어쩔 수 없이 사망을 선고하실 수밖에 없다.

하나님은 자신의 공의를 충족시키시면서 부지중에 살인한 자, 즉 아담의 후손으로 죄의 생명을 가지고 태어난 우리에게 살길을 열어놓으셨다. 바로 '예수 그리스도의 십자가'이다. 그 사망선고에 항소하고 억울함에 몸부림칠 때가 아니라 재빨리 사실을 인정하고 느낌과 감정이 어떻게 반응하는지에 상관없이 그 도피성인 예수 그리스도의 십자가로 달려가야 한다. 그리고 십자가에서 예수 그리스도의 죽음과 합하여 죄에 대한 모든 심판이 끝이 날 때 우리는 자유인으로 걸어갈 수 있게 되는 것이다.

십자가의 자리로 가라

우리는 정확하고 분명한 예수 그리스도, 십자가의 복음을 알아야 한다. 그러려면 먼저 내가 '이미 안다'라고 하는 교만과 스스로의 잘못된 확신을 깨뜨려야 한다. 이러한 태도는 내가 아무것도 아닌 존재임을 인정하는 겸손함에서 비롯된다. 나의 실상을 인정하고, 진리와 상관없이 반응할 수 있는 모든 느낌과 감정의 동요를 부인하며, 진리를 받아들이기로 결단하는 것이다. 이때 비로소 우리는 말씀 앞에서 자신의 믿음을 바르게 진단받을 수 있다.

말씀 앞에 바로 서고자 하는 믿음은 편안하고 안락한 자리가 아닌 죽음의 자리, 곧 십자가의 자리로 우리를 이끌어간다.

시골 밤길을 거닐며 묵상하던 중 저 멀리 교회의 네온사인 십자가가 시야에 들어왔다. 내 시야에 들어오긴 했지만, 워낙 멀리 있어서 형체가 흐릿할 뿐더러 나와 십자가 사이를 가리는 나무와 건물들로 인해 십자가가 명확하게 보이지는 않았다. 십자가를 명확하게 보기 위해서 내가 취한 태도는 십자가가 있는 곳으로 가까이 가는 것이었다. 가까이 가면 갈수록 십자가는 더 선명하게 내 시야에 들어왔고 십자가를 가리는 장애물들이 하나씩 없어지기 시작했다. 마침내 교회 앞에 섰을 때는 십자가 외에 어떤 것도 보이지 않게 되었다.

십자가를 멀리 둔 채 명확하게 예수 그리스도 십자가의 복음을 보는 것은 불가능하다. 그 앞으로 가까이 가야 한다. 그러면 주님은 우리를 십자가로 더욱 가까이 이끌어주실 것이다.

세상은 우리에게 멀리 내다보는 넓은 시야를 가지라고 말한다. 그러나 우리는 한 치 앞도 내다보지 못하는 존재다. 시야가 넓어질수록 잡다한 것들이 더 많이 들어오고 이 때문에 오직 십자가만 바라볼 수가 없다. 1분 앞도 내다보지 못하는 유한한 인간인 우리는 지금 십자가 앞에 서 있어야만 한다.

"아버지께서 나를 세상에 보내신 것같이 나도 그들을 세상에 보내었고"(요 17:18).

하나님 아버지께서 아들 예수 그리스도를 이 땅에 보내신 것은 십자가를 지게 하기 위해서였다. 십자가는 사형틀이다. 즉, 예수 그리스도를 십자가에 못 박혀 죽으라고 보내셨다는 말이다. 십자가 앞에 나아가는 것은 죽음 앞에 나아간다는 것이다. 그러나 아버지 하나님께서 아들 예수 그리스도를 십자가로 보내신 것은 죽음이 결론이 아니었다. 죽음을 통하여 살리시기 위함이었다.

"나를 보내신 이의 뜻은 내게 주신 자 중에 내가 하나도 잃어버리지 아니하고 마지막 날에 다시 살리는 이것이니라 내 아버지의 뜻은 아들을 보고 믿는 자마다 영생을 얻는 이것이니 마지막 날에 내가 이를 다시 살리리라 하시니라"(요 6:39, 40).

그 영광을 보신 예수님께서는 죽음의 두려움과 고통이 기다리고 있는 십자가로 기꺼이 나아가셨다. 우리 역시 십자가 앞에 나아갈 때 죽음의 고통과 두려움이 있을 수 있다. 그러나 그 죽음이 결론이 아니다. 반드시 그 죽음 이후에 하나님께서는 아들 예수 그리스도를 죽음 가운데서 일으키셨던 것처럼 이 복음을 누리는 믿음을 가진 새 생명으로 일으키실 것이다.

"그러므로 우리가 그의 죽으심과 합하여 세례를 받음으로 그와 함께 장사되었나니 이는 아버지의 영광으로 말미암아 그리스도를 죽은 자 가운데서 살리심과 같이 우리로 또한 새생명 가운데서 행하게 하려 함이라"(롬 6:4).

죄 된 생명의 죽음 없이 아들의 부활생명은 없다. 죽어야 사는 것이다. 하나님께서는 살리는 죽음의 십자가로 우리를 보내실 것이다.

믿음의 영역을 살펴보며 우리는 죽음 같은 고통을 느낄 수도 있고 죽음의 두려움 앞에 직면하게 될 수도 있다. 그러나 염려하지 말자. 하나님께서는 우리를 죽음 가운데서 일으키실 수 있는 능력을 가지신 전능하신 하나님이시다.

교정의 시간

나는 허리가 선천적으로 좋지 않았는데, 한번은 기회가 되어 전문가에게 뼈 교정을 받은 적이 있다. 그 분은 '모든 병의 근원은 자세'라고 하시며 교정을 통해 뼈가 원래 있어야 할 자리에 올바르게 끼워 맞춰지면 그 후에는 본인의 자세에 따라서 유지된다고 하셨다. 그 말씀과 동시에 교정이 시작되었다. 내 차례를 기다리며 옆에서 지켜보았는데 여기저기서 들리는 고통의 신음소리, 모든 관절이 다 튀어나올 것 같은 소리에 두려움이 몰려왔다. 드디어 내 차례가 되어 내게 담당된 건장한 형제님 앞에 경외함으로 엎드렸다. 내 허리관절과 목뼈를 어루만지며 "긴장해서 힘주지 말고 맡기세요"라고 하더니 내 허리와 목을 가차없이 돌려버렸다.

고통의 시간이 끝나고 자리에서 일어났다. 큰 변화는 없었지만 내 몸이 늘어난 것 같은 느낌은 들었다. 키를 재봤더니 실제로 2센티가량 커졌다. 교정을 마친 이후 함께 교정을 받은 사람들은 며칠 동안 (길게는 몇 주 정도까지) 마치 강시처럼 걸어다녔다. 최대한 옳은 자세를 유지하여 바르게 맞춰진 뼈를 유지하기 위해서다.

그러나 우리가 취해야 할 바른 자세는 익숙하지 않고 편하지 않다. 반대로 몸과 관절에 좋지 않은 자세는 익숙하고 편하다. 계속 신경쓰고 집중하지 않으면 어느새 나도 모르게 익숙하고 편한 자세, 즉 몸에 좋지 않은 자세로 돌아가버리고 만다. 힘들고 익숙하지 않지만 계속 생각하고 집중해서 자세를 바로잡아야 유지할 수 있고 그것이 습관이 되어 살아가면서 계속 바른 자세로 살 수 있다.

나는 믿음도 이와 마찬가지라는 생각이 들었다. 지금은 뼈를 교정하는 시간이다. 나의 뼈를 교정했던 우락부락한 형제님이 아닌 온유하고 인자하신 하나님께서 우리를 교정해주실 것이다. 아픔도 있고 어려움도 있을 수 있지만 온몸에 힘을 빼고 그분께 나를 맡겨야 한다. 그리고 교정이 끝나면 일상생활로 돌아와 현실에 부딪혀야 한다. 그때 익숙함과 편안함이 우리를 믿음이 아닌 자리로 계속 끌고 가려고 할 것이다. 그러나 우리는 정신을 차리고 집중하여 익숙하지 않고 힘들고 어렵지만 굳건한 의지로 믿음의 자리에 서야 한다. 그러면 믿음으로 사는 삶이 체질화될 것이다.

쉽지 않은 시간일 것이다. 그러나 지레 겁먹고 피하거나 두려워하지 말고 주님의 은혜 앞으로 나아가자. 지금까지 올바른 믿음을 점검받고 바로 세울 수 있는 자리와 우리의 태도를 살펴보았다. 이제 내 믿음이 어디서부터 잘못되었고 어디로 향하여야 하는지 함께 살펴보도록 하자.

복음에는 하나님의 의가 나타나서 믿음으로 믿음에 이르게 하나니
기록된 바 오직 의인은 믿음으로 말미암아 살리라 함과 같으니라
_로마서 1장 17절

온전한
믿음을 찾는
여정

2

P A R T

03

믿음에서 믿음으로

믿음의 여행지

우리가 떠나게 될 믿음의 여행지를 소개하겠다. 우리의 여정은 믿음으로 시작해서 믿음에 이르게 될 것이다. 그 여행지의 코스는 흔히 사랑장이라고 말하는 고린도전서 13장에서 찾을 수 있다.

"그런즉 믿음, 소망, 사랑, 이 세 가지는 항상 있을 것인데 그중의 제일은 사랑이라"(고전 13:13).

우리는 믿음에서 소망으로 가고, 소망에서 사랑까지 갔다가 다시 유턴하여 사랑에서 소망 그리고 믿음에 이르는 여행을 할 것이다.

믿음의 여행을 떠나는데 웬 사랑장이냐고 생각할 수도 있다. 내가 '제대로 된 믿음은 무엇이며, 나는 어떻게 해야 하는가?'에 대한 질문으로 지난 시간 동안 기록해놓은 많은 메모들과 묵상을 다시 읽어보왔다. 그랬더니 그때는 내 상황에 사로잡혀 보지 못했던 하나님께서 나를 이끄시고 인도하신 여행지가 보이기 시작했다. 그것이 바로 고린도전서 13장의 말씀 '믿음, 소망, 사랑'이라는 여행지였다. 모두가 동일하다고 할 수는 없겠으나 적어도 믿음에 대해 양보하지 않고 치열하게 부딪혀본 흔적이 있는 이 본문에서 함께 떠나는 믿음의 여행에 '사랑'이 최적의 장소라 믿어 의심치 않는다. 주님의 이끄심을 기대하며 떠나보자.

"복음에는 하나님의 의가 나타나서 믿음으로 믿음에 이르게 하나니 기록된 바 오직 의인은 믿음으로 말미암아 살리라 함과 같으니라"(롬 1:17).

로마서는 복음은 우리로 '믿음으로 믿음에 이르게 한다'고 말한다. 시작이 믿음이고 끝도 믿음이라는 말도 되지만 우리가 생각했던 믿음으로 하나님께서 기뻐하시는 온전한 믿음에 이르게 할 것이란 말도 된다. '이렇게 하는 게 믿음인가? 저렇게 하는 게 믿음인가?' 좌충우돌하며 치열하게 달려온 10년, 그러나 그 믿음이 하나님의 말씀 앞에서 아닌 것이 드러나고 아무것도 할 수 없어서 절망의 자리에 주저앉아 있다가 제대로 한번 믿음으로 살아보고 싶은 소망함으로 나아갔을 때, 그때 그곳에서 하나님의 사랑을 알고 경험하게 되었다.

그분의 사랑을 경험하고 나니 내가 믿음으로 잘사느냐 마느냐가 아님을 알게 되었다. 내가 그 무엇보다 사랑하는 주님을 바라고 소망하면 되는 것이었다. 그렇게 주님을 소망할 때 하나님께서 기뻐하시는 믿음의 자리에 서 있음을 보게 하셨다. 그리고 이 원리가 하나님과의 관계뿐 아니라 사람과의 관계 안에서도 동일하게 적용되는 원리임을 보게 하시고 삶의 모든 영역에 이 원리로 믿음의 삶이 가능함을 보게 하셨다.

그러기에 우리의 믿음이 어디서부터 생겼고 무엇이 문제인지 진단하기 위해서 하나님의 창조 역사를 거슬러 올라가야 한다.

믿음의 시작

성경은 "태초에 하나님이 천지를 창조하시니라"라고 시작한다.

하나님께서는 무(無)에서 유(有)를 창조하셨다. 창조의 순서를 보면 알 수 있듯이 하나님께서는 모든 만물을 창조해놓으시고 인간을 창조하셨다. 하나님은 인간이 하나님과 교제하고 살아갈 수 있는 최적의 환경을 미리 조성하셨다. 또한 인간이 하나님과 사랑으로 교제할 수 있도록 하나님의 형상, 즉 인격적이며 영적인 존재로 창조하셨다.

"하나님이 자기 형상 곧 하나님의 형상대로 사람을 창조하시되 남자와 여자를 창조하시고"(창 1:27).

"여호와 하나님이 땅의 흙으로 사람을 지으시고 생기를 그 코에 불어넣으시니 사람이 생령이 되니라"(창 2:7).

이러한 인간이 하나님께서 지으신 동산에서 마음껏 하나님과 온전한 교제를 하려면 자발적으로 사랑할 수 있어야 했다. 또한 인간은 느껴야 하고 볼 수 있어야 하며 들을 수 있고 맛볼 수 있는 감각적인 기능이 필요했다. 하지만 자발적으로 사랑하여 선택할 수 있는 권한과 스스로 인식할 수 있는 기능을 주시는 것은 위험천만한 일이었다.

스스로 사랑할 수도, 사랑하지 않을 수도 있는 권한을 우리는 '자유의지'라고 한다. 인간에게 자유의지를 주면 하나님과 인간 사이의 온전한 사랑의 교제는 이루어질 수 있지만, 만에 하나 인간이 잘못 선택하면 끔찍한 결과를 가지고 올 수도 있는 것이었다. 그러나 하나님께서는 그런 위험을 감수하시면서까지 그것을 허락하셨다. 자발적 사랑이 전제된 교제를 우리와 나누고 싶으셨기 때문이다.

여기까지가 인간이 범죄하기 전 하나님께서 창조하신 원래의 모습이다. 범죄하기 전 에덴동산에서의 모습을 이해를 돕기 위해 공식으로 표현해보려고 한다.

이 공식을 세우기 전에 먼저 우리는 '실재'와 '실제'를 구별하고 이해해야 한다.

'실재'(實在)는 '실제로 존재'하는 것이고, '실제'(實際)는 '있는 사실이나 현실 그대로의 또는 나타나거나 당하는 그대로의 상태나 형편'이다. '실재'란 사실을 나타내며, 현실에서 존재함의 의미를 지닌 것으로 그 존재에 초점이 있다. 반면 '실제'는 사실의 경우나 형편을 의미하는 말로 사실에 초점을 두고 이야기하거나 본인이 보고 듣는 경험을 통해서 무엇인가를 직접 하거나 느끼는 것을 말한다. 쉽게 풀이하면 존재하는 실재를 여러 가지 감각적인 기관과 기능을 통하여 경험하여 실제가 되는 것이다.

'실재'(허상이 아님)는 우리가 경험하여 알기만 하면 반드시 '실제'가 된다.

"실재=실제."

하나님은 우리가 알든 모르든 상관없이 영원 전부터 존재하셨다.

그리고 이 실재이신 하나님은 인간이 하나님을 실제로 누리면서 살기를 원하셨다. 그러려면 반드시 인간 편에서 실재를 인식할 수 있는 기능이 필요했다. 그것이 바로 감정이다.

'감정'(感情)이란 '어떤 일이나 현상, 사물에 대하여 느끼어 나타나는 심정이나 기분'을 뜻한다. 즉, 감각을 통하여 스스로 인식할 수 있는 기능인 것이다.

앞서 말한 공식에 감정을 더하면 이런 모양이 된다(이 공식은 이해를 돕기 위한 공식이지 진리는 아니다).

"감정+실재=실제."

인간이 타락하기 전에는 거리낌 없이 눈과 귀와 입과 피부로 실재이신 하나님을 보고 듣고 만지고 에덴동산의 과실을 맛보고 향을 맡았다. 인간은 하나님뿐 아니라 에덴동산 안의 실재인 모든 만물들을 실제로 누리며 살아갈 수가 있었다.

여기서 중요하게 짚고 넘어가야 할 사실이 있다. 하나님께서 인간에게 주신 것 중에 가장 위험한 것을 통틀어 우리는 '자유의지'(선택할 수도 있고 선택하지 않을 수도 있는 권한)라고 알고 있다. 결국 하나님을 선택하지 않고 범죄(선악과를 먹음)했기 때문에 큰 그림으로서는 맞다. 그렇지만 세밀하게 들여다보면 하나님께서 인간에게 주신 가장 위험한 것은 자유의지가 포함하고 있는 스스로 인식할 수 있는 기능인 감정이다. 인간의 감정이라는 것은 앞서 잠깐 다뤘지만 하나님과의 온전한 교제를 위하여 주신 선물이다. 그러나 감정은 무조건 옳은 것에만 반응하는 것이 아니다. 옳지 않더라도 좋아 보이는 것에도 반응할 수 있다.

"너희가 그것을 먹는 날에는 너희 눈이 밝아져 하나님과 같이 되어 선악을 알 줄 하나님이 아심이니라 여자가 그 나무를 본즉 먹음직도 하고 보암직도 하고 지혜롭게 할 만큼 탐스럽기도 한 나무인지라 여자가 그 열매를 따먹고 자기와 함께 있는 남편에게도 주매 그도 먹은지라"(창 3:5,6).

사탄인 뱀이 여자(하와)를 유혹하는 장면이다. 말씀에서 볼 수 있듯이 하와가 선악과에 손대는 행위 이전에 이미 감정 동요가 있었다. 하와는 뱀의 말을 듣고 선악과를 보고 '먹음직스럽다, 보기 좋다, 탐스럽다'라는 감정을 느꼈다. 선악과를 먹으면 죽는 줄도 알았고 그것이 하나님과의 사이를 멀어지게 할 것을 알고 있었음에도 하와의 감정은 선악과가 먹음직스러웠고 보암직도 했다는 것이다. 그 결과로 선악과에 손을 대는 행위가 벌어진 것이다. 이만큼 감정은 하나님께서 주신 귀한 선물이지만 잘못 다루면 위험한 독이 될 수도 있었다. 그렇기에 하나님께서 인간에게 감정을 주시며 이 위험한 감정을 통제할 수 있는 안전장치도 함께 주셨다. 그것이 바로 우리가 말하는 '자유의지'이다.

따라서 자유의지란 스스로 하나님을 선택할 수도 있고 선택하지 않을 수도 있는 권한이 아니다. 만약 하나님과의 관계를 멀어지게 한다면 내 감정의 느낌(눈에 좋게 보이고 내 귀에 좋게 들리는)과 상관없이 하나님을 선택할 수 있는 권한, 즉 위험천만한 감정을 통제할 수 있는 안전장치였던 것이다. 그렇다면 왜 선악과를 따먹을 때에 감정을 보호하고 있던 안전장치는 작동하지 않았을까? 이것을 이해하기 위해서는 '감정'을 조금 더 자세하게 살펴볼 필요가 있다.

감정의 위험성

성경 속에 하나님의 감정을 인격적으로 표현하는 것들이 많다.

'불쌍히 여긴다. 분노하신다. 슬퍼하신다. 기뻐하신다. 좋아하신다. 즐거워하신다. 아파하신다.'

하나님의 형상대로 지음받은 우리에게도 동일하게 나타는 현상임을 알 수 있다. 분명 감정은 하나님으로부터 온 것이다.

감정은 인간이 자신의 존재를 설명할 유일한 방법이다. 그래서 모든 상황을 보고 듣고 알게 될 때 자신이 어떻게 받아들일지 판단하는 장치이기 때문에 감정에 삶이 좌지우지된다. 감정은 감각 기능을 통하여 인식할 때 형성된다. 분노라는 감정은 그냥 대뜸 일어나지 않는다. 분노할 만한 상황을 눈으로 보았거나 귀로 들어서 인격을 만나서 형성되는 것이다. 이와 같이 감정에 중요한 요소를 차지하고 있는 것이 바로 감각이다. 즉, 오감(五感: 청각, 미각, 후각, 시각, 촉각)이라고도 한다. 먼저는 감각(보고, 듣고, 만지고, 맛보고)이 인격을 만난다. 그러면 어떤 감정의 반응을 나타내야 할지 인격이 스스로 감각을 해석하고 상황을 분석한 후 판단하게 되는 것이다. 그 판단 결과가 바로 감정이다.

동물들도 비슷한 감정을 가지고 있다. 그러나 인간과 다른 것은 동물은 인격이 없어 자기에게 그것이 좋은지 나쁜지 판단할 수 없고 그 감정을 통제할 의지가 없다는 것이다. 그래서 세상에서 감정에 이끌리는 대로 막 사는 사람을 '짐승 같은 놈' '짐승만도 못한 놈'이라고 표현한다. 노아의 방주 사건 때에도 의지가 없는 동물은 주님이 그냥 방주에 태우셨다. 그러나 의지가 있는 인간은 자기가 좋다고 여기는 세상 것들에 대하여 완전히 정리하고 스스로 하나님을 선택해야만 방주에 탈 수 있었다. 이처럼 하나님께서는 인간에게 주신 의지를 존중하시고 창조 때부터 지금까지 그 영역을 손대지 않으셨다. 그 이유는 인간과 하나님과의 관계 때문이다.

앞서 말했듯이 위험한 감정을 통제하는 안전장치가 자유의지이다. 그렇기에 감정은 의지의 동의 없이 선택이라는 결과까지 이르지 못한다. 감정의 기준은 '진리, 비진리'가 아니라 '내가 느끼기에 좋다, 나쁘다'가 기준이다. 이 사실을 재차 강조하는 이유는 이것이 믿음의 영역에 미치는 영향이 크기 때문이다. 그래서 항상 감정이 원하는 것을 하려 할 때는 의지의 동의를 구한다. 감정은 수많은 합당한 이유와 근거를 대며 의지가 감정에 따라 움직이도록 설득하려 한다. 하지만 의지는 감정에 설득당하지 않는다. 왜냐하면 의지는 통제하는 자물쇠인데 이 자물쇠를 여는 열쇠는 따로 있기 때문이다. 그 열쇠가 바로 사랑이다.

사랑, 가장 완전한 속성

사랑은 하나님께서 자신을 표현하실 때 쓰실 만큼 가장 완전한 속성이다. 사랑은 감정이 아니다. 악한 세대 속에서 사랑을 너무 무가치하게 표현하는 바람에 우리의 인식 속에서 그저 동물적인 감정으로 육체의 쾌락만을 원하다가 식으면 없어져버리는 것을 사랑이라 생각한다. 그러나 사랑은 그런 돼먹지 못한 감정놀음이 아니다.

고린도전서 13장이 표현하듯이 사랑은 하나님의 성품을 가장 잘 드러내는 속성이다. 사랑은 내가 느끼기에 좋은 것과 나쁜 것이 아니라 반드시 진리(옳은 것, 변치 않는, 절대적인)를 선택한다.

오직 이 사랑이라는 열쇠로만 의지를 열 수 있고 그 의지가 몸을 움직여 옳은 것을 선택하게 하는 것이다. 이것을 확인할 수 있는 성경 말씀이 있다.

"우리가 아직 죄인 되었을 때에 그리스도께서 우리를 위하여 죽으심으로 하나님께서 우리에 대한 자기의 사랑을 확증하셨느니라"(롬 5:8).

하나님께서는 거룩하시기에 죄를 가까이하실 수도 없으시고 죄에 대하여 진노하신다. 그러나 하나님께서 사랑하시는 인간은 하나님께서 가장 싫어하시며 진노하시는 죄 자체인 죄인이다. 도저히 감정적으로 하나님께서는 인간을 용납할 수 없으셨다. 그러나 하나님은 인간을 사랑하셨다. 죄를 용납하실 수는 없으시지만 인간을 사랑하시기에 그들의 죄를 용서하고 공의를 충족시킬 수 있으며 그 죄를 간과할 수 있는 명분이 필요하셨다. 이 사랑이 하나님의 의지를 움직이게 했고 상상할 수도 없는 일을 그분의 의지로 결정하셨다. 그것은 아들 예수 그리스도를 이 땅에 보내셔서 십자가에 죽게 하시는 것이었다.

로마서 5장 8절 말씀의 원리가 정확하게 맞아떨어지는 말씀이다.

"우리가 아직 죄인 되었을 때"라는 것은 '하나님께서 감정적으로 도저히 용납할 수 없고 우리를 향하여 진노하시는 상태'를 말한다.

"그리스도께서 우리를 위하여 죽으심으로"라는 것은 '하나님의 결정된 의지의 결과'이다.

"하나님께서 우리에 대한 자기의 사랑을 확증하셨느니라"라는 것은 '그 의지를 움직여 아들을 보내는 결정을 하시게 한 원인'이다.

이 원리대로라면 인간은 가장 안전했다. 우리의 사랑의 대상은 하나님이셨다. 하나님을 사랑하는 이 사랑이 우리의 의지를 열어서 선악과가 보기에 먹음직스럽고 탐스럽게 느껴져도 사랑하는 주님을 선택하여서 가장 완전하고 안전한 관계를 유지할 수 있는 것이다. 그래서 주님은 지금까지 인간의 자유의지를 손대지 않으셨다. 억지로 선악과를 못 먹게 하거나 죄를 짓지 못하게 하지 않으셨다. 그래야만 가장 완전한 사랑으로 교제하는 대상이 되기 때문이다.

하나님께서 인간에게 자유의지를 주실 때 이렇게 안전하게 조치해놓으셨다. 만약 인간이 스스로 죽기를 자청하지 않으면(자기가 좋은 것을 포기할 수 없어서 노아가 만든 방주를 타지 않는 행위) 결코 위험하지 않았다. 그렇다면 이제 왜 선악과 앞에서 이 위험천만한 감정을 통제하는 안전장치인 자유의지가 발동하지 않았는지 살펴보자.

안전장치가 작동하지 않은 이유

하나님께서 인간들에게 분명하게 말씀하셨다.

"여호와 하나님이 그 사람에게 명하여 이르시되 동산 각종 나무의 열매는 네가 임의로 먹되 선악을 알게 하는 나무의 열매는 먹지 말라 네가 먹는 날에는 반드시 죽으리라 하시니라"(창 2:16,17).

어떤 사람들은 이렇게 묻는다.

"하나님은 왜 먹으면 죽는 선악과를 동산 중앙에 두셨으며, 보기에 탐스럽게 만들어 놓으셨는가? 아예 안 만들었으면 인간이 죄를 안 지었을 것 아닌가."

선악과는 하나님과 인간 사이의 관계를 확인할 수 있는 장치였다. 즉, 늘 탐스러운 선악과를 보면서도 사랑하는 주님이 먹지 말라고 한 명령을 지킴으로써 하나님을 향한 사랑을 확인하고 확증할 수 있는 약속의 증표였다. 그리고 '죽는다'는 말은 "먹으면 죽일 거야"라는 협박이 아니다. 인간이 먹는다는 결론을 내리면 하나님을 사랑하는 것이 아니기에 우리와 하나님과의 관계는 끝이라는 의미였다.

인터넷에서 한 자매가 형제를 향해서 쓴 글을 본 적이 있다.

"너의 천 번의 멋진 이벤트보다 내가 하지 않았으면 좋겠다고 말한 그 한 가지를 하지 않는 것이 내겐 더 감동이다."

이 말에 자매들은 동의하는지 모르겠지만 나는 손발이 마구 오그라들었다. 이 글을 쓴 자매는 이벤트를 천 번이나 받아보고 쓰는 것인지 아니면 천 번째 이벤트가 맘에 안 들었는지 그 상황까지는 정확히 알 수 없지만 적어도 글쓴이의 의도는 알 수가 있었다. 그때 문득 선악과가 떠올랐다.

선악과는 단 하나였다. 수많은 과실 중에 단 하나, 모든 것을 누릴 수 있지만 단 하나, 정말 주님을 사랑했다면 무엇보다 그 하나만큼은 지켰어야 하는 것이 아닌가? 자기가 죄 지은 것을 동산 중앙에 선악과를 두신 주님 탓으로 돌리는 자가 어떻게 이 선악과의 의도를 알 수 있겠는가?

당신이 주님을 기쁘시게 해드리기 위해 하는 수없는 노력과 최선보다 주님께서 원하시지 않는 것을 하지 않는 것이 주님을 더 기쁘시게 해드린다는 생각을 해본 적이 있는가. 사탄은 허기진 인간에게 먹을 것으로 유혹한 것이 아니다. 사탄은 모든 것의 핵심인 사랑의 대상을 바꾸려는 공격을 가했다. 인간이 하나님을 사랑하는 데서 자기 자신을 사랑하는 것으로!

"너희가 그것을 먹는 날에는 너희 눈이 밝아져 하나님과 같이 되어 선악을 알 줄 하나님이 아심이니라"(창 3:5).

결국 우려하던 일이 실제로 벌어지고 말았다. 자신을 사랑하기로 결정한 인간의 마음이 선악과에 손을 대는 행위로 나타났다. 그 결정은 사탄에게 기회를 주었고 사탄은 인간의 생명 속에 죄라는 독을 뿌리게 되었다. 생명에 뿌려진 독은 '생명의 확장력'(창 1:28)과 함께 모든 만물 가운데로 확장되었다. 이 사건으로 인간은 사랑의 대상이 바뀌어버렸다. 자신을 사랑하게 된 것이다. 이제 모든 의지와 감정의 기능은 자신을 사랑하는 마음에 반응하게 되었다.

전에는 감정은 아무리 좋아 보여도 옳은 것을 선택할 수 있는 의지가 있기에 마음대로 하지 못했는데 이제는 내가 원하는 것에 반응하도록 열어버린 것이다. 감정은 이제 내가 보기 좋은 것에 대하여 제한을 받지 않게 되었다. 그러므로 내가 보기에, 듣기에, 만지기에 좋은 모든 것을 그대로 행할 수 있는 존재적인 죄인이 된 것이다.

인간은 선악과를 먹고 바로 죽지 않았다. 죽는다던 하나님의 말씀은 겁만 주려고 하신 것인가? 설마 그럴 리가 없다. 인간의 존재 목적은 주님과의 사랑의 교제였다. 이 존재 목적을 상실한 인간은 죽은 것이었다. 주님과 교제할 수 있도록 허락하신 모든 존재적인 기능이 아무 소용이 없어져버렸다. 죄를 끔찍하게도 싫어하시는 하나님 앞에서 인간은 존재적 죄인이 되었다. 하나님을 알아가는 기능으로 주신 감정은 하나님이 싫어하시는 죄를 미워할 수도 없고, 더럽게 느낄 수조차 없게 되었을 뿐 아니라 오히려 죄를 좋아하고 즐거워하게 되었다. 더 이상 인간은 하나님 앞에 설 수도 없었고 실재하시는 하나님을 실제로 누릴 수도 없게 되었다. 말 그대로 끝이었다.

하지만 정말 이것이 끝인가?

우리와의 교제를 포기할 수 없으셨던 사랑의 하나님은 이 절망에서 우리를 회복시킴으로써 다시금 하나님과 교제하여 실재하시는 하나님을 실제로 누릴 수 있는 대책을 마련하셔야 했다(이 시점에서 발견할 수 있는 놀라운 사실은 하나님께서는 이 절망스러운 상황이 펼쳐지고서야 대책을 마련하신 것이 아니라는 점이다). 전지(全知)하신 하나님께서는 이렇게 될 수도 있는 상황을 미리 아시고 대책을 마련해놓으셨다.

허락하심과 계획하심

나는 하나님께서 내가 하는 것을 허락하시는 것은 늘 하나님의 원래의 계획과는 다르다고 생각했다. 왜냐하면 나는 연약해서 옳은 것보다 내가 좋은 것을 선택하고 하나님의 뜻대로 행하기보다는 내 뜻대로 행했기 때문이다. 나는 왜 하나님께서는 모자란 나의 선택으로 하는 일을 내버려두실까 하는 의문을 가졌다. 그런데 그것은 하나님을 향한 불신이었다. 내가 하는 모든 것을 마냥 내버려두듯이 하나님이 허락하시는 것은 하나님의 완전하고 거대한 계획 안에 있기 때문이었다. 선악과를 따먹는 것을 허락하셨지만 하나님의 완전한 계획 안에는 예수 그리스도의 십자가가 준비되어 있었던 것처럼 말이다.

"내가 너로 여자와 원수가 되게 하고 네 후손도 여자의 후손과 원수가 되게 하리니 여자의 후손은 네 머리를 상하게 할 것이요 너는 그의 발꿈치를 상하게 할 것이니라 하시고"(창 3:15).

"하나님이 우리를 구원하사 거룩하신 소명으로 부르심은 우리의 행위대로 하심이 아니요 오직 자기의 뜻과 영원 전부터 그리스도 예수 안에서 우리에게 주신 은혜대로 하심이라"(딤후 1:9).

"곧 창세전에 그리스도 안에서 우리를 택하사 우리로 사랑 안에서 그 앞에 거룩하고 흠이 없게 하시려고 그 기쁘신 뜻대로 우리를 예정하사 예수 그리스도로 말미암아 자기의 아들들이 되게 하셨으니 이는 그가 사랑하시는 자 안에서 우리에게 거저 주시는 바 그의 은혜의 영광을 찬송하게 하려는 것이라 우리는 그리스도 안에서 그의 은혜의 풍성함을 따라 그의 피로 말미암아 속량 곧 죄 사함을 받았느니라"(엡 1:4-7).

하나님의 허락하심은 그분의 완전한 계획 안에 있음을 잊지 말자. 그리고 그분의 완전하신 계획을 이해하려 하지 말고 신뢰하자.

하나님의 대책

지금 우리가 가지고 있는 감정의 기능으로는 하나님을 실제로 누릴 수 없다. 이 상황에서 하나님께서 마련하신 대책이 있다.

바로 믿음이다. 믿음은 단순하다. 절대 복잡하지 않다. 하나님께서 우리를 살리시고 회복하시기 위해 주신 것이 믿음이므로, 어렵고 복잡하고 애매하게 만들어 우리를 헷갈리게 만들 이유가 없다. "믿음은 바라는 것들의 실상이요 보이지 않는 것들의 증거"(히 11:1)다. 감정이 정상적으로 작동할 때에는 하나님을 직접 눈으로 보고 듣고 만짐으로 인하여 바로 알 수 있었다. 그러나 죄인이 된 인간은 눈이 있어도 보지 못하고 귀가 있어도 들을 수 없게 되었다. 이런 인간에게 믿음은 보이지 않는 것을 보게 하고 들리지 않는 것을 듣게 만든다. 믿음은 육체를 입고 이 땅에 사는 동안 하나님을 알아가고 교제하며 누릴 수 있게 해주는 유일한 도구이자 하나님의 대책이었다.

하나님의 은혜 안에서 인간이 살아가고 누릴 수 있는 모든 것(에덴 동산)을 창조하시고 그것을 누리며 살아가게 하는 기능을 주신 것과 같이, 예수 그리스도 십자가의 복음을 완성하시고 그 영광과 능력과 축복을 이 땅에서 누리게 하는 기능으로 우리에게 믿음을 주신 것이다. 천국에 가면 믿음은 필요하지 않다. 주님을 면전에서 보고 그분의 음성을 친히 들으며 있는 그대로를 보고 누리면 된다.

죄인이 되어 하나님 앞에 나아갈 수도 없는 지금 이때에 실제가 될 수 있는 대책인 믿음을 이전에 감정이 있었던 자리에 넣어보자.

"믿음+실재=실제."

우리 눈에 보이지 않지만 실재하시는 하나님을 믿음으로 말미암아 실제로 누릴 수 있을까?

가능하다. 하나님께서 우리에게 살길을 보이셨다. 우리의 망가진 감정만으로는 살아 계시고 실재하시는 하나님을 우리가 실제로 누릴 수 없기에 허락하신 것이 바로 믿음이다. 계속 살펴보겠지만 우리가 느끼는 감각으로 하나님을 대하는 것은 굉장히 위험하다. 감정에 우리의 믿음을 지나치게 의존하는 태도 역시 마찬가지다.

지금까지는 어디서 문제가 발생했고 왜 믿음이 필요하게 되었는지를 살펴보았다. 이런 배경을 바탕으로 이제 본격적으로 믿음의 속성을 살펴볼 것이다.

우리가 오해했던 '믿음의 목적'

본격적으로 믿음 자체에 초점을 맞추어 보자. 많은 사람들이 믿음의 목적을 오해하고 있다. 사람들에게 "왜 믿습니까?"라는 질문을 던지면 십중팔구 "구원을 얻기 위해서요"라고 대답한다. 믿음을 단지 구원을 얻는 도구나 천국에 가는 티켓 정도로만 생각하는 것이다. 이 오해로부터 시작된 우리의 잘못된 태도는 이 티켓(구원)을 따기 위해 부단히 노력한다는 것이다. 그러다보니 하나님께서 완성하신 복음을 누리기는커녕 힘들고 지치고 피곤한 삶의 연속이 되고 만다. 믿음의 목적이 잘못되어 있으니 구원에 대해서도 오해하고 있다. 구원을 사후세계에서 천국행과 지옥행을 나누는 티켓 정도로만 생각한다는 것이다.

믿음의 목적이 구원을 받는 목적 자체에 있는 게 아님을 모세와 사도 바울의 고백을 보면 알 수 있다.

"모세가 여호와께로 다시 나아가 여짜오되 슬프도소이다 이 백성이 자기들을 위하여 금 신을 만들었사오니 큰 죄를 범하였나이다 그러나 이제 그들의 죄를 사하시옵소서 그렇지 아니하시오면 원하건대 주께서 기록하신 책에서 내 이름을 지워버려 주옵소서"(출 32:31,32).

"나의 형제 곧 골육의 친척을 위하여 내 자신이 저주를 받아 그리스도에게서 끊어질지라도 원하는 바로라"(롬 9:3).

모세와 사도 바울은 생명의 책에서 지워지고, 그리스도에게서 끊어지면 어떻게 되는지 누구보다 잘 알고 있었다. 만약 그들의 믿음의 목적이 구원이었다면 빈말이라도 이런 고백을 할 수 있었을까? 고백은 빈말이 아니라 진심이었다. 어떻게 이런 고백을 할 수 있었는가? 인간은 구원의 문제를 가지고 하나님을 협박할 수 있는 처지가 아니다. 구원해달라고 모든 것을 다 걸고 사정해야 하는 처지이다. 그런데도 어떻게 이들은 하나님 앞에서 이런 고백을 할 수 있었을까? 모세와 바울의 믿음의 목적이 단지 자신들이 구원받는 것 자체에 있지 않았기 때문이다. 그들은 누구보다 믿음의 목적이 우리의 목숨을 건져내는 것이 아니라는 사실을 잘 알고 있었다. 그렇기에 다소 건방져 보일 수 있지만 이런 고백을 할 수 있었던 것이다.

잘못된 목적을 바르게 고쳐야 한다. 믿음의 삶은 하나님이 주신 것(복음)을 이 땅에서 누리는 것이 목적이지, 인간이 자신의 노력과 최선으로 하나님의 의(義)에 이르러 구원을 얻고자 하는 몸부림이 아니다. 하나님께서는 구원이라는 천국 입장권을 가지고 우리와 거래하시는 쪼잔한 분이 아니시다.

하나님께서도 만약 이 믿음을 주실 때 구원 자체에 목적을 두셨다면 굳이 아들 예수 그리스도를 이 땅에 보내실 필요가 없다. 그런데 굳이 아들을 보내셨어야만 하는 이유는 아들 예수 그리스도를 값으로 지불하셔서 예수 그리스도와 같은 아들 생명으로써 하나님과 떼려야 뗄 수 없는 관계로 영원히 교제할 수 있는 자격을 주시기 위해서다. 아들 예수 그리스도를 십자가에서 제물로 삼으시고, 그 아들 된 자격을 이 땅에서 누리라고 믿음이라는 도구를 주신 것이다. 그렇기 때문에 단지 구원받기 위해서 믿으라고 하면 안 된다. 믿음의 목적에 대하여 바르게 알려주어야 한다. 그렇게 믿음이 잘못 시작되었기 때문에 지금 많은 사람들이 믿음에 대하여 혼란을 겪고 있다.

어떤 부류는 구원을 생각할 때에 마치 하나님께서 구원을 손에 들고 이렇게 말씀하시는 것으로 이해한다.

"자, 가져갈 수 있으면 가져가 봐. 열심히 노력하고 율법 잘 지키고 정직하고 성실하게 살아서 여기까지 이르러 봐."

이런 부류는 율법 조문을 지키려고 부단히 노력하며 자신이 못 지켜서 구원을 놓치게 될까 봐 불안해한다.

또 어떤 부류는 구원은 하나님께서 나 자신에게 직접 건네주신 것이기 때문에 걱정할 게 없다고 말한다.

"이미 구원은 내게 있고 내가 무슨 짓을 해도 구원을 얻었다는 사실은 변함이 없다."

이런 자들은 철저히 자신이 가지고 있는 이성과 경험, 정황에 따라 기준을 세우고 자기가 편리한 대로 말씀을 뒤집고 헤집는다.

구원의 복음은 누구에게나 들려지도록 주어졌다. 그런데 아무나 받아 누리는 것은 아니다. 제아무리 구원에 관하여 신학적 지식과 논리로 합리화해도 하나님께서 말씀하신 구원에 대하여 바꿀 수는 없다. 그것이 자신의 추악함을 감추기 위한 비겁한 변명인지 아닌지는 진리 앞에 반드시 드러나게 된다.

그렇다면 구원에 대한 올바른 접근은 무엇인가. 하나님께서 우리를 구속하시고 복음을 완성하신 사건으로 가야 한다. 바로 십자가이다. 이 복음의 구속을 완성하시기 위하여 친히 그 자리로 나아가셨다. 그리고 그곳에서 우리의 구속, 구원을 이루어내셨다. 구원은 그 자리로 나아가야 보인다. 그렇다면 우리가 구원을 얻는 자리는 하나님의 은혜로 세워진 십자가라는 것이다. 십자가에서 우리는 예수님께서 죽으신 죽음이 우리의 죽음이라고 하는 진리에 믿음으로 화합해야 한다.

"죄에 대하여 죽은 우리가 어찌 그 가운데 더 살리요 무릇 그리스도 예수와 합하여 세례를 받은 우리는 그의 죽으심과 합하여 세례를 받은 줄을 알지 못하느냐 그러므로 우리가 그의 죽으심과 합하여 세례를 받음으로 그와 함께 장사되었나니 이는 아버지의 영광으로 말미암아 그리스도를 죽은 자 가운데서 살리심과 같이 우리로 또한 새 생명 가운데서 행하게 하려 함이라"(롬 6:2-4).

또한 그분의 부활하신 생명에 참여하는 믿음으로 나아가는 것이다. 진정 믿음으로 죽음과 부활에 참여한 자만이 부활한 생명, 즉 구원을 얻은 하늘의 백성이 된다.

십자가로 나아가 믿음으로 죽음과 부활에 참여하여 구원받은 성도의 오늘은 '영원 중에 한 날'을 살고 있는 것이다. 그리고 믿음은 영원 가운데서 볼 수 없고 직접 들을 수 없는 육체를 가지고 있는 우리가 하나님과 교제할 수 있는 도구로 사용되는 것이다. 우리는 그 은혜의 자리(십자가)로 나아갈 때에야 구원을 보게 될 것이다.

"내가 비옵는 것은 이 사람들만 위함이 아니요 또 그들의 말로 말미암아 나를 믿는 사람들도 위함이니 아버지여, 아버지께서 내 안에, 내가 아버지 안에 있는 것같이 그들도 다 하나가 되어 우리 안에 있게 하사 세상으로 아버지께서 나를 보내신 것을 믿게 하옵소서 내게 주신 영광을 내가 그들에게 주었사오니 이는 우리가 하나가 된 것같이 그들도 하나가 되게 하려 함이니이다 곧 내가 그들 안에 있고 아버지께서 내 안에 계시어 그들로 온전함을 이루어 하나가 되게 하려 함은 아버지께서 나를 보내신 것과 또 나를 사랑하심같이 그들도 사랑하신 것을 세상으로 알게 하려 함이로소이다"(요 17:20-23).

요한복음 17장은 예수님께서 잡히시기 전날 밤에 기도하신 내용이다. 이 기도문을 자세히 들여다보면 예수님께서 십자가에서 이루신 이후에 이 땅에 남겨져서 믿음의 삶을 살아야 하는 제자들을 하나님의 손에 의탁하시는데 그들에게 능력을 더해달라거나 험난한 세상에 맞설 용기를 달라는 게 아니다. 오히려 십자가로 다 이루어놓은 이 진리를 그들이 믿음으로 누림으로써 세상이 하나님께서 이들을 사랑하셨다는 것을 알게 해달라고 하신다. 그 누려야 할 진리는 바로 삼위 하나님 안에 거하는, 즉 아들의 생명으로써 삼위 하나님의 완전한 연합과 그 교제 안에 참여하는 진리였다.

"영접하는 자 곧 그 이름을 믿는 자들에게는 하나님의 자녀가 되는 권세를 주셨으니"(요 1:12).

"무릇 하나님의 영으로 인도함을 받는 사람은 곧 하나님의 아들이라 너희는 다시 무서워하는 종의 영을 받지 아니하고 양자의 영을 받았으므로 우리가 아빠 아버지라고 부르짖느니라"(롬 8:14,15).

성경에는 예수님께서 오신 것이 단지 죽을 목숨을 살려놓는 구원만이 아니라 아들의 생명, 즉 아들의 자격을 주시기 위해 오신 것이라 말하는 수많은 구절이 있다. 믿음의 목적을 분명하게 찍고 시작해야 한다. 구원은 이 믿음의 목적(아들의 생명으로써 하나님과 교제하는 것)을 향해 가기 위해 거쳐야 할 과정이지 목적 자체가 될 수 없다. 우리의 죄 된 존재를 끝내고 자녀 된 생명으로 하나님과 교제할 수 있도록 나아가는 과정이 구원이다. 새생명을 얻은 영혼이어야 하나님과 영원히 하나님의 나라에서 교제하며 살 수 있기에 죄 된 생명을 끝을 내시는 구속의 십자가를 이루신 것이다.

올바른 믿음의 시작

이제 온전한 믿음의 시작은 무엇인지 살펴보자. 우리는 믿음의 주체가 나로부터가 아닌 믿는 대상에 있음을 기억해야 한다. 믿음을 살아내는 실제적인 영역에서 우리가 범하는 흔한 실수가 있다. 그것은 우리의 믿음을 믿는 대상에 의존하지 않고 우리의 감정에 의존한다는 사실이다. 위에서 살펴보았듯이 이 감정은 옳은 것에 반응하지 않고 내게 좋은 것에만 반응한다. 즉, 실재가 아닌 허상에도 반응할 수 있다는 것이다. 그런데 만약 우리의 믿음의 근거가 나의 감정에 의존되어 있다면 얼마나 위험한가? 지금 나의 믿음이 지나치게 감정에 의존되어 있지는 않은지 점검해볼 필요가 있다.

'나의 믿음에 기복이 있는가?'

내 믿음이 견고하게 잘 세워진 것같이 느껴질 때가 있고, 내 믿음이 바닥을 치는 것 같고 심하면 아예 믿음이 없어서 구원의 확신도 흔들릴 때가 있는가?

그렇다면 나의 믿음이 견고하게 잘 세워졌다고 생각할 때는 언제이고 나의 믿음이 바닥을 치는 것 같다고 여겨질 때는 언제인가? 그 때가 혹시 내가 무엇을 해서 또는 하지 못해서 느끼는 감정과 깊은 연관이 있지 않은가? 혹은 무엇으로 인해 기분이 좋거나 나쁜 나의 느낌과 연관이 있지 않은가?

결론을 이미 말했듯이 감정은 느끼는 기분이다. 우리의 믿음이 지나치게 감정에 의존되어 있기 때문에 감정의 기복과 함께 믿음도 흔들리는 것이다.

믿음은 그냥 존재한다. 우리는 믿음을 이분법적으로 해석해야 한다. '믿음이 있다 혹은 없다' 둘 중 하나다. 믿음은 무엇을 했기에 강하고 하지 못했기 때문에 약해지는 것이 아니다. 그럼에도 불구하고 우리의 믿음이 요동치는 것은 내가 느끼는 감정이 믿음이라고 착각하기 때문이다.

'내가 느끼는 것이 전부'라고 생각하는 것은 굉장히 위험하다. 사탄은 진리를 뒤집을 수 있는 능력이 없다. 단지 드러나지 않게 교묘하게 속여서 우리가 스스로 진리를 믿지 못하게 할 뿐이다. 그 공격의 대상이 바로 감정이다. 물론 인간에게 하나님의 형상대로 지음받은 특성이 남아 있어서 영혼의 갈급함과 은혜 앞에 감정이 반응하기도 한다. 하지만 우리는 무조건 진리에만 반응해야 안전하게 살 수 있는데 감정이 항상 올바르게만 반응하는 것이 아니니 불안한 것이다. 불확실한 감정에 믿음의 전부를 걸 수 없다. 이 불안한 근거에 당신의 인생 전부, 아니 영원한 삶을 맡길 수 있겠는가? 우리는 불안한 나 자신이 아닌 가장 확실한 믿음의 근거이신 하나님의 완전한 은혜의 복음에 믿음의 근거를 두어야 한다.

이제 우리는 이 위험한 관계, 감정에서부터 우리의 믿음을 떼어내는 결단을 해야만 한다. 사탄은 당신의 감정이란 영역을 제일 먼저 공격할 것인데 감정과 믿음이 떼어져 있다면 내 감정은 흔들리고 기복이 생겨도 나의 믿음은 마땅히 있어야 할 자리에 서도록 도울 것이다.

"또 무리에게 이르시되 아무든지 나를 따라오려거든 자기를 부인하고 날마다 제 십자가를 지고 나를 따를 것이니라"(눅 9:23).

예수님을 따를 때에는 반드시 자기를 부인하는 과정, 내가 나라고 느끼는 감정적인 반응을 부인하고 날마다 예수 그리스도께서 이루어 놓으신 진리(십자가)를 붙들고 따르라 하셨다. '진리를 붙들고 따르라'는 말 속에는 실제로 십자가를 지는 듯한 고통과 아픔이 있을 수 있음을 포함하고 있다. 이러한 자신의 느낌, 곧 옛 자아의 반응, 육체의 정욕, 안목의 정욕, 이생의 자랑을 부인하고 진리를 선택하는 믿음을 가진 자만이 예수님을 따를 수 있다.

감정에 의존된 믿음은 기복신앙, 즉 예수 믿고 축복을 받아서 누리게 되는 즐거운 기분, 신나는 기분, 편안한 기분을 말하는 것이 대부분이다. 그러나 예수님께서는 우리의 믿음의 삶이 이럴 것이라고 말씀하신 적이 없다.

믿음의 삶은 치열한 싸움이다. 이 땅은 전쟁터이다. 지금까지 우리가 믿음의 싸움이라고 불렀던 것이 어떤 싸움이었는지 생각해보자. 혹시 우리에게 일어나는 소욕들인 느낌과 정서 자체와 싸우진 않았는가? 옳은 것을 분별하지 못하고 그저 내가 좋은 것에만 반응해버리는 무질서한 우리의 감정과 싸우지는 않았는지 돌이켜보자. 화를 다스려보려 하고, 질투하지 않고 시기하지 않고 욕심부리지 않으려고 하는 싸움의 의도는 좋으나 싸우고 있는 대상이 잘못되었다. 옳지 못한 감정, 소욕, 욕구와 백날 싸워봐도 단언컨대 절대 결론을 내릴 수 없다.

"우리의 씨름은 혈과 육을 상대하는 것이 아니요 통치자들과 권세들과 이 어둠의 세상 주관자들과 하늘에 있는 악의 영들을 상대함이라"(엡 6:12).

우리의 싸움의 대상은 악한 영들과 어둠의 세상 주관자들이다. 어둠의 세력들이 가진 무기인 거짓 자체를 상대해서는 답이 없다. 즉, 감정 자체를 가지고 씨름하는 것은 바보 같은 짓이다. 언제까지 잠기지 않은 수도꼭지에서 흘러나오는 물을 닦는 데 시간을 허비할 것인가? 거짓에 노출되어 있는 나의 느낌이나 감정이라는 수도꼭지를 꽉 잠궈버리자! 물이 흐르는 수도를 쉴 새 없이 닦는 일은 무의하다. 그냥 수도를 꽉 잠궈버리면 될 일이다.

나는 믿음의 삶을 살아보려 무지 애를 썼다. 하지만 내 속에서 일어나는 소욕과 감정으로 인해 자꾸만 넘어지는 것을 경험했다. 누구를 미워하거나 육체의 정욕으로 바라보고 좋아하는 것 같은 옳지 않은 느낌과 감정을 없애보려고 부단히 노력했다. 그러나 소용없었다. 한참 헛된 싸움을 싸우고 난 후에야 에베소서 6장 12절 말씀이 깨달아졌다. 그리고 어쩌면 많은 그리스도인들이 아직도 헛된 싸움을 싸우고 있을 수 있다는 생각을 했다.

우리는 이제 감정으로 느끼는 것이 믿음의 삶이라고 생각하는 착각 속에서 빠져나와야 한다. 감정에 의존된 우리의 믿음을 떼어내야 한다. 믿음은 감정과 비례하지 않는다. 그럼 믿음은 무엇과 비례하는가? 믿음은 믿는 대상을 알아가는 것과 비례한다. 믿는 대상을 알아가는 것만큼 믿을 수 있다.

믿음의 대상이 무생물이라면 그것을 믿을 사람이 연구하고 알아내는 만큼 믿으면 된다. 하지만 인격을 가진 생명을 알아가려면 단지 알려는 자가 연구하고 분석해서는 알 수 없다. 알려는 대상이 보여주는 만큼 알 수 있고 믿을 수 있다. 내가 지레짐작으로 '이럴 것이다'라고 기준을 세워놓았는데 만약 다른 모습을 보인다면 믿으려는 자는 당황할 수밖에 없고 그의 믿음은 자기로부터 시작된 자기 확신이기에 깨질 수밖에 없을 것이다.

우리가 가진 기능인 믿음은 반드시 감정으로 느끼는 것과 상관없이 실재만을 믿어야 한다. 즉, 믿음의 대상이 실재여야만 한다. 허상을 실재인 것처럼 믿으면 그 결과는 허무, 허망, 공허이다. 믿는 대상이 확실해야 우리의 믿음이 확실하고 흔들리지 않는다.

믿음의 대상은 누구신가

우리의 믿음의 대상은 하나님이시다. 하나님은 무한한 전능자이시며 실재이시다. 우리는 하나님이 우리에게 알려주시는 만큼 알 수 있다. 유한한 존재인 우리가 무한하신 하나님을 알 수가 없다. 만약 자신의 지식과 경험으로 하나님을 알 수 있다면 그것은 하나님의 전능하심을 제한하는 것이다. 우리의 지식과 경험에 제한받으실 하나님은 아니시지만 적어도 하나님을 제한하는 그는 하나님의 무한한 전능을 경험할 수 없다.

"이르시기를 너희는 가만히 있어 내가 하나님 됨을 알지어다 내가 뭇 나라 중에서 높임을 받으리라 내가 세계 중에서 높임을 받으리라 하시도다"(시 46:10).

믿는 대상이신 하나님을 알아갈 때에는 그분이 알려주시고 보여주시는 것을 그대로 받을 준비가 되어 있어야 한다. 무한하시고 전능하신 하나님을 알아가는 우리의 믿음은 늘 상식과 경험을 넘어선다. 처녀 마리아에게 나타나시며 '네가 잉태할 것이라'는 말씀은 마리아의 상식으로 이해하란 말씀이 아니었다. "어찌 이 일이 있으리이까"라고 묻는 마리아에게 하나님께서는 천사를 통하여 "대저 하나님의 모든 말씀은 능하지 못하심이 없느니라"라고 했다. 이해시키기 위한 설명 같은 것은 없었다. 그건 그냥 하나님의 전능하심이었고 마리아는 그것을 믿는 것밖에는 할 수 있는 게 없었다. 자신의 상식과 경험으로 도저히 감당할 수 없었지만, 마리아는 믿었다.

"마리아가 이르되 주의 여종이오니 말씀대로 내게 이루어지이다 하매…"(눅 1:38).

성경의 믿음의 조상들을 보면 하나님께서는 늘 그들에게 상식과 이해를 뛰어넘는 무한하신 하나님을 알려주셨고 그러하신 하나님을 믿는 그들의 믿음은 늘 상식과 경험을 뛰어넘었다.

아브라함만 해도 인간의 자연적인 방법으로 아이를 낳을 수 없는 상황까지 시간을 끄시다가 결국 하신 말씀이 '너의 후손을 하늘의 별과 같이 하겠다'는 것이었다. 그 말씀을 하시기 전에 이미 아브라함도 인간의 상식으로는 애를 낳을 수 없음을 알고 다메섹 사람 엘리에셀을 양자로 삼은 상태였다. 우리 같았으면 하나님이고 천사고 상관없이 버럭 화를 내며 지금 장난하시느냐고 따졌을 것이다. 그러나 아브라함은 이해와 상식을 넘어서서 믿어버렸다.

"아브람이 여호와를 믿으니 여호와께서 이를 그의 의로 여기시고"(창 15:6).

로마서에서도 아브라함의 믿음을 바랄 수 없는 중에 바라고 믿은 믿음이라고 말한다(롬 4:18-22 참조). 시간이 흐르고 또 하나님께서는 아브라함에게 아브라함의 상식을 넘어서는 믿음을 요구하신다. 바로 하나밖에 없는 독자 이삭을 제물로 바치라는 것이었다. 그때에도 아브라함은 믿었다. 이것을 히브리서는 "그가 하나님이 능히 이삭을 죽은 자 가운데서 다시 살리실 줄로 생각한지라"라고 표현한다(히 11:19).

이처럼 하나님께서는 우리의 이해와 상식 속에 머물러 계시지 않고 우리를 무한하신 하나님을 알아가는 자리로 이끌어가시며 우리의 믿음의 영역을 넓혀가신다. 이제부터는 내가 아는 상식이나 이해 범위 안으로(이 정도까지만, 여기까지만) 믿음을 제한하지 말자.

당신이 하나님을 더욱 깊이 알아가고 싶고 당신의 믿음이 더욱 견고하게 세워지기를 소망한다면 당신이 알고 있는 상식과 개념을 하나님 앞에서는 던져버리고, 하나님의 말씀 앞에서 모든 가능성을 열어놓아라. 그러면 하나님께서는 그분의 뜻을 당신에게 보여주실 것이다.

당신은 고아나 과부가 아니다. 우리가 가야 할 길을 우리 스스로 찾을 필요가 없다. 이 믿음의 여행에서 해야 할 것은 단 하나다. 그저 우리의 아버지 되신 하나님께 우리의 믿음을 이끄시는 대로 내어 맡기고 우리의 의지를 사랑하는 주님께 내어드리는 것이다. 그러면 하나님께서는 우리의 의지를 받으시고 그분이 우리에게 주신 가장 완전하고 안전한 곳으로 우리를 인도하실 것이다. 믿음의 대상이신 하나님은 우리의 믿음이 온전해지길 원하신다. 또한 하나님이 행하신 놀라운 일들을 처음부터 끝까지 놓치지 않고 우리가 깊이 알기를 원하신다.

04

믿음에서 소망으로 ;

믿음과 율법

율법의 역할

처음부터 끝까지 하나님께서 행하신 일들을 한마디로 요약한다면 그것은 '은혜'이다. 하나님께서는 우리의 믿음이 예수 그리스도의 십자가의 은혜로 말미암음을 알게 하시고 또한 믿음으로 말미암아 그 은혜가 우리에게 은혜 되게 하고 싶으셨다.

그래서 하나님께서는 우리를 먼저 율법 앞으로 데리고 가셨다. 왜 나하면 내가 죄로 인해 죽을 존재임을 알지 못하면 살게 된 것이 은 혜로 여겨지지 않고 당연한 것으로 여겨지기 때문이다. 그렇기에 하나님께서는 우리의 믿음을 은혜 안에서 더욱 온전하게 하시려고 죄 된 존재의 실체를 볼 수 있는 율법 앞에 우리를 세우신 것이다.

"이같이 율법이 우리를 그리스도께로 인도하는 초등교사가 되어 우리로 하여금 믿음으로 말미암아 의롭다 함을 얻게 하려 함이라"(갈 3:24).

율법은 예민하고 다루기 힘든 영역 중 하나이다. 믿음으로 말미암은 의(義)를 주장하여도 율법의 역할을 완전히 무시할 수도 없어 아직도 교리적으로 논란이 되는 영역이다. 서두에서도 밝혔지만 '신학'의 '신'자도 배워본 적이 없는 나는 말씀 외에 의지할 수 있는 것이 없었다. 그래서 하나님 앞에서 지혜를 구하며 어느 편에 치우치지 않고 하나님께서 알려주고자 하시는 것을 온전히 담아낼 수 있도록 기도했다. 하나님 앞에 바로 살고자 하는 자에게 하나님께서는 반드시 바른 길을 보여주시는 분이심을 신뢰하면서 나는 조심스럽게 율법의 영역으로 다가갔다.

나에게 율법은 앞에 서면 늘 작아지게 하는 것이었다. 두렵고 무섭고 나를 얽어매는 것 같은 느낌을 주는 것이 바로 율법이었다. 말 그대로 율법은 법이다. 법은 지켜야 하는 것이다.

하나님이 이스라엘 백성에게 율법을 주신 것은 하나님의 거룩하심, 즉 공의로우심을 드러내기 위함이었다. 하나님의 택함을 받은 이스라엘 백성이 율법을 지킴으로써 동일하게 하나님의 거룩과 공의를 열방 가운데 드러내기를 원하셨다. 또한 죄악 된 세상에서 살아가는 이스라엘 백성들이 명확한 기준도 없이 무분별하게 죄에 노출되어 자멸할 것을 방지하기 위함이기도 했다. 법의 기능이 그렇듯이 율법은 지키는 자에게는 보호장치가 되지만, 범하는 자에게는 그를 정죄하는 기능으로 바뀌게 된다.

이스라엘 백성은 하나님께 택함받은 동시에 하나님의 백성으로서 거룩해야 할 막중한 책임을 부여받았다. 이스라엘이 이방인들보다 더 의롭거나 선해서 혹은 뭔가 더 특별해서가 아니었다. 그저 거룩하신 하나님의 말씀을 맡기로 선택되었기 때문이었다. 그러나 구약의 이스라엘 역사를 보면 알 수 있듯이 말씀을 맡았고 율법이 있다는 사실이 다른 민족들보다 이스라엘 백성을 의롭게 하지 못했다. 하나님의 백성으로서 거룩해야 할 막중한 책임을 온전히 감당하지 못하고 오히려 하나님에 관해 아는 것으로 더 악독하게 하나님을 모욕했고 그것으로 이방인 가운데서 하나님의 이름이 모독을 받게 되었다.

"율법을 자랑하는 네가 율법을 범함으로 하나님을 욕되게 하느냐 기록된 바와 같이 하나님의 이름이 너희 때문에 이방인 중에서 모독을 받는도다"(롬 2:23,24).

십계명의 첫 번째와 두 번째 계명은 우상숭배 금지였다. 그런데 구약 역사에서 볼 수 있듯이 이스라엘은 우상을 숭배하다가 망했다. 이스라엘 백성은 율법을 전혀 지키지 못했다. 그래도 한번 살아보겠다고 발버둥쳐보지만 의에 이를 수가 없었다. 이방인도 의롭다 여기심을 받고 구원을 얻는데, 정확한 기준을 갖고 있는 이스라엘은 의에 이를 수가 없었다.

"그런즉 우리가 무슨 말을 하리요 의를 따르지 아니한 이방인들이 의를 얻었으니 곧 믿음에서 난 의요 의의 법을 따라간 이스라엘은 율법에 이르지 못하였으니 어찌 그러하냐 이는 그들이 믿음을 의지하지 않고 행위를 의지함이라 부딪칠 돌에 부딪쳤느니라 기록된 바 보라 내가 걸림돌과 거치는 바위를 시온에 두노니 그를 믿는 자는 부끄러움을 당하지 아니하리라 함과 같으니라"(롬 9:30-33).

이로 보아 율법은 이스라엘 백성에게 의로움을 요구하지만 이스라엘 백성을 의롭게 하는 기능이 아님을 알 수 있다. 이 율법의 역할은 구약시대뿐 아니라 신약과 현재 우리에 이르기까지 달라지지 않았다. 예나 지금이나 스스로 율법을 지키려 애를 써도 온전히 지킬 수 없고 자신의 노력과 최선으로 아무리 몸부림을 쳐도 결코 율법이 요구하는 의로움을 충족시킬 수 없다는 말이다.

율법 자체가 하나님께서 보시는 의로움의 기준이 아니라는 사실을 확인하려면 율법이 아직 이스라엘에게 주어지지 않았을 때에 살았던 믿음의 조상들이 어떻게 하나님으로부터 의롭다 하심을 받았는지를 보면 된다.

대표적인 예로 아브라함을 들 수 있다.

"아브람이 여호와를 믿으니 여호와께서 이를 그의 의로 여기시고"(창 15:6).

이때에는 이스라엘이라는 백성이 나오지도 않았고 열두지파도 없었고 그냥 아브람만 부르심을 받은 상태였다. 당연히 율법도 없었다. 그런데도 그는 하나님 앞에 의롭다 하심을 받았다. 처음부터 하나님께서는 하나님 앞에 의롭다 여겨지는 기준이 율법이 아니었음을 알리셨다. 이때도 지금과 동일하게 믿음으로만 의롭게 될 수 있었다.

그렇다면 그때에 믿음의 근거는 무엇인가? 지금 우리는 예수 그리스도의 십자가 복음을 믿는 믿음으로 말미암아 의롭게 된다는 진리를 안다. 하지만 십자가도 완성되지 않은 구약시대에서는 무엇을 믿음으로 의롭게 될 수 있었는가? 믿음의 선진들 모두 약속하신 십자가의 복음이 완성되는 것을 보지 못하고 죽었는데 무엇에 근거하여 의롭다 하실 것인가? 그 명확한 해답이 성경에 기록되어 있다.

"약속하신 그것을 또한 능히 이루실 줄을 확신하였으니 그러므로 그것이 그에게 의로 여겨졌느니라"(롬 4:21,22).

아브라함의 의는 하나님께서 반드시 이루실 일을 믿는 데서 비롯되었다. 아브라함은 그의 후손을 이삭밖에는 보지 못했다. 하늘의 별과 같은 후손들을 보기 전에 부인과 사별하고 자신도 세상과 고별했다. 아브라함은 약속을 보지 못하고 죽었지만 하나님의 약속(후손이 하늘의 별과 같으리라)을 이 땅에서 누렸다. 그럴 수 있었던 이유는 아브람의 믿음이 하나님의 약속을 먼 미래에 이루어질 일로 믿은 것이 아니기 때문이었다. 이 말은 '하나님은 전능하시기에 능치 못함이 없으시다. 그러므로 하나님께서 하시겠다고 하신 일은 반드시 이루어질 것이며 이미 이루어진 것과 다름이 없다'고 믿은 것이다. 즉, 아브라함은 이루어질 일을 믿는 데서 그치지 않고 이미 완성된 일로 믿은 것이다. 그렇기에 지금 십자가의 복음을 믿는 우리의 믿음과 전혀 다르지 않은 동일한 믿음이며 그것이 그에게 의로 여겨진 것이다.

이 믿음의 원리는 지금 우리에게도 필요하다. 하나님의 약속이라면 이루어질 일을 믿는 데서 머물지 말고 이미 이루어진 일로 믿어라. 그러면 지금 하나님의 약속과 말씀을 누릴 수 있게 된다.

"이 사람들은 다 믿음을 따라 죽었으며 약속을 받지 못하였으되 그것들을 멀리서 보고 환영하며 또 땅에서는 외국인과 나그네임을 증언하였으니"(히 11:13).

율법을 주신 목적

그렇다면 왜 하나님께서는 이스라엘에게 율법을 주셨는가? 이스라엘 백성이 이 율법을 온전히 지킬 수 없고, 또 율법 자체가 이스라엘을 의롭게 하지 못한다는 것을 아시면서 말이다. 우리는 하나님께서 율법을 지킬 수 없는 존재인 이스라엘에게 율법을 주신 목적을 (일부분) 살펴볼 필요가 있다.

율법은 우리의 감정이나 상태에 동의를 구하지 않고 단호하게 지킬 것을 요구한다. 그리고 놀랍게도 우리는 그 요구 앞에서 우리가 율법을 지킬 수 없는 존재임을 깨닫는다. 즉, 온전히 지킬 수도 없는 율법을 이스라엘에게 주신 것은 먼저는 이스라엘과 모든 열방에게 하나님의 공의로우심과 거룩하심을 드러내시기 위함이고 또한 그 거룩과 공의 앞에서 인간은 자신의 노력과 최선으로(율법을 지키려는 행위로) 의롭게 될 수 없음을 깨닫게 하시기 위함이다. 이스라엘이 선민의식이라는 교만에 눈이 가려져 보지 못한 인간의 죄 된 실상을 보게 하시며 곧 하나님의 거룩 앞에서 죽을 수밖에 없는 존재임을 율법의 거울로 드러내시는 것이다.

율법의 요구 앞에 서 있는 우리는 아무것도 할 수 있는 게 없다.

'하나님 앞에서 의로워야 하고, 그래야만 구원받을 수 있는데….'

아무것도 할 수 없는 인간의 무능력함 앞에서 우리는 발만 동동 구르는 것이다. 이때 우리는 우리의 힘으로 헤어나올 수 없다는 딜레마에 빠지게 된다.

'하나님 앞에 나아가야 산다. 그런데 이 상태로 하나님 앞에 가까이 나가면 죽는다.'

이러지도 못하고 저러지도 못하며 우왕좌왕하는 모습이 율법 앞에 선 우리의 모습이다. 올바르게 시작하는 믿음은 반드시 우리를 이 자리로 이끌어간다.

"그러므로 율법의 행위로 그의 앞에 의롭다 하심을 얻을 육체가 없나니 율법으로는 죄를 깨달음이니라"(롬 3:20).

"이로 보건대 율법은 거룩하고 계명도 거룩하고 의로우며 선하도다 그런즉 선한 것이 내게 사망이 되었느냐 그럴 수 없느니라 오직 죄가 죄로 드러나기 위하여 선한 그것으로 말미암아 나를 죽게 만들었으니 이는 계명으로 말미암아 죄로 심히 죄 되게 하려 함이라"(롬 7:12,13).

율법은 하나님의 공의 앞에서 스스로 의롭게 될 수 없고, 나로부터 시작된 어떠한 노력으로도 회생이 불가능한 소망 없는 자라는 결론을 내리는 도구로 사용되었다.

나의 실상을 정확히 보면 산다

나로부터 나올 수 있는 것이 아무것도 없고 나의 행위의 노력으로는 의로움에 이를 수 없다는 선고가 내려지는 순간, 이때부터가 시작이다. 하나님 편에서 살길이 열리기 시작하는 것이다.

"모세가 놋뱀을 만들어 장대 위에 다니 뱀에게 물린 자가 놋뱀을 쳐다본즉 모두 살더라"(민 21:9).

출애굽기는 제목만 출애굽이지 실상은 이스라엘 백성들이 몸만 애굽에서 빠져나왔고 마음은 여전히 애굽에 남아 종살이를 하고 하나님을 반역하던 흑역사이다.

이 사건은 이스라엘 백성이 바란 광야 가데스(바네아)에서 가나안을 정탐하고 바로 들어갔을 수도 있었는데 안 가겠다고 버티고 애굽으로 돌아간다고 찡찡거려서 정탐한 40일을 하루를 일 년으로 쳐서 40년 연장 빵빵이를 돌게 된 이후에 벌어진 것이다. 민수기 21장에서도 이스라엘 백성들이 조금 우회하여 가는 길을 선택해서 마음이 상해버렸다.

"백성이 호르 산에서 출발하여 홍해 길을 따라 에돔 땅을 우회하려 하였다가 길로 말미암아 백성의 마음이 상하니라 백성이 하나님과 모세를 향하여 원망하되 어찌하여 우리를 애굽에서 인도해내어 이 광야에서 죽게 하는가 이곳에는 먹을 것도 없고 물도 없도다 우리 마음이 이 하찮은 음식을 싫어하노라 하매"(민 21:4,5).

개념을 만나로 메추라기에 함께 쌈싸 먹은 이스라엘 백성의 원망이 시작되었다. 이때 하나님께서 개념과 정신을 좀 차리라고 불뱀을 보내어 이스라엘 백성들을 콕 물게 하셨다. 그리고 그들이 죽게 되어 모세에게 살려달라고 부르짖었다. 모세가 하나님께 나아가 구원해주실 것을 구하자 하나님께서 모세에게 시키신 일이 장대에 놋뱀을 매달고 그것을 쳐다보기만 하면 살게 하셨다. 그 뱀은 무엇인가? 이스라엘 백성들을 물어서 죽음에 이르게 한 바로 그 뱀이 아닌가? 그런데 그 뱀을 쳐다보면 산다고?

'자신을 죽음에 이르게 한 뱀이 장대에 매달린 것을 보면 산다.'

나는 민수기 21장 말씀을 묵상하며 무릎을 탁 칠 수밖에 없었다. 나를 죽음에 이르게 만들었던 '나'의 정확한 실상을 보면 살길이 열린다는 것이었다. 나로 죽음에 이르게 만든 그 뱀을 제대로 쳐다보면 산다는 것이다.

우리는 율법과 진리를 통하여 우리의 실상을 정확하게 진단하고 보아야 한다. 하나님 앞에 감히 설 수 없는 죽을 수밖에 없는 존재라는 것을! 이렇게 죽은 놋뱀 쳐다보듯 죽어야 할 '나'를 보면 우리의 마음에는 사형선고가 내려진다. 이것이 바로 하나님의 은혜가 온전히 내게 은혜 될 수 있는 내 편에서의 준비가 마쳐진 것이다.

사도 바울도 그렇게 준비되었다(로마서 7장). 이 준비가 된 자는 스스로 의로워지려는 노력을 하지 않는다. 왜냐하면 의롭게 되는 유일한 방법은 율법을 지키는 것이 아니라 우리를 거룩하게 하시는 그분 앞에 나아가는 것임을 알기 때문이다.

스스로에게 내려진 사형선고로 말미암아 이제는 자신에게 어떠한 소망도 나올 수 없다는 완전한 절망이 결론이 되었을 때, 우리는 하나님의 부르심을 듣게 된다.

"나는 너희의 하나님이 되려고 너희를 애굽 땅에서 인도하여낸 여호와라 내가 거룩하니 너희도 거룩할지어다"(레 11:45).

여기서 중요하게 보아야 할 단어는 '거룩'이다. 히브리 원어 성경에서 '거룩'이라는 단어가 '카도쉬'이다. 이 단어는 성경에 대부분 수동태로 쓰여졌다. 즉 '거룩하게 되어진다'는 것을 의미한다. 내 편에서 거룩하게 될 수도, 거룩함이 나올 수도 없다는 말씀이다. 이 말씀은 스스로 거룩하라는 명령이 아니라 거룩하게 하시는 하나님 앞으로 나아오라는 부르심인 것이다.

이 말씀이 사실인 것은 레위기에 나오는 제사 제도를 보면 알 수 있다. 하나님께서는 제사 제도를 통하여 죄인 된 이스라엘이 하나님 앞에 나아올 수 있는 길을 열어놓으셨다. 제사를 드릴 때는 제사장이 먼저 자신의 죄를 위하여 제물을 가지고 제사를 드린다. 여기서 우리가 놓치지 말아야 할 것은 하나님 앞에 나아갈 때 거룩해진 상태가 아니라 용서받아야 할 죄를 가진 죄인으로서 나아갔다는 사실이다. 이 사실을 볼 수 있는 자라면 아마도 이제는 하나님의 절대적인 은혜를 바라볼 수밖에 없는 자일 것이다. 내게는 어떠한 선한 것도 없어서 두려움으로 거룩하게 하시는 하나님 앞에 나아갈 수밖에 없는 것이다.

그렇다면 율법 자체는 아무런 소용이 없기 때문에 지키지 않아도 된다고 오해할 수도 있다. 그러나 그 의미가 아니다.

"그런즉 우리가 믿음으로 말미암아 율법을 파기하느냐 그럴 수 없느니라 도리어 율법을 굳게 세우느니라"(롬 3:31).

예수 그리스도의 은혜를 믿는 믿음이 율법은 아무것도 아니라는 결론을 내리는 것이 아니다. 지금은 단지 온전한 믿음으로 이르는 과정 중에 잠깐 율법의 일부분의 영역을 다룬 것이고 율법을 주신 하나님의 본질적 목적에 대하여 우리는 그 목적이 성취되는 결론적 주제 앞까지 가지 못했기 때문에 이후에 온전히 결론 내려진 확실한 우리의 믿음이 율법의 본질적 목적을 파하는 것이 아니라 더욱 온전히 세우는 것임을 나눌 것이다. 또 현실 앞에서 우리는 어떻게 믿음으로 율법을 대해야 하는지 실제적인 이야기를 나눌 것이다.

이쯤에서 우리는 믿음의 싸움을 싸울 때에 필요한 중요한 사실을 기억하고 가야 한다. 지금까지 나눈 내용은 시작에 불과하다. 우리는 앞으로 믿음에서 믿음에 이를 때까지, 이 온전한 믿음으로 하나님께서 주신 복을 누릴 때까지 더욱 깊은 영역으로 나아갈 것이다. 그때 우리가 믿는 내용을 정확하게 정리하고 있어야 한다. 하나님께서 무엇을 믿으라 하셨는지 하나님의 말씀에 더욱 귀를 기울여야 한다. 그래야 사탄의 거짓과 속임의 공격 앞에서 우리는 헷갈리거나 방황하지 않을 수 있다.

"그런즉 우리가 무슨 말을 하리요 은혜를 더하게 하려고 죄에 거하겠느냐"(롬 6:1).

'죄가 드러나야 하나님의 은혜가 은혜 된다'라고 하니까 '그럼 은혜를 더하려고 죄를 지었다'고 이 말을 교묘하게 자기 합리화와 변명하는 자(사탄의 공격이며 속임이다)가 있을까 봐 사도 바울은 자신이 믿은 바에 대한 내용을 확실하게 제시함으로써 그런 속임에 대한 공격 앞에서 흔들리지 않을 수 있게 했다.

"그럴 수 없느니라 죄에 대하여 죽은 우리가 어찌 그 가운데 더 살리요 … 그러므로 우리가 그의 죽으심과 합하여 세례를 받음으로 그와 함께 장사되었나니 이는 아버지의 영광으로 말미암아 그리스도를 죽은 자 가운데서 살리심과 같이 우리로 또한 새생명 가운데서 행하게 하려 함이라 … 이와 같이 너희도 너희 자신을 죄에 대하여는 죽은 자요 그리스도 예수 안에서 하나님께 대하여는 살아 있는 자로 여길지어다"(롬 6:2,4,11).

온전한 믿음의 여행을 떠나는 가운데서 우리를 그 자리로 나아가지 못하도록 막는 수많은 사탄의 속임이 있을 것이다. 그것에서부터 흔들리지 않는 것은 믿는 바에 대한 내용이 내 안에 정리되어 있어야 한다. 우리가 믿는 바에 대한 내용을 확실하게 정리해야 한다.

위에서 다룬 율법으로 받은 선고로 인하여 나 스스로 믿음으로 살려는 노력이 나를 의롭게 하지 못하며 그로 인해 내 믿음의 부도가 내려진 것이다. 절망이다.

베드로의 믿음에 부도가 났을 때

그런데 신기하게도 나만 그런 것이 아니라 예수님께서 공생애 3년 반 동안에 제자들을 이 길로 인도하셨음을 볼 수 있었다. 대표적으로 베드로는 사복음서에 많이 등장하여 늘 실수하고 넘어져서 우리의 팍팍한 가슴을 늘 촉촉하게 위로해주었던 인물이다. 그를 어떻게 이끄셨는지 한번 살펴보자.

어부였던 베드로를 예수님께서 부르셨다. 그는 열정이 있었고 의리도 있었다. 늘 앞서서 예수님을 따라다녔다. 그러다가 너무 오버해서 예수님한테 많이 혼나기도 했다. 그런데 방망이를 많이 휘두르면 언젠가는 하나 맞아서 홈런을 치듯이 가끔씩 홈런 치는 발언을 하기도 했다.

"주는 그리스도시요 살아 계신 하나님의 아들이시니이다"(마 16:16).

"주여 영생의 말씀이 주께 있사오니 우리가 누구에게로 가오리이까"(요 6:68).

그는 정말 예수님을 따르고 싶어 했고 그의 마음과 열정을 아신 예수님께서도 그를 사랑하셨다.

"베드로가 이르되 주여 내가 지금은 어찌하여 따라갈 수 없나이까 주를 위하여 내 목숨을 버리겠나이다"(요 13:37).

그의 결심과 고백은 진심이었다. 그러나 예수님께서는 그것을 허락하지 않으시며 새벽에 닭이 세 번 울기 전에 예수님을 부인할 것이라고 말씀하신다. 이 말씀은 36절에 말씀하신 것과 같이 '너의 의지로 따라올 수 있는 길이 아니라'고 말씀하신 것이다. 이 말씀을 하신 까닭은 만약 베드로의 노력이나 최선으로 그 길을 따른다면 그 길을 가게 하시는 하나님의 은혜를 알 수 없기 때문에, 그의 모든 노력과 최선이 끝이 나는 자리로 그를 이끌어가신 것이다. 베드로에게 은혜를 더욱 은혜 되게 하시기 위하여 그의 존재를 드러내신 것이다.

죽기까지 따르겠다던 그의 패기는 온데간데없이 얼굴도 모르는 여종의 추궁에 예수님을 세 번이나 부인한다. 말이라도 하지 않았더라면 중간이라도 갔을 텐데…. 그의 비참함은 이루 말할 수 없었을 것이다. 그의 믿음에 부도가 내려진 그때 예수님께서 아무것도 할 수 없는 베드로에게 찾아오셔서 하나님의 은혜를 알려주신다.

요한복음의 끝 장인 21장에 기록된 디베랴 바닷가에서의 제자들 상태는 사도로서 완전히 자격 부족이었다. 요즘에 이런 목사님이 계신다면 당장 쫓겨날 것이다. 그런데 주님은 가장 강하고 완벽할 때 안심하시고 떠나신 것이 아니라, 자신이 할 수 있는 것은 아무것도 없고 오직 주님의 은혜라는 사실이 심령 가운데 새겨졌을 때 제자훈련을 마치고 승천하셨다. 그때부터 제자들의 믿음의 행진이 시작되었다.

우리는 믿음에서 가장 중요한 것이 하나님의 은혜이며 이 은혜를 깨닫기 위해 죄인으로 판명나는 율법의 자리까지 갔다. 그리고 율법 앞에서 우리의 최선과 노력이 우리의 믿음이 아니며 스스로는 결코 의로워질 수 없다는 절망적인 선고를 받게 된다.

하지만 우리로부터 시작한 믿음이 율법을 통해 내려진 절망적인 선고 앞에서 우리를 주저앉게 만들지는 않는다.

"전에 있던 계명은 연약하고 무익하므로 폐하고 (율법은 아무것도 온전하게 못할지라) 이에 더 좋은 소망이 생기니 이것으로 우리가 하나님께 가까이 가느니라"(히 7:18,19).

율법은 우리의 여행이 믿음에서 소망으로 넘어가게 하는 중요한 역할을 감당한다. 이때의 우리의 믿음은 율법을 통해 하나님의 은혜를 알게 하는 소망의 자리로 나아간다.

대책 없는 죽음에서 시선을 돌리라

로마서 7장은 사도 바울의 절망적인 탄식이 묻어나오는 장이다. 사도 바울은 그에게 어느 누구도 무엇을 더 하라고 말하지 못할 만큼 율법의 지식이나 행위, 모든 영역에서 완벽했던 자였다. 그러나 그가 십자가의 완전한 복음을 듣고 나서 인정할 수밖에 없었던 사실은 외형적으로는 멋지게 율법을 지켜내는 것 같아 보였으나 바울 자신 안에서 일어나고 있는 하나님의 뜻을 거스르는 육체의 소욕들까지는 어찌할 수가 없었다는 사실이다. 그러나 아무도 그것을 보지 못했을 뿐더러 그가 말하지 않는다면 아무도 몰랐을 일이었다. 그도 이 사실을 모르진 않았을 터이나 인정할 수 없었다. 인정하는 즉시 그는 죽음이었기 때문이다.

대책이 없는 사형선고는 사람을 미치게 한다. 죽는다는 사실은 아는데 살 방법이 없다면? 그것은 죽기 전 아직 살아 있는 모든 시간들도 죽음으로 바꾸어버린다. 그렇기에 사도 바울은 그 사실을 인정할 수 없었다. 아니, 인정하지 않았다. 그런데 십자가는 아무도 보지 못하고 알지 못했던 사도 바울의 마음 깊은 곳에 있는 실상을 드러냈다. 동시에 메마른 영혼의 갈급함도 함께 드러냈다.

"곧 나의 복음에 이른 바와 같이 하나님이 예수 그리스도로 말미암아 사람들의 은밀한 것을 심판하시는 그 날이라"(롬 2:16).

이 대책 없는 죽음으로부터 새로운 생명을 얻게 하는 완전한 복음을 알게 된 그는 더 이상 감추거나 숨길 필요가 없었다. 정직하게 자신의 실체에 대하여 인정하고 하나님의 도우심을 바랄 수밖에 없었다.

"오호라 나는 곤고한 사람이로다 이 사망의 몸에서 누가 나를 건져내랴"(롬 7:24).

그러나 그의 절망은 예수 그리스도의 십자가를 바라보게 하는 소망으로 이어졌다. 로마서 7장이 마치 1-6장을 뒤엎는 듯한 결론처럼 보이지만, 아니다. 인간 편에서의 완전한 절망은 절대적인 은혜를 사모하는 자리로 나아가게 만든다.

"우리 주 예수 그리스도로 말미암아 하나님께 감사하리로다 그런즉 내 자신이 마음으로는 하나님의 법을 육신으로는 죄의 법을 섬기노라"(롬 7:25).

이 말씀처럼 나 자신이 마음으로는 하나님의 법을 섬기고 육신으로는 죄의 법을 섬긴다. 그런데 우리 주 예수 그리스도로 말미암아 감사한다고 한다. 언뜻 보면 문맥이 이어지지 않는 것 같지만 이 말씀은 절망이 결론이 아니라는 것이다. 예수 그리스도로 말미암아 하나님 편에서 완전한 대책이 세워져 있음을 말해주며 그것으로 인하여 내 처지는 의로워지기는커녕 율법도 온전히 지키지 못하는 존재이지만 더는 자신의 연약함에 주목해서 그것을 메워보려고 애쓰는 것이 아니라 그것을 가능하게 하시는 하나님의 은혜를 주목하며 소망한다는 사도 바울의 고백이었다. 로마서 7장은 절망이 아니라 완전하신 하나님의 주권적인 은혜를 소망함으로 마친다.

절망에 이른 우리의 상황에서 사탄은 소망이신 예수 그리스도를 주목하지 못하도록 공격한다. 그리고 자꾸만 나를 주목하게 한다. 죽어야 할 나를 보았다면 이제는 눈을 들어 소망 되신 예수 그리스도를 보아야 하는데 계속 연약한 나, 부족한 나, 안 되는 나에게 시선을 두게 만드는 것이다. 이제 나에게서 시선을 돌려 소망 되신 예수 그리스도를 바라보자.

"믿음의 주요 또 온전하게 하시는 이인 예수를 바라보자 그는 그 앞에 있는 기쁨을 위하여 십자가를 참으사 부끄러움을 개의치 아니하시더니 하나님 보좌 우편에 앉으셨느니라"(히 12:2).

나의 연약함과 부족함, 불가능함이 모든 것을 집어삼킬 듯이 커보이나 그것은 진리의 빛에 드러난 그림자밖에 되지 않는다. 그 그림자에서 눈을 들면 진리의 빛에 비취어서 드러난 모든 것을 볼 수 있게 된다. 2012년 6월 어느 날 기록한 나의 묵상의 일부분이다.

주님을 주목하여 바라보지 못하게 하는 수많은 생각들,

수많은 공격들, 나의 연약함, 모자람.

율법 앞에서 결코 의로워질 수 없는 존재적인 문제

주님을 주목하지 못하게 하는 수많은 상황 가운데서

주님을 주목하고 바라본다는 말은

짙고 깊은 어둠 속에서

간신히 비추이는 희미한 빛을 바라본다는 말이 아니다.

모든 것을 밝히 비추는 저 태양과 같이

나의 삶을 비추시는 그 빛 앞에 드러난

작은 나의 그림자를 보지 않는다는 것이다.

작은 나의 그림자로부터 시선을 들어

두 눈 뜨고 감히 쳐다볼 수 없는 그 빛을 쳐다보는 것이,

그 빛에 의해 내 눈이 멀어버리는 것이,

그것이 주님을 주목하는 것이다.

이 곧고 뻣뻣한 고개를 드는 것이 오늘 왜 이리 힘든지.

고개를 드는 것조차도

은혜 없이 나의 의지만으로는 불가능함을 보게 된다.

그저 누군가에게 투정을 부리고 위로를 받으려 기회를 엿보던

그 의지로 내 목을 꺾어 모든 시선을 주님께로 향하게 하시는

신실하심과 그 은혜로 오늘도 그 빛을 바라본다.

은혜 안에 내 의지를 드려서.

05

소망에서 사랑으로 ;

은혜를 알게 하는 소망

살기 위한 몸부림

믿음은 바라는 것, 보이지 않는 것, 아직 내 눈앞에 보이지 않지만 이루어졌으면 하는 바람이고, 이것은 소망을 의미한다. 우리 모두 같은 결론에 이르렀다. 얼마나 의로운 모양을 취하며 살았는지에 상관없이 하나님의 거룩한 말씀의 진단은 아래와 같다.

"그러면 어떠하냐 우리는 나으냐 결코 아니라 유대인이나 헬라인이나 다 죄 아래에 있다고 우리가 이미 선언하였느니라"(롬 3:9).

"모든 사람이 죄를 범하였으매 하나님의 영광에 이르지 못하더니"(롬 3:23).

이것은 나뿐 아니라 모든 인류에게 선고하시는 말씀이다. 절망이다. 그러나 결코 사람은 절망으로 끝을 내지 않는다. 하나님께서 결코 절망으로 끝나게 두시지 않는다.

인간의 범죄로 우리는 육체의 죽음이란 대가를 얻게 되었다.

"네가 흙으로 돌아갈 때까지 얼굴에 땀을 흘려야 먹을 것을 먹으리니 네가 그것에서 취함을 입었음이라 너는 흙이니 흙으로 돌아갈 것이니라 하시니라"(창 3:19).

이전에 에덴동산에서 아담과 하와는 영원 가운데서 주님이 주신 생명을 마음껏 누릴 수 있었다. 그러나 범죄 이후 죄를 통하여 죽음이 들어왔고 인간은 이 죽음 앞에 서야 했다. 그리고 모든 인간이 죽음을 두려워하는 존재가 되었다. 이때 본능적으로 인간 안에 생긴 의지가 있는데 그것은 살고자 하는 의지였다. 즉, 살고자 하는 소망이었다. 이것은 죄에 속한 인간에게 모두 나타나는 현상이다. 이를 생존본능이라 하는데, 범죄 이후에 생긴 본능이다.

에덴동산에서 아담과 하와는 먹고살기 위해 땀을 흘리지 않았다. 또한 무엇을 먹고 무엇을 입을지를 염려하지 않았다. 오직 영원한 생명을 누렸을 뿐이다. 범죄 이후 생긴 생존본능으로 인해 이 시대에도 세상에서 하는 모든 염려와 걱정은 단지 살기 위한 몸부림일 뿐이다. 사탄은 이것을 안다.

하나님께서는 죽음이 이미 선고된 인간을 살리기 위해 하나님의 은혜로 주어진 십자가의 복음을 준비해놓으셨다. 만약 이 진리가 우리의 살고자 하는 소망(믿음)과 만나게 되면 이 진리는 인간에게 실제가 되어 복음 안에서의 모든 축복을 누리게 된다. 그래서 사탄은 이 소망이 올바른 진리를 만나지 못하도록 방해한다. 이 목마름과 소망을 다른 곳으로 향하게 하는 것이다. 죽음이 끝인 줄 알고 죽기 전이 땅에서 '어떻게 하면 더 나은 삶을 살까? 어떻게 하면 더 안락하게 살까'를 고민하다가 죄인인 인간에게 그 이상을 보지 못하게 하기 위하여 죽음의 두려움이란 연막탄을 쏘는 것이다.

율법으로 사망이 선고되고, 스스로 의로워질 수 없다는 결론에 이르게 되면 인간은 살고 싶은 소망함이 생긴다. 믿음으로 살아보려 애쓰고 노력하고 힘을 내어도 어쩔 수 없는 나에 대한 절망은 무엇인가를 향한 소망을 동반하게 된다.

인간의 절망은 반드시 소망을 동반한다. 인간은 절대 절망으로 끝을 내지 않는다. 인간이 왜 자살을 하는 줄 아는가? 사람들은 대부분 "살 소망이 없어서"라고 대답할 것이다. 틀린 말은 아니지만 좀 더 깊이 들여다보면 살 소망이 없어서 자살하는 것이 아니라 만약 죽으면 나를 힘들게 하고 고통스럽게 하는 모든 상황이 끝날 것이라는 자기 나름의 소망 때문이다.

이처럼 소망은 죽음에다가 자신을 던질 수 있도록 움직이게 한다. 그런데 만약 이 소망이 십자가의 복음을 만나면 무슨 일이 일어나겠는가? 사탄 편에서는 결코 일어나서는 안 되는 일이 벌어지는 것이다. 무슨 수를 써서라도 이 소망이 십자가의 복음과 만나지 못하도록 방해해야만 한다.

이전에 사탄은 예수님을 십자가에 못 박으려고 수단과 방법을 가리지 않았다. 하지만 사탄은 십자가에서 하나님께서 말씀하신 대로 머리가 박살났다. 실패를 맛본 것이다. 그렇기에 사탄은 사람들이 십자가로 나아가지 못하도록 모든 수단과 방법을 동원하여 방해한다.

사탄은 이 위험한 소망이 예수 그리스도의 십자가가 아닌 다른 세상의 잡다한 곳으로 향하게 한다. 율법 앞에서 자신은 안 된다고 선고를 받은 절망적인 상황에 있는 자에게 사탄의 속임은 달콤하다. 세상의 부, 명예, 성공, 쾌락, 성 등. 세상에 썩어 없어질 것을 소망하게 만들고 헛된 꿈을 꾸게 함으로써 십자가를 보지 못하고 영원한 멸망 가운데로 스스로 가게 만드는 것이다.

진짜 영향력 있는 그리스도인

사탄이 우리에게 헛된 꿈을 심어줌으로써 십자가로 나아가지 못하게 하는데, 안타깝게도 이런 일이 교회 안에서도 일어난다. '이 땅에서 어떻게 하면 편안하고 안락한 삶을 살 수 있을까'를 고민하게 만드는 설교들이 많다. 기복신앙적인 설교는 말하지 않아도 알 것이다. 한국에서는 난리도 아닌 대학 입시만 봐도 그렇다. 알아주는 명문 대학에 합격하면 무조건 하나님의 축복이라고 말한다. 그렇다면 대학 입시에 떨어진 젊은이는 저주받은 것이고, 고3 때는 주일예배도 건너뛰는 젊은이의 합격은 축복이란 말인가? 알게 모르게 교회 안의 수많은 젊은이들이 이런 일로 상대적 박탈감에 사로잡힌다.

강남에서 열린 연합 청소년 전도 초청집회 시 강단에 선 적이 있다. 그 자리에는 청년과 청소년을 담당하시는 전도사님들과 목사님들이 계셨다. 그때에 이 메시지를 동일하게 나눈 적이 있었다. 이런 말을 한 적이 있느냐고 물었다. 상당수의 분들이 겸손하게 인정하셨다. 다시 한 번 질문했다.

"교회에서 열심히 활동하며 세상에서도 영향력을 펼칠 수 있는 장래가 창창하게 펼쳐져 있는 청년이 하나님 앞에서 정직하게 살고자 하는 소망 때문에 세상에서 누릴 수 있던 모든 기회를 내려놓고 선교 사로 헌신한다고 할 때 두 손을 맞잡고 눈물을 쏟으며 감사함으로 그 청년을 격려하고 위로해주신 분이 계십니까?"

그런 청년이 한 번도 없었는지 아무런 반응이 없었다.

"혹시 그런 청년이 있다면 기쁘게 격려해주고 그 선택에 박수를 쳐 주실 수 있으십니까?"

역시 이 질문에도 쉽게 대답하지 못했다.

성경이 말하는 축복의 진정한 의미가 제대로 담겨 있지 않은 말이 젊은이들에게 미치는 악한 영향력에 대하여 우리는 진지하게 고민하 고 생각해보아야 한다.

나 역시 젊은 쪽에 속하기 때문에 '세상에서 영향력 있는 그리스도 인이 되어라' 같은 뉘앙스의 설교를 많이 들었다. 내용은 이렇다.

"그리스도인이 가진 성실함과 정직함과 도덕성으로 영향력 있는 자리에 앉아서 노력했더니 하나님이 축복해주셨습니다. 많은 사람들 이 이런 삶을 보고 '나도 저렇게 하나님 믿고 최선을 다해 열심히 살 아야지' 하고 도전받으면 그것이 하나님께 영광이 됩니다."

그리스도인의 성실함과 도덕성이 잘못되었다는 것이 아니다. 성실 을 통해 맺고자 하는 열매, 목적이 무엇이냐는 것이다. 모든 젊은이 가 일등 자리에 올라야 할 필요가 있을까. 수만 명이 총리면 백성은 누가 하겠는가. 높아지려거든 낮아지라고 말씀하셨던 예수님의 가 르침은 무식하고 현실성 없는 가르침인가? 세상에서 그리스도인의 영향력은 높은 자리에 앉고 유명해졌을 때 나오는 것이 아니다. 영향력 있는 그리스도인의 모습을 히브리서 11장은 이렇게 말한다.

"그들은 믿음으로 나라들을 이기기도 하며 의를 행하기도 하며 약속을 받기도 하며 사자들의 입을 막기도 하며 불의 세력을 멸하기도 하며 칼날을 피하기도 하며 연약한 가운데서 강하게 되기도 하며 전쟁에 용감하게 되어 이방 사람들의 진을 물리치기도 하며 여자들은 자기의 죽은 자들을 부활로 받아들이기도 하며 또 어떤 이들은 더 좋은 부활을 얻고자 하여 심한 고문을 받되 구차히 풀려나기를 원하지 아니하였으며 또 어떤 이들은 조롱과 채찍질뿐 아니라 결박과 옥에 갇히는 시련도 받았으며 돌로 치는 것과 톱으로 켜는 것과 시험과 칼로 죽임을 당하고 양과 염소의 가죽을 입고 유리하여 궁핍과 환난과 학대를 받았으니 (이런 사람은 세상이 감당하지 못하느니라) 그들이 광야와 산과 동굴과 토굴에 유리하였느니라"(히 11:33-38).

그리스도인의 영향력은 세상의 방법과 원리대로가 아니라 오직 믿음으로 살며 세상이 이해하지 못해도 높은 자리든 낮은 자리든 자신의 자리에서 예수 그리스도의 가르침을 살아내는 자로부터 나오는 것이다. 세상에서 감당하지 못할 영향력이 바로 그리스도인의 영향력이고 이것이 예수님께서 말씀하신 세상에서 영향력 있는 그리스도인이다.

교회 말고도 "성공해라, 돈 많이 벌어라, 높은 자리에 앉아라"라고 말해주는 곳은 많다. 교회의 역할은 하나님께서 정해주신 각자의 자리에 있는 것이 축복임을 알게 하고, 그 자리를 주님 앞에서 찾아갈 수 있도록 돕는 것이다. 무엇보다 가장 중요한 것은 이 모든 것을 통해 하나님을 경외할 수 있도록 돕는 것이다.

"꿈이 많으면 헛된 일들이 많아지고 말이 많아도 그러하니 오직 너는 하나님을 경외할지니라"(전 5:7).

세상에서 들은 잡다한 기준과 잘못 듣고 잘못 배워서 형성된 헛된 꿈과 잘못된 소망은 십자가를 바라봐야 하는 자리에서 멀어지게 한다.

두 가지 잘못된 확신

사탄은 잘못된 소망과 헛된 꿈이 흔들리지 않도록 두 가지 잘못된 확신을 심으려 한다.

첫째, 이 땅에서 이루고 싶은 꿈이 이루어질 때까지 자신이 살아 있을 것이란 확신을 심으려 한다.

하나님께서는 인간에게 언제까지 살지 미리 알려주지 않으셨다. 알려주시지 않은 것은 오늘이 마지막일 수 있다는 경고이며 돌이킬 수 있는 시간이 지금뿐이라는 기회이기도 했다. 그러나 사탄은 인간에게 자신에게는 반드시 내일이 있을 거라고 믿게 만든다. 세상 사람들은 노후 대책은 세워도 아무도 죽음 이후에 있을 일에 대하여 사후 대책을 세우는 사람은 없다. 사람이 노후를 맞이하게 될 때까지 살아 있을 것이란 보장은 어디 있는가?

"오는 것은 순서가 있어도 가는 데는 순서가 없다"라는 말이 있다. 이에 대한 정상적인 개념을 가진 사람이라면 노후 대책이 아니라 사후 대책을 세워야 하는 게 맞다. 사탄이 우리의 눈을 가려 죽음 이후를 보지 못하게 만들어버렸다. 어쩌면 이 비정상적인 것 같은 일을 지금 우리가 하고 있는지도 모른다.

"그러나 그날과 그때는 아무도 모르나니 하늘에 있는 천사들도, 아들도 모르고 아버지만 아시느니라 주의하라 깨어 있으라 그때가 언제인지 알지 못함이라"(막 13:32,33).

우리가 꿈을 이룰 때까지 살아 있을 거란 보장이 있는가? 만약 그 꿈이 이루어지지 않은 채 죽으면 개죽음이 되고, 그런 삶을 살아온 시간들은 다 헛되다는 결론밖에 되지 않는다. 우리는 반드시 이루어질 하나님의 꿈을 꿔야 한다. 하나님 안에서 꿈을 꾸는 자는 그것이 펼쳐지기 전에 죽어도 기쁨으로 죽을 수 있다.

"이 사람들은 다 믿음을 따라 죽었으며 약속을 받지 못하였으되 그것들을 멀리서 보고 환영하며 또 땅에서는 외국인과 나그네임을 증언하였으니"(히 11:13).

이것이 헛된 꿈을 꾸는 자와 하나님 안에서 반드시 이루어질 꿈을 꾸는 자의 차이다.

한때 도서 시장에서 긍정이 가지고 있는 힘에 대해 주장하는 책들이 많이 나와서 큰 인기를 끌었었다. 제목만 봐도 무슨 말을 하고자 하는지 충분히 알 수 있었다. 앞서 말했듯이 허상에 믿음을 걸어버리면 그 허상이 실제인 것처럼 착각하게 된다. 살다가 문제가 생기면 죽기 전에 힘들고 아픈 시간을 거쳐서라도 반드시 짚고 넘어가야 하는데 잘못된 긍정의 힘으로 "나는 잘될 거야", "나는 괜찮다"라고 반응해버리면 자신의 문제 앞에 직면할 수 없게 된다.

물론 하나님께서 허락하신 것을 계속 삐딱하게 부정적으로 보는 것은 잘못된 태도이며 믿음의 반응이 아니지만 하나님께서 주신 복음 안에서의 축복을 누리는 힘은 긍정이 아니라 믿음이다. 언제까지

이 땅에서 살지 모르는 우리는 긍정의 힘으로 사는 것이 아니라 믿음으로만 살아야 한다.

둘째, 자신이 꿈을 이루고 나면 반드시 행복할 수 있을 것이란 확신을 심으려 한다.

"주님이면 충분합니다."

이 말은 우리 모두의 고백이 되어야 한다. 그런데 이 고백이 서글프게 들릴 때가 있다.

'다른 걸 가질 능력과 형편이 안 되니 주님으로만 만족해야지.'

아주 가끔 이런 뉘앙스를 느끼기 때문인데, 사실 이 말은 그럴 때 쓰는 게 아니다. 우리의 존재는 주님으로만 만족할 수 있게끔 창조되어져서 세상의 그 어떤 것으로도 만족할 수가 없다. 그런데 사탄은 헛된 꿈을 심어주며 그것만 내게 이루어지면 행복할 것이란 환상을 불어넣는다. 그것은 거짓이다. 우리가 흔히 생각하는 행복의 척도를 예로 들어 살펴보자.

우리가 그렇게 갖고 싶어 하는 돈! 사실 돈은 거의 모든 사람의 목표이다. 높은 자리에 앉고 싶은 것도, 열심히 일하는 것도 돈 때문인 경우가 많다. 이상하게 돈 때문에 깨어지는 가정이 한둘이 아니다. 돈이 없으면 불편한 것은 사실이다. 그러나 마음껏 쓸 수 있을 만큼 큰 돈이 주어지면 다 행복해지는가? 오히려 겸손하고 성실한 사람이 돈이 생기자 전혀 다른 사람으로 변하는 경우도 다반사다.

원하는 자리에 앉고 명예와 사람들의 지지를 받으면 행복할까? 결코 그렇지 않다. 원하는 자리를 지키기 위해 치열한 싸움을 싸워야 하고 사람들의 평가와 시선에 쩔쩔맨다. 이것만 보아도 우리는 세상의 그 어떤 것으로도 행복할 수 없다.

이 땅에 살면서 모든 것을 소유했을 법한 인물이 바로 솔로몬이다. 솔로몬은 부, 명예, 여자, 권력 등 모든 것을 가지고 있었다. 그 모든 것을 누렸던 자의 결론이 성경에 잘 나와 있다.

"다윗의 아들 예루살렘 왕 전도자의 말씀이라 전도자가 이르되 헛되고 헛되며 헛되고 헛되니 모든 것이 헛되도다 해 아래에서 수고하는 모든 수고가 사람에게 무엇이 유익한가"(전 1:1-3).

결론은 헛되다는 것이었다. 주님을 떠난 명예, 권력, 지혜 이 모든 것이 아무런 의미가 없었다. 그리고 그 결론 끝에서 헛된 정욕을 좇으면 오직 주님의 엄위하신 심판밖에 없음을 알게 되었다. 그는 마지막에 헛된 꿈을 꾸는 자들에게 엄히 경고한다.

"일의 결국을 다 들었으니 하나님을 경외하고 그의 명령들을 지킬지어다 이것이 모든 사람의 본분이니라 하나님은 모든 행위와 모든 은밀한 일을 선악 간에 심판하시리라"(전 12:13,14).

모든 것을 다 가져보았던 사람의 결론을 듣고도, 입맛을 다시며 '그래도 한번 가져라도 봤으면 좋겠다'는 사람에게 솔로몬이 말한다.

"청년이여 네 어린 때를 즐거워하며 네 청년의 날들을 마음에 기뻐하여 마음에 원하는 길들과 네 눈이 보는 대로 행하라 그러나 하나님이 이 모든 일로 말미암아 너를 심판하실 줄 알라 그런즉 근심이 네 마음에서 떠나게 하며 악이 네 몸에서 물러가게 하라 어릴 때와 검은 머리의 시절이 다 헛되니라"(전 11:9,10).

"너는 청년의 때에 너의 창조주를 기억하라 곧 곤고한 날이 이르기 전에, 나는 아무 낙이 없다고 할 해들이 가깝기 전에 해와 빛과 달과

별들이 어둡기 전에, 비 뒤에 구름이 다시 일어나기 전에 그리하라"(전 12:1,2).

그는 마치 이렇게 말하는 듯하다.

"해봐라. 결국은 허망하고 남겨진 것은 심판이다."

헛된 꿈은 우리에게 행복을 주지 못한다. 탄식과 후회만을 남길 뿐이다. 이 두 가지 잘못된 자기 확신을 깨지 않으면 믿음의 여행을 계속 할 수 없다. 우리의 소망은 세상의 헛된 꿈과 만나서는 살 수 없다. 우리의 소망은 반드시 예수 그리스도를 만나야 한다.

"우리가 소망으로 구원을 얻었으매 보이는 소망이 소망이 아니니 보는 것을 누가 바라리요 만일 우리가 보지 못하는 것을 바라면 참음으로 기다릴지니라"(롬 8:24,25).

우리는 소망으로 구원을 얻었다. 불가능한 우리를 위해 모든 것을 다 이루어놓으신 예수 그리스도를 소망함으로 구원을 얻는 것이다. 이제 우리의 간절한 소망이 예수 그리스도를 만나면 무슨 일이 일어나는지 살펴보자.

바리새인과 서기관의 소망

사복음서 내내 예수님께서 공격 타깃을 바리새인과 서기관, 대제사장으로 삼으셔서 그렇지 그들은 행위로 따지면 누구도 따라가지 못할 사람들이었다. 율법의 행위만 봤을 때는 예수님께서도 인정하실 만큼 철저하고 완벽했다.

"내가 너희에게 이르노니 너희 의가 서기관과 바리새인보다 더 낫지 못하면 결코 천국에 들어가지 못하리라"(마 5:20).

그런데 왜 예수님께서는 그들을 공생애 내내 그토록 모질게 질책하시고 엄하게 책망하셨을까? 이유는 그들이 율법을 지키는 목적이 잘못되었기 때문이다. 그들은 율법의 조문을 지킴으로 스스로 의로워지려고 했다. 하나님의 의(십자가의 은혜)는 "모든 사람이 죄를 범하였으매 하나님의 영광에 이르지 못하더니"(롬 3:23)라고 선언한다.

인간 스스로는 결코 하나님의 영광에 이를 수 없다. 하나님의 의, 은혜를 믿는 믿음으로만 영광에 이를 수 있다. 이것은 유대인뿐만 아니라 모든 이방인들에게도 주어지는 차별 없는 은혜다(롬 3:22).

그런데 거룩하게 구별받은 백성이라는 선민의식을 가진 유대인은 이방인과 같은 취급을 받는 것을 죽기보다 싫어했다. 그들이 하나님의 의를 인정한다는 것은 은혜가 필요한 죄인임을 인정한다는 것이고, 죄인임을 인정한다는 것은 이방인과 다를 것이 없는 존재임을 받아들인다는 것이었다. 즉, 율법으로 의로워질 수 없다는 예수님의 말씀은 그들에게 사형선고이기에 도저히 인정할 수 없었다. 그래서 그들은 그 진리를 인정하지 않기 위해 자신의 옳음을 주장할 수밖에 없었고, 자신의 옳음을 주장하려면 하나님의 의를 목숨 걸고 부인해야만 했다.

율법을 지키고자 하는 그들의 눈물겨운 노력과 최선은 하나님의 의를 부인하고 자신의 옳음을 주장하려는 몸부림이었다. 자신의 의를 주장하기 위해 힘써 하나님의 의에 복종치 않는 악독한 죄를 범하고 있는 자들이 바로 자신의 최선과 노력으로 의로워지려고 하는 바리새인, 서기관, 대제사장이었다.

"형제들아 내 마음에 원하는 바와 하나님께 구하는 바는 이스라엘을 위함이니 곧 그들로 구원을 받게 함이라 내가 증언하노니 그들이 하나님께 열심이 있으나 올바른 지식을 따른 것이 아니니라 하나님의 의를 모르고 자기 의를 세우려고 힘써 하나님의 의에 복종하지 아니하였느니라 그리스도는 모든 믿는 자에게 의를 이루기 위하여 율법의 마침이 되시니라"(롬 10:1-4).

바울 역시 이러한 유대인이었다. 바울도 사도가 되기 전에는 누구보다 열심 있는 바리새인이었다.

"그러나 나도 육체를 신뢰할 만하며 만일 누구든지 다른 이가 육체를 신뢰할 것이 있는 줄로 생각하면 나는 더욱 그러하리니 나는 팔일 만에 할례를 받고 이스라엘 족속이요 베냐민 지파요 히브리인 중의 히브리인이요 율법으로는 바리새인이요 열심으로는 교회를 박해하고 율법의 의로는 흠이 없는 자라"(빌 3:4-6).

바리새인이었던 사도 바울 역시 자신의 옳음을 주장하기 위하여 하나님의 의를 힘써서 복종하지 않았던 자였다. 그래서 예수 그리스도의 십자가를 믿음으로 말미암는 의(義)를 말하는 교회를 찾아다니며 박해하던 사람이었다. 그런 그가 십자가 앞에 자신의 존재를 인정하는 순간 그에게 생명의 길이 보이기 시작한 것이다. 열심과 최선 그리고 모든 노력을 다해 율법의 의로 자신의 옳음을 주장했었던 그가 십자가 앞에 서고 난 이후에 외치는 고백을 들어보라.

"복음에는 하나님의 의가 나타나서 믿음으로 믿음에 이르게 하나니 기록된 바 오직 의인은 믿음으로 말미암아 살리라 함과 같으니라"(롬 1:17).

자신과 같이 아직도 여전히 자신의 옳음을 주장하기 위해 하나님의 의를 힘써 부인하는 자들이 너무 안타까워 "내 자신이 저주를 받아 그리스도에게서 끊어질지라도"라는 표현을 쓰며 그들이 죽음 뒤에 펼쳐진 이 생명의 빛 가운데로 나아오길 소망했다.

죄인임을 인정해야 하나님의 의, 즉 살길이 보인다. 죄인임을 인정하지 않는 것은 하나님의 의를 대적하는 자리에 서는 것이다. 그래서 예수님께서 율법의 행위만을 지키는 그들을 엄하게 책망하셨던 것이다.

니고데모가 예수님을 찾은 후

예수님께 책망 당하던 자 중 당시 바리새인이며 율법사인 니고데모도 포함되어 있었다. 니고데모가 예수님을 찾아갈 당시 예수님은 성전을 깨끗게 하신다며 성전에서 물건 파는 자들을 내치셨다. 그리고 성전을 헐고 사흘만에 일으키겠다고 말씀하시는 바람에 유대인들에게 미움을 사고 이단으로 몰릴 상황이었다. 예수님을 바라보는 유대인의 시선이 좋지 않던 상황 중에 율법사이며 바리새인이었던 니고데모가 예수님을 찾아온 것이다.

이러한 정서를 가진 바리새인인 그가 예수님을 찾아갔다는 것만 봐도 예사로운 일이 아님을 알 수 있다. 그런 상황 중에 찾아왔을 때에는 니고데모가 굉장히 중요한 고민을 하고 있었다는 것이고 그 당시 누구에게서도 해답을 찾을 수 없는 상황에 처해 있음을 말해준다. 한마디로 니고데모의 심령 안에 구원에 대한 진지한 고민이 있었고 진정한 의(義)를 찾고자 하는 목마름이 있었다는 것이다. 아무리 최선을 다해 율법의 행위를 지켜도 하나님 앞에서의 거룩함은 멀어지는 듯하고 의롭게 되기는커녕 오히려 더욱 자신의 죄 됨이 드러나는 것 같아 견디지 못했을 것이다. 정말 진지하게 율법을 지키고자 했다면 로마서 7장에서의 사도 바울과 같은 고민을 했을 것이다.

니고데모가 간절한 소망을 가지고 육신으로는 젊디 젊은 예수님을 찾아왔다. 예수님께서 하나님으로부터 오신 자임을 인정하고 자신의 고민과 소망을 나누려 했다. 그런데 예수님께서는 그의 고민과 마음 가운데 진정한 소망이 있음을 아시고 그가 제대로 묻기도 전에 먼저 말씀하신다.

"진실로 진실로 네게 이르노니 사람이 거듭나지 아니하면 하나님의 나라를 볼 수 없느니라"(요 3:3).

이 말씀은 니고데모에게 아무리 노력하고 애쓰고 몸부림쳐도 '너 스스로는 결코 하나님의 의에 이를 수 없다'는 말씀이었다. 이 말씀을 들은 니고데모는 역시 바리새인이었다. 쉽사리 인정할 수가 없었던지 나이가 지긋하신 어르신이 어처구니없게 들리는 예수님의 말에 농담도 아닌 말을 던진다.

"사람이 늙으면 어떻게 날 수 있사옵나이까 두 번째 모태에 들어갔다가 날 수 있사옵나이까"(요 3:4).

유대인의 정서에서 벗어나지 못한 니고데모를 볼 수 있다. 그런데 마음의 진지한 소망을 보신 예수님께서는 그를 그냥 돌려보내지 않으시고 그의 잘못된 태도를 책망하신다.

"너는 이스라엘의 선생으로서 이러한 것들을 알지 못하느냐 … 내가 땅의 일을 말하여도 너희가 믿지 아니하거든 하물며 하늘의 일을 말하면 어떻게 믿겠느냐"(요 3:10,12).

책망하시던 예수님께서는 낙심한 마음으로 찾아온 그의 간절한 소망을 만나주셨다. 그리고 성경 66권을 한 구절로 함축시켜놓은 것 같은 하나님의 뜻을 니고데모에게 알려주셨다.

"하나님이 세상을 이처럼 사랑하사 독생자를 주셨으니 이는 그를 믿는 자마다 멸망하지 않고 영생을 얻게 하려 하심이라"(요 3:16).

예수님께서는 완전하고 완벽하게 밝히 드러난 십자가의 진리를 많은 사람 앞에서가 아닌 하나님의 의를 간절히 소망했던 단 한 사람 앞에서 보여주신다. 믿음으로 간절히 살기를 소원하는 소망이 예수 그리스도를 만나게 되면 하나님의 뜻을 알게 하는데, 그 하나님의 뜻은 바로 하나님의 사랑이다. '절대적인 사랑.' 니고데모가 이 진리를 온전히 깨달아 알았는지는 성경에 상세히 기록되어 있지 않다. 급진적인 믿음의 걸음을 걸었는지도 알 수 없다. 그러나 이 사랑이 확증되는 십자가 사건이 있기 전과 후에 그는 예수님 곁에 있었다.

대제사장들과 바리새인들이 예수님을 잡고자 하였을 때에도 그는 예수님 편에 서서 예수님을 변호하려 했다.

"그중의 한 사람 곧 전에 예수께 왔던 니고데모가 그들에게 말하되 우리 율법은 사람의 말을 듣고 그 행한 것을 알기 전에 심판하느냐"(요 7:50,51).

다른 바리새인과 대제사장들에게 미움을 살 수도 있었던 발언이었다. 어떻게 보면 그가 엄청난 진리를 듣고 난 이후에도 확신에 서지 못하고 있던 것처럼 보일지 모르지만 그의 심령 안에 십자가의 진리를 들려주시던 예수님의 말씀이 움직이고 있음을 알 수 있다.

예수님이 십자가에 달리셔서 죽으셨을 때에는 유대인이 두려워 예수님의 제자임을 숨겼던 아리마대 요셉이 예수님의 시체를 가지고 온 후에, 니고데모도 찾아와서 예수님의 시체를 유대인의 장례 법대로 세마포로 쌌다.

"일찍이 예수께 밤에 찾아왔던 니고데모도 몰약과 침향 섞은 것을 백 리트라쯤 가지고 온지라 이에 예수의 시체를 가져다가 유대인의 장례 법대로 그 향품과 함께 세마포로 쌌더라"(요 19:39,40).

장례를 치르던 니고데모는 어떤 마음이었을까? 죽은 예수님의 시체를 보며 어떤 마음이 들었을까?

'당신이 말한 진리는 이게 끝이 아니잖소.'

'우리를 사랑해서 자유를 주겠다던 당신의 말이 참이라면 죽음이 끝이 아니지 않소.'

예수님의 시신을 보던 니고데모의 마음은 절망으로 끝이 나지 않았을 것이다. 만약 예수님께서 하신 말이 사실이라면 그는 진정한 참 자유를 얻게 되는 것이었기에 죽음 앞에서 결론내릴 수 없었다. 그는 또다시 예수 그리스도께서 말씀하신 대로 부활하실 것을 소망했을 것이다. 성경에 기록되어 있지 않지만 나는 예수님의 부활 소식을 듣고 정말 기뻐하며 담대히 믿음의 삶을 살았을 인물 중에 한 명이 니고데모였을 거라 확신한다. 이처럼 우리의 소망이 예수 그리스도를 만나면 하나님의 완전한 사랑을 알게 된다.

"다만 이뿐 아니라 우리가 환난 중에도 즐거워하나니 이는 환난은 인내를, 인내는 연단을, 연단은 소망을 이루는 줄 앎이로다 소망이 우리를 부끄럽게 하지 아니함은 우리에게 주신 성령으로 말미암아 하나님의 사랑이 우리 마음에 부은 바 됨이니"(롬 5:3-5).

이 말씀처럼 간절히 소망하는 자의 소망이 '부끄러운 바람'으로 끝나지 않을 수 있는 것은 성령으로 말미암아 소망하는 자에게 강권적으로 부어주시는 하나님의 사랑이 있기 때문이다. 하나님께서는 소망하는 자에게 그분의 사랑을 부어주신다.

하나님의 사랑을 알게 하는 소망

하나님의 사랑을 알게 하는 소망은 그냥 바람 정도가 아니라 모든 것을 내던지고 뛰어들 수 있을 정도의 간절한 목마름이다. 이 소망은 그냥 생기는 것이 아니다. 환난과 인내와 연단을 통해 얻어진다. 죽을 것 같은 목마름이 찾아올 수도 있고, 나의 모든 기대를 침몰케 하는 상황 가운데 잠길 수도 있다. 결코 하나님 앞에 의로워질 수 없다는 절망 가운데 사로잡힐 수도 있다. 하지만 그것은 하나님의 사랑을 알게 하는 소망 가운데로 나아가게 하는 과정일 뿐이다.

"하나님이여 사슴이 시냇물을 찾기에 갈급함같이 내 영혼이 주를 찾기에 갈급하니이다"(시 42:1).

예수님께서 말씀하셨던 이 땅에서 누리는 복은 누구도 부럽지 않는 부와 명예 따위가 아니다. 하나님의 사랑에 사로잡혀 이 땅에서 마음껏 하나님의 사랑을 누릴 수 있게 해주는 소망 가운데로 나아가게 하는 심령의 복이었다.

"심령이 가난한 자는 복이 있나니 천국이 그들의 것임이요 애통하는 자는 복이 있나니 그들이 위로를 받을 것임이요 온유한 자는 복이 있나니 그들이 땅을 기업으로 받을 것임이요 의에 주리고 목마른 자는 복이 있나니 그들이 배부를 것임이요 긍휼히 여기는 자는 복이 있나니 그들이 긍휼히 여김을 받을 것임이요 마음이 청결한 자는 복이 있나니 그들이 하나님을 볼 것임이요 화평하게 하는 자는 복이 있나니 그들이 하나님의 아들이라 일컬음을 받을 것임이요 의를 위하여 박해를 받은 자는 복이 있나니 천국이 그들의 것임이라 나로 말미암아 너희를 욕하고 박해하고 거짓으로 너희를 거슬러 모든 악한 말을 할 때에는 너희에게 복이 있나니 기뻐하고 즐거워하라 하늘에서 너희의 상이 큼이라 너희 전에 있던 선지자들도 이같이 박해하였느니라"(마 5:3-12).

한마디로 소망하는 복인 것이다. 하나님으로부터 온 것을 바라고 소망할 수밖에 없는 존재가 되는 것이 바로 예수님께서 말씀하신 복이다. 왜냐하면 그 소망함으로 하나님께 의존되어 있는 연약한 자에게 하나님께서는 그분의 사랑을 보여주시고 그 사랑으로 품으시기 때문이다.

"내가 여호와께 간구하매 내게 응답하시고 내 모든 두려움에서 나를 건지셨도다 그들이 주를 앙망하고 광채를 내었으니 그들의 얼굴은 부끄럽지 아니하리로다 이 곤고한 자가 부르짖으매 여호와께서 들으시고 그의 모든 환난에서 구원하셨도다 여호와의 천사가 주를 경외하는 자를 둘러 진 치고 그들을 건지시는도다 너희는 여호와의 선하심을 맛보아 알지어다 그에게 피하는 자는 복이 있도다 너희 성도들아 여호와를 경외하라 그를 경외하는 자에게는 부족함이 없도다 젊은 사자는 궁핍하여 주릴지라도 여호와를 찾는 자는 모든 좋은 것에 부족함이 없으리로다"(시 34:4-10).

"여호와는 선하시며 환난 날에 산성이시라 그는 자기에게 피하는 자들을 아시느니라"(나 1:7).

인간이 이 땅에서 누릴 수 있는 가장 큰 복은 하나님을 간절히 바라고 소망하는 자들에게 베푸시는 하나님의 사랑을 누리는 것이다. 이처럼 우리가 아무런 가능성 없는 존재임을 알고 주님을 소망할 때에야 비로소 우리를 사랑하셔서 십자가를 지심으로 준비된 완전한 은혜의 의(義), 하나님의 의를 볼 수 있는 것이다.

"우리가 아직 죄인 되었을 때에 그리스도께서 우리를 위하여 죽으심으로 하나님께서 우리에 대한 자기의 사랑을 확증하셨느니라"(롬 5:8).

"하나님이 세상을 이처럼 사랑하사 독생자를 주셨으니 이는 그를 믿는 자마다 멸망하지 않고 영생을 얻게 하려 하심이라"(요 3:16).

아들을 죽이시면서까지 사랑하신, 이 한량없는 사랑을 우리 수준으로 어떻게 알아들을 수 있겠는가? 이 무한한 은혜와 사랑으로 이루어놓으신 복음을 어떻게 내 노력과 최선으로 누릴 수 있단 말인가?

나의 개념과 상식으로는 결코 이해할 수도, 깨달을 수도 없는 완전한 하나님의 은혜와 사랑을 알게 하시기 위해 나에 대한 깊은 절망 앞으로 이끌어가신 후 전적인 하나님의 은혜만 바라고 소망하는 자로 이끌어가신다. 그리고 그런 자들에게 완전한 하나님의 사랑의 비밀을 알려주시는 것이다.

우리는 이제 사랑이라는 전환점을 돌아서 다시 믿음에 이르는 여정을 이어나갈 것이다.

06

사랑에서 소망으로 ;

사랑을 알게 된 자들의 소망

하나님만 의탁하는 자

하나님의 완전한 사랑을 알게 된 자들은 더는 율법의 행위로 의로워지려는 노력을 하지 않는다. 또한 나의 부족함이나 연약함을 갈고 닦아서 강해지려는 노력도 하지 않는다. 또한 나에게로부터 나올 선한 것을 소망하지 않는다. 다만 그분의 하나밖에 없는 아들을 주시기까지 우리를 사랑하신 완전한 하나님의 사랑을 소망한다. 사랑 그 자체이신 하나님을 소망하는 것이다.

더 이상의 헛된 바람도 없다. 내가 멋있게 믿음으로 승리하고픈 소망도 아니다. 그저 주님만 바라고 주님만 소망하고 주님만 계시면 만족하는 자가 되는 것이다. 스스로는 아무것도 할 수 없어서 오직 주님으로부터 오는 것을 바라고 소망할 수밖에 없는 자, 전적으로 하나님의 손에 의탁된 자가 진정 하나님의 사랑을 깨달아 알게 된 자이다. 하나님의 사랑은 스스로 의로워질 수 없는 불가능한 우리의 유일한 소망이 되신다. 무조건적인 하나님의 사랑이 이루어낸 십자가로 말미암아 우리는 값없이 의롭다 하심을 얻게 된 것이다.

"그리스도 예수 안에 있는 속량으로 말미암아 하나님의 은혜로 값없이 의롭다 하심을 얻은 자 되었느니라"(롬 3:24).

우리가 말하기 전, 우리가 필요하다고 느끼기 전에 이미 우리를 사랑하신 하나님께서 우리가 살 수 있는 모든 길을 열어놓으셨다. 하나님의 은혜가 있는데 어찌 우리에게 절망이 끝일 수 있겠는가? 이제는 어떤 방법이나 수단으로 하나님의 거룩하신 의에 도달하려는 헛된 노력을 멈추자. 우리에게 이미 완전한 복음 안에서 마음껏 누릴 수 있는 모든 것을 준비해놓으신 하나님을 소망하자. 그분을 바라고 더욱 바라면 완전하신 능력으로 우리를 책임져주신다. 의심할 것도 불안해할 것도 없는 완전한 그분의 손길에 우리를 내어 맡기자.

주님을 소망하는 자, 주님께 자신의 모든 소망을 둔 자들은 하나님 곁에서 떨어질 수가 없다. 어떤 모욕과 수모를 겪는다 해도 수단과 방법을 가리지 않고 그분에게 붙어 있으려 할 것이다. 왜냐하면 그분과 떨어지는 순간 모든 소망이 끝나고 죽음이기 때문이다.

무모할 정도의 간절함으로

하나님의 사랑을 경험한 우리의 소망이 나타내는 두드러지는 현상이 있는데 그것은 하나님을 향한 간절함이다. 이 간절함은 담대하게 보일 때도 있고 때로는 무모해 보일 때도 있다. 그러나 그것은 사람에게 보이고자 함이 아니라 하나님을 향한 간절함이기에 사람들의 평가나 시선에 매이지 않는다. 많은 믿음의 선진들이 공통적으로 가진 특징이 있다. 그들은 우리에게 부담스러울 정도로 급진적이며 극단적인 삶을 살았다. 이 삶은 그들이 특별하다는 것을 증명해주는 것이 아니다. 특별하게 공개된 몇몇 사람들만 해당되는 것도 아니다.

쇠사슬은 여러 개의 작은 사슬을 이어서 만든다. 각각의 사슬은 어떤 크기와 길이를 갖고 있든 사슬의 가장 약한 고리의 힘밖에는 낼 수가 없다. 전체 사슬이 아무리 두꺼워 보여도 가장 약한 부분을 담당하는 고리의 힘 이상이 가해지면 끊어지고 만다.

사람과 사람의 관계도 마치 이 사슬과 같다. 한쪽에서 놓치지 않는 견고함으로 붙들고 있어도 연결된 한쪽이 그 붙드는 다른 쪽 사슬을 동일하게 견고히 붙잡지 않으면 그 사슬은 끊어지게 되어 있다. 하나님께서는 우리와 관계를 맺고 싶어 하신다. 그냥 질질 끌고 가기를 원하시는 분이 아니시다. 하나님께서 하나님의 강하신 손으로 붙드신다 하더라도 우리 편에서 동일하게 간절한 마음으로 하나님을 붙들어야 한다. 당신은 하나님과 끊어지면 죽는다는 간절함으로 하나님께 붙어 있으려 하는가?

어떤 이들은 "꼭 그렇게 해야만 믿음이냐" "너무 과해도 좋지 않다"며 비난하기도 한다. 그렇게 살아갔던 믿음의 선진들은 꼭 이렇게 살아야 믿음이라고 말하지 않았다. 믿음의 선진들의 삶 속에서 드러난 공통적인 특징은 극단적인 삶의 한복판에 꼭 제 발로 걸어들어간다는 점이다. 정말 그들이 남들보다 특출나서 그렇게 살았던 것인가? 아니면 다른 사람보다 의지가 강했기 때문인가? 왜, 무엇이 그들을 그런 삶으로 걸어가게 했는가. 그들은 사람의 손이나 도움을 바라지 아니하고 오직 하나님을 경험할 수 있는 자리로 자신을 내어던졌다. 그들은 살아 계신 하나님이 자신과 함께하심에 대한 확신이 없으면 견딜 수 없는, 오직 하나님께만 소망을 둔 자들이었기 때문이다. 세상의 단맛에 눌러앉아 있고 싶은 마음에서 나오는 변명이나 하고 있는 사람은 결코 흉내도, 모양도 낼 수 없는 삶이다.

그 어디든 주와 동행하는 자리에

선교 역사의 한 획을 그었던 '중국내륙선교회'(CIM, 현재의 OMF) 창시자인 허드슨 테일러 역시 사람에게 후원 요청을 하지 않고 오직 하나님의 공급하심만 바라는 믿음으로 선교를 했다. 후원을 받는 것이 잘못된 것이 아니라 자기 자신이 너무 연약해서 사람 주머니를 쳐다볼까 봐 오직 하나님을 경험할 수 있는 자리로 자신을 내던졌던 것이다. 혹자는 그에 대해 이렇게 말한다.

"그는 무엇보다도 하나님의 약속을 체험으로 시험하는 믿음의 사람이었다."

에콰도르 원주민에게 복음을 전하러 갔다가 원주민의 창에 찔려 순교한 짐 엘리어트 선교사가 자신의 일기장에 남긴 유명한 말이 있다.

"영원한 것을 얻기 위해 영원하지 않는 것을 버리는 자는 결코 어리석은 자가 아니다."

그는 명문 휘튼대학을 수석으로 졸업했다. 그러나 그의 고백대로 그는 이 세상에 없어질 명예 따위에 인생을 탕진하지 않았다. 그로 하여금 탄탄대로를 걷어차버리고 아무도 알아주지 않지만 묵묵히 영원한 생명의 길로 걸어가게 한 것 그리고 자신을 죽이려고 창을 들고 달려드는 아우카족(와오다니족)을 향해 자신의 생명을 내어던지게 만든 것은 그의 의지가 아니다. 자신을 사로잡은 하나님의 간절한 사랑 때문이었다. 그를 포함한 다섯 명의 순교 소식이 전해지자 미국의 언론들은 '이 무슨 낭비인가'(What a waste!)라며 전도유망한 청년들의 죽음을 허망한 죽음으로 비하해버렸다. 그들의 극단적인 삶을 아무도 이해하지 못했다. 그러나 그들의 삶을 아는 가족들은 개의치 않았다. 그들이 바라는 것은 세상의 좋은 평판이나 인정 따위가 아님을 알고 있었기 때문이다.

감리교 창시자 존 웨슬리는 당시 영국 사회에서 이단으로 몰리거나 온갖 부당한 고소를 당하였고 그를 반대하는 책과 전단들이 나돌았을 정도로 핍박을 받았다. 그러던 어느 날 말을 타고 가는 중에 지난 며칠 동안 아무런 핍박도 없이 평온하게 지내고 있는 자신을 발견하고는 말에서 내려 혹시 하나님과 멀어져 주님과 함께 고난을 받지 않는 것인지 무릎을 꿇고 기도했다고 한다.

그들도 우리와 같은 사람이다. 어떻게 고난이 좋을 수 있겠는가? 가난과 궁핍을 좋아하는 사람이 누가 있겠는가? 병들고 외로운 것을 좋아하는 사람이 어디 있겠는가? 그럼에도 그들을 그런 자리 한가운데로 나아갈 수 있게 했던 것은 그들의 특별한 무엇 때문이 아니었다.

"세상이 너희를 미워하면 너희보다 먼저 나를 미워한 줄을 알라 너희가 세상에 속하였으면 세상이 자기의 것을 사랑할 것이나 너희는 세상에 속한 자가 아니요 도리어 내가 너희를 세상에서 택하였기 때문에 세상이 너희를 미워하느니라 내가 너희에게 종이 주인보다 더 크지 못하다 한 말을 기억하라 사람들이 나를 박해하였은즉 너희도 박해할 것이요 내 말을 지켰은즉 너희 말도 지킬 것이라"(요 15:18-20).

말씀하신 것처럼 세상이 하나님을 미워하듯이 살아 계신 하나님과 동행하는 자신도 동일하게 미움을 받을 것이 뻔했다. 그러나 세상으로부터 미움을 받는 그 자리가 하나님과 동행하는 가장 확실한 자리였기 때문에 그들은 나아갈 수밖에 없었다. 설령 육체의 죽음을 요구한다 하더라도.

나는 〈주와 함께라면〉이라는 찬양을 굉장히 좋아한다.

주와 함께라면 가난해도 좋아
참된 부요함이 내 맘에 가득하니까
주와 함께라면 병들어도 좋아
참된 강건함이 내 맘에 가득하니까
내 맘 아시는 주 항상 함께 계셔
약한 내 영혼에 위로와 능력 주시네.

처음에는 가난해도 좋다는 말과 병들어도 좋다는 말에는 전혀 동의가 되지 않고 은혜가 되지 않았다.

'이 찬양을 작사한 사람은 정말 가난한 것도, 병든 것도 좋은가?'

그런데 어느 날 찬양 인도를 위해 찬양을 선곡하던 중 이 곡을 보는데 문득 깨달아지는 것이 있었다.

수많은 증인들이 가난한 것과 병드는 것이 좋아서 그 길을 갔겠는가? 그들은 병드는 것과 가난한 게 좋은 것이 아니라 주님과 함께여서 좋았던 것이다. 그곳이 지독히 가난한 자리여도, 병이 드는 자리여도 상관없다는 고백이었다. 그런 고백이라면 나도 할 수 있겠다는 마음이 들었다.

나는 겁도 많고 사람들의 눈치도 많이 본다. 그래서 섣불리 나서지 못하는 성격이다. 그런 내가 어떻게 선교사의 삶을 살 수 있는지 고민했다.

'재정적인 후원을 전혀 받지 않고 엘리야에게 까마귀로 먹이시는 하나님을 믿고 기다릴 수 있는가?'

'아무런 대책도 없이 오직 말씀하셨기 때문이라는 이유로 미전도 종족이나 박해가 있는 지역에 갈 수 있을까?'

'내가 사랑하는 주님이 그곳에 계시다면 다른 것 계산하지 않고 그곳에 있을 수 있을까?'

늘 의문이었다. 그런데 이 찬양의 가사를 묵상하던 중 의문이 바뀌었다. 용기가 없고 의지가 박약해도 진정 주님과 함께하고픈 소망이 있는지, 주님과 떨어지면 죽을 것 같은 간절함이 있는지를 되돌아보게 되었다. 당신에게도 묻고 싶다.

"당신은 주님과 함께하고픈 소망이 있는가?"

07

소망에서 온전한 믿음으로 ;

간절한 자에게 주시는 선물

간절함은 담대함이다

소망이 가진 특징은 간절함이다.

"그러므로 우리는 긍휼하심을 받고 때를 따라 돕는 은혜를 얻기 위하여 은혜의 보좌 앞에 담대히 나아갈 것이니라"(히 4:16).

이 말씀의 앞 구절인 히브리서 4장 12-15절에서는 하나님의 말씀은 좌우에 날이 선 살아 있는 말씀이기에 사람의 마음과 뜻을 판단하고, 말씀 앞에서 모든 만물이 벌거벗은 듯이 드러나게 될 것이기 때문에 숨길 것이 없는 무서운 심판의 날이 될 것이지만, 우리가 믿는 도리이시며 우리가 받는 시험을 받으셔서 우리의 연약함을 동정하실 수 있는 예수 그리스도를 붙들라고 말한다. 그리고 나서 긍휼하심을 받고 돕는 은혜를 얻기 위해 은혜의 보좌 앞에 담대히 나아간다고 한다. 도무지 이해가 되지 않았다.

'어떻게 도움을 요청하러 가는데 담대하게, 마치 받아야 할 것을 받는 것처럼 나아간단 말인가?'

그러나 얼마 가지 않아 묵상 중에 깨닫게 되었다. 살아 계시고 예리한 하나님의 말씀 앞에서 밝히 드러난 나 자신은 아무것도 아니며 선한 것이 나올 수 없는 존재인 것이다. 즉 말씀의 빛(진리의 빛) 앞에서 자신이 스스로는 정결할 수 없는, 도움이 필요한 존재임을 깨닫게 된다는 것이다. 그리고 이 무시무시한 심판 앞에서 건져내어 도움을 주실 분이 하나님밖에 없다는 확신을 갖는 것이다.

'말씀 앞에서 스스로는 안 된다는 결론'과 '자신을 도와줄 이가 하나님밖에 없다는 결론' 이 두 가지가 만나면 아주 확고한 의지를 만들어내게 되고, 그 의지는 간절해진다. 그리고 그 간절함은 담대함이라는 옷을 입고 자신을 도와줄 유일하신 하나님의 은혜의 보좌 앞에 나아가게 한다. 히브리서 4장에서 나온 담대함을 간절함으로 묵상하였더니 이해가 되었다.

절박한 상황에 처한 사람은 간절한 소망을 가지게 된다. 이 절박한 간절함이 담대함이라는 옷을 입게 되면 어떤 수치나 부끄러움, 비판도 두려워하지 않는다. 유일하게 자신을 도와줄 이로부터 거절당하면 끝이기에 죽자 살자 매달리는 것이다. 여기서 소심하게 앉아 있다가는 큰일난다. 아쉬운 편은 우리고, 이것저것 잴 때가 아니다. 다소 뻔뻔해 보일 수도 있겠지만 도움을 받아야 살기 때문에 돕는 은혜를 구하러 담대히(간절히) 나아가야 하는 것이다.

하나님은 매우 현실적인 분이시다. 현실 가운데서 믿음을 지키며 살아가려 할 때 무슨 일이 일어날지, 어떤 공격을 받을지 다 알고 계신다. 그럼에도 혼자서는 실행 불가능한 지침서(성경)를 남겨놓으셨다. 이것은 무슨 의미인가? 유일하게 도와주실 이(하나님) 앞에 나아오라는 것이다. 나의 의지로 싸워 이기는 것이 아니라 나의 의지를 하나님 앞에 드리면 그분께서 나의 의지를 들어서 완전한 믿음의 삶 가운데로 이끄시겠다는 것이다.

"그가 무식하고 미혹된 자를 능히 용납할 수 있는 것은 자기도 연약에 휩싸여 있음이라"(히 5:2).

예수님께서도 연약한 육체 가운데 계셔 보셨기에 누구보다 우리를 이해하실 수 있다. 그분께 도움을 구하라. 간절함으로 나아가라. 우리가 그분 앞에 설 자격이 없는 것같이 느껴질 때야말로 그분 앞에 나아가 도움을 청할 때이다. 우리가 이러한 절박한 간절함으로 주님의 도우심을 구하며 나아갈 때 성령 하나님께서 주신 선물이 바로 믿음이다.

"너희는 그 은혜에 의하여 믿음으로 말미암아 구원을 받았으니 이것은 너희에게서 난 것이 아니요 하나님의 선물이라 행위에서 난 것이 아니니 이는 누구든지 자랑하지 못하게 함이라"(엡 2:8,9).

믿음이 우리에게서 난 것이 아니라 성령 하나님께서 주신 선물이라면, 믿음은 내가 믿고자 노력해서 굳건해지는 게 아니라 그냥 믿어지는 것이다. 아는 만큼 믿어지는 것이다.

주님밖에 없다는 결론을 얻고, 도피성을 찾아 뛰어가듯 주님 앞에 간절히 나아간 자들을 주님은 지키신다. 그리고 그들에게 하나님의 살아 계심을 나타내시며 믿음을 주신다. 주님께서는 주의 날개 그늘 아래로 피하러 온 자를 그냥 돌려보내서 부끄러움을 당하도록 내버려두지 않으신다.

"성경에 이르되 누구든지 그를 믿는 자는 부끄러움을 당하지 아니하리라 하니"(롬 10:11).

선물로 주신 믿음은 내가 붙들고 지키려고 애쓰는 것이 아니라 주신 주님께서 친히 지키시고 이루시는 것이다. 우리가 할 것은 가만히 서서 그분을 바라보는 것밖에 없다.

"주께서 너희를 우리 주 예수 그리스도의 날에 책망할 것이 없는 자로 끝까지 견고하게 하시리라"(고전 1:8).

"이로 말미암아 내가 또 이 고난을 받되 부끄러워하지 아니함은 내가 믿는 자를 내가 알고 또한 내가 의탁한 것을 그날까지 그가 능히 지키실 줄을 확신함이라"(딤후 1:12).

"모든 은혜의 하나님 곧 그리스도 안에서 너희를 부르사 자기의 영원한 영광에 들어가게 하신 이가 잠깐 고난을 당한 너희를 친히 온전하게 하시며 굳건하게 하시며 강하게 하시며 터를 견고하게 하시리라"(벧전 5:10).

믿음이 하나님으로부터 온 선물이라면 그 누구도 '믿음이 좋다'는 것으로, 행위가 좋게 드러나는 것으로 자랑하거나 우쭐댈 수 없다. 은혜로 주신 하나님만이 드러나는 것이다. 하나님으로부터 온 모든 것이 완전하다. 그렇기에 이 믿음을 받은 모든 자의 믿음은 보기에는 연약해 보여도 그 믿음은 가장 완전한 것이다. 누구도 이 사실을 판단할 수 없다.

믿음은 존재할 뿐이다

많은 사람들이 예수님을 구주로 영접한 이후에 가장 관심을 두는 영역이 바로 성장, 성숙, 성화이다.

《헬렌 로즈비어의 살아 있는 믿음》은 내가 믿음의 고민을 할 때 큰 깨달음을 주었던 책이다. 책을 거의 다 읽어 내려갈 때쯤 말미에 이런 글귀가 있었다.

"그러나 믿음이라는 사실 자체는 성장하지 않는다. 믿음은 존재하는 것이다."

단 한 문장인데 무언가 굉장한 내용이 함축되어 있다는 생각이 들었다. 또한 책 제목과 모순을 일으키는 말이라고 생각했다. '살아 있는 믿음'에서 알 수 있듯이 '살아 있다'는 것은 생명을 가지고 있는 것이다. 그리고 생명의 자연스러운 반응은 '자라남'과 '성장'이다. 만약 자라지 않는다면 그 생명은 장애가 있거나 온전하지 못한 것이다. 가만히 그 문장에 머물러 있으며 깨닫게 해주시기를 주님께 구했다. 이 책을 통해 헬렌 로즈비어가 말하고자 하는 것이 무엇이었는지 되짚어 보았다. 그러자 '믿음은 성장하지 않는다'라는 말의 의미는 믿음의 본질(本質)을 의미하는 것임을 알게 되었다.

우리가 '믿음이 좋다' '강한 믿음' '약한 믿음'이라고 말할 때의 믿음은 본질을 다루는 것이 아니라 사람과 사람 사이에서 보여지는 믿음의 결과로서 상대적인 행위로 맺은 열매의 모습일 뿐이다. 쉽게 말하자면 5세 어린이는 20세 청년에 비해 상대적으로 '연약하다, 어리다, 부족하다'라고 표현할 수 있다. 그렇다면 5세 어린이의 생명이 불완전한 것인가? 결코 그렇지 않다. 5세 어린아이로서의 생명은 완전하

다. 또 60대 할아버지가 가진 인생의 노련함을 20대 청년이 갖고 있
지 못하다고 해서 청년의 생명 자체가 불완전한 것이 아니다. 20세
청년으로서 생명의 완전함을 가지고 있는 것이다.

이와 같이 믿음이 있고 없음을 행위의 열매로 판단하는 것은 아주
위험하다. 믿은 지 얼마 되지 않았으면 그의 믿음은 불완전한 것인
가? 어느 수준까지 이르러야 제대로 된 믿음이며 구원에 이를 수 있
는 믿음인가? 믿음은 존재한다. 단지 믿었느냐, 믿지 않았느냐로 분
별할 뿐이다. '강하다' 혹은 '약하다'는 농도적인 표현은 옳지 않다.
그러나 성경에도 이러한 표현들이 있다.

"믿음이 연약한 자를 너희가 받되 그의 의견을 비판하지 말라 어떤
사람은 모든 것을 먹을 만한 믿음이 있고 믿음이 연약한 자는 채소
만 먹느니라"(롬 14:1,2).

여기서 '믿음이 연약하다'는 말은 믿음을 삶에 적용하는 범위가 넓
은 자와 상대적으로 놓고 보아 표현한 말이지 먹지 못한 자의 믿음
이 불완전하다는 뜻은 아니다. 그래서 판단하거나 비판하지 말라는
것이다. 처음 믿은 자가 어떻게 10년 믿은 자만큼 믿음의 삶에 익숙
할 수 있겠는가? 그러나 그가 살아 계신 하나님을 알아갈수록 하나
님께서 그의 심령 안에 두신 완전한 믿음은 믿음을 쓰는 삶의 영역을
넓혀갈 것이다.

"이럴 때도 믿는 거지."

"이때도 믿음뿐이지."

그렇게 우리의 완전한 믿음은 우리 삶의 모든 영역에서 확장되는
것이다.

따라서 어릴 때 하나님께서 살아 계시다는 사실을 믿었던 아주 기초적인 것처럼 보이는 믿음과 극한 상황이나 죽음 앞에서도 예수를 주라 시인하는 극단적인 믿음은 질(質)적으로 전혀 다르지 않다. 단지 적용하는 범위의 차이일 뿐이다.

그렇다면 이제 성경에 예수님께서 어떤 자에게 믿음이 있다고 하셨는지 살펴보자. 예수님께서 직접 믿음이 있다고 말씀하셨다면 가장 확실한 것 아닌가? 예수님께서 믿음 있는 자라고 한 사람들을 보면 앞서 다뤘던 믿음에 대한 영역들을 이해할 수 있을 것이다.

믿음의 원리를 알려주시다

마가복음 10장에서 예수님께 믿음 있는 자라 칭함을 받은 자는 디매오의 아들인 맹인 거지 바디매오이다. 그는 자신의 형편으로나 인간의 어떤 능력으로도 나음을 받을 가능성이 전혀 없었다. 바디매오 스스로도 알고 있었을 것이다. 그러나 소문으로 들은 예수 그리스도가 자신을 이 지긋지긋한 어둠에서 빛으로 인도해줄 수 있을 것이라는 일말의 소망이 있었다. 그의 소망은 어둠 가운데서 자포자기하고 있던 그의 의지를 움직이게 했다. 그는 허다한 군중들 사이로 여리고를 나가시는 예수님을 향해 간절히 부르짖었다.

많은 사람들이 비난하고 손가락질하며 조용히 하라고 꾸짖었지만 그는 멈출 수 없었다. 왜냐하면 그에게 예수님은 자신을 이 어둠 가운데서 해방시켜줄 수 있는 유일한 소망이었기 때문이었다. 그의 간절함을 어느 누구도 말릴 수 없었다. 그는 더욱 크게 소리 지르며 불쌍히 여겨주실 것을 간구했다. 예수님께서 멈춰 서시고는 그를 부르신다. 그리고 그를 평생 붙들고 있던 어둠 가운데서 놓아주시며 "네 믿음이 너를 구원했다"라고 말씀하신다.

누가복음 8장에서 예수님께 믿음 있는 자라 칭함을 받은 자는 열두 해 동안 혈루병을 앓는 여인이었다. 그녀는 혈루병을 고치기 위해 수단과 방법을 가리지 않았으나 결국 고침 받지 못했다. 이 부정한 병으로부터 나음을 받을 가능성이 전혀 없음을 스스로도 알고 있었다. 그리고 다른 일로 지나가시는 예수님을 보게 되고 그녀의 마음 안에 '옷자락만 만져도…'라는 일말의 소망이 생겼다. 무리가 밀려드는 그 틈을 비집고 들어가 예수님 뒤에서 조용히 예수님의 옷자락에 손을 대었다. 그러자 즉시 고침을 받았다.

자신에게서 능력이 나간 줄 아신 예수님께서는 자신의 옷자락에 손을 댄 자를 찾으셨다. 예수님께서 자신의 옷에 손을 댄 자가 누군지 모르셨겠는가? 그러나 예수님은 공개적으로 그녀를 찾으셨다. 그리고 그녀를 자기 앞에 불러 세우셨다. 그녀가 직접 나아와 예수님 앞에 서기를 원하셨던 것이다. 그녀가 예수님 앞에 엎드리며 나아왔을 때 예수님께서는 그녀에게 "딸아, 네 믿음이 너를 구원했다. 평안히 가라"고 말씀하신다.

"예수께서 이르시되 딸아 네 믿음이 너를 구원하였으니 평안히 가라 하시더라"(눅 8:48).

그냥 보내실 수도 있었다. 그런데 예수님께서는 직접 진단하시며 그녀를 보내주신다. 그녀에게 믿음의 원리를 알려주시기 위함이었다.

누가복음 17장에서 예수님께 믿음이 있다고 칭함을 받은 자는 나병을 고침받은 열 명 중 한 사람이었다. 열 명의 나병환자 역시 세상으로부터 부정한 자로 낙인 찍혀 저주받은 삶을 살아가는 자들이었다. 그들 역시 간절한 소망을 가지고 예수님께로 나아왔다. 예수님께서는 열 명 모두 낫게 해주시고는 제사장에게 가서 깨끗해진 몸을 보이라고 하셨다. 그런데 예수님께서 고쳐주시고는 열 명 모두가 아니라 이후 예수님 앞에 다시 나아온 한 명에게 "네 믿음이 너를 구원했다"라고 말씀하셨다.

이것은 믿음으로 구원을 얻는 것이 단지 병 고침을 받는 것이 아님을 말씀하시는 것이다. 그들에게 진정한 믿음의 원리를 말씀하시기 위함이다.

극찬받은 믿음

믿음에 대하여 예수님께 극찬을 받은 두 명의 인물이 있다. 예수님께서 사복음서에서 이렇게 믿음을 칭찬하신 이가 별로 없다. 그들은 다름 아닌 이방인이었다.

첫 번째 인물은 마태복음 15장과 마가복음 7장에 나오는 가나안 수로보니게 여인이다.

이 여자의 딸이 귀신들려 고통받고 있었다. 자신의 목숨보다 소중한 딸이 고통스러워하는 모습을 보는 어미의 마음이 어떠했겠는가? 찢어지는 아픔을 안고 살던 이 모녀는 예수님을 알게 된다. 그러나 이스라엘이 기다리던 메시아라던 예수님께 이방인인 그녀는 결코 나아갈 수 없는 존재였다. 그녀 스스로도 알고 있었다. 그러나 그녀의 간절한 소망은 예수님 앞으로 나아가게 했다. 그녀는 소리 질러 예수님을 불렀다(22절). 그런데 예수님답지 않게 그녀를 모질게 대하신다.

"대답하여 이르시되 자녀의 떡을 취하여 개들에게 던짐이 마땅하지 아니하니라"(마 15:26).

자녀의 떡을 개에게 던짐이 마땅치 않다니, 이 무슨 말씀인가? 정말 예수님이 맞으신지 의심이 될 정도다. 가나안 여인에게 '개'라는 표현을 쓰셨다. 더 놀라운 건 가나안 여인의 반응이다. 보통 사람이 이쯤 되면 '아무리 그래도 사람을 개라고 취급하는 분에게서 무엇이 더 나오겠느냐' 하며 기분 상해 돌아갔을 법한데 그녀는 더 간절히 예수님 앞에 엎드린다. 얼마나 간절히 매달렸는지가 그녀의 고백 속에 묻어 있다.

"개들도 제 주인의 상에서 떨어지는 부스러기를 먹나이다"(마 15:27).

그녀는 자신이 어떤 취급을 받아도 상관없었다. 오직 예수님만이 유일한 소망이었기 때문이다. 여기까지 보신 예수님께서는 그녀의 믿음을 크게 칭찬하신다.

"이에 예수께서 대답하여 이르시되 여자여 네 믿음이 크도다 네 소원대로 되리라 하시니 그때로부터 그의 딸이 나으니라"(마 15:28).

두 번째 인물은 누가복음 7장과 마태복음 8장, 요한복음 4장에 나오는 백부장이다. 그도 역시 이방인이었다. 성경에 구체적으로 나오지 않지만 그의 인격이 굉장히 성숙하다는 것을 미루어 짐작할 수 있는 것은 자신의 종이 병이 들었는데 친히 나서서 애를 쓴다는 것과 유대인의 장로들이 예수님께 찾아와 부탁을 하는 장면에서 그가 이스라엘 민족을 사랑했다고 말한 부분이다. 권력 때문인지 정확하게 알 수는 없으나 거기까지의 표현으로 보아 그의 성품은 인자하고 이스라엘 민족을 인격적으로 대했다고 볼 수 있다. 또 병을 낫게 하기 위해 자신이 아닌 유대의 장로들에게 부탁해 찾아갔다. 마치 불러오는 것같이 보일 수 있으나, 그는 자신이 예수님 앞에 설 수도 없는 존재임을 알고 있었고 자신을 이방인으로 취급하며 이미 처음부터 집에 모시고자 함이 아니라 멀찌감치 떨어진 곳에서 말씀만 하셔도 병이 나을 수 있을 것이란 확신을 가지고 있었다.

당시 절대 권력을 행사하던 로마 장교의 모습이라고는 믿어지지 않을 정도이다. 그는 간절했다. 자신의 명예, 자신을 나타낼 수 있는 직위, 직분 따위는 안중에 없었다. 다른 병들고 가난한 자들과 다름없는 태도로 예수님 앞에 선 것이다. 그의 태도를 보신 예수님께서는 놀라시며 그의 믿음을 극찬하셨다.

"예수께서 들으시고 그를 놀랍게 여겨 돌이키사 따르는 무리에게 이르시되 내가 너희에게 이르노니 이스라엘 중에서도 이만한 믿음은 만나보지 못하였노라 하시더라"(눅 7:9).

예수님께서 믿음이 있다고 지칭하신 자들은 믿음으로 살고자 율법을 지키거나 애를 쓰거나 의로워지려고 했던 자들이 아니다. 단지 소망 없는 자들이었다. 그리고 오직 유일한 소망이 예수님이라 생각하고 찾아온 이들이었다.

이들의 공통적인 특징은 스스로는 결코 헤어나올 수 없는 문제 앞에 직면해 있었다는 것이다. 그 문제에서 벗어나고자 수단과 방법을 가리지 않았지만 자신의 능력 밖의 일이기에 아무것도 할 수 없었다. 다만 간절히 소망했다. 그 간절한 소망이 예수님 앞으로 나아갈 수 있는 담대함을 가지게 했고 누가 뭐라 하든 상관없이 예수님 앞으로 나아갔다. 그리고 도움을 구했다. 자신의 직분과 형편, 처지를 모두 내려놓고 예수님 앞에서는 단지 도움을 받아야 하는 존재로서 나아갔던 것이다. 백부장처럼 당당한 스펙을 가졌다 하더라도 예수님 앞에서는 도움을 받아야 할 존재 그 이상도 이하도 아니다.

또한 자기가 생각하기에도 예수님께 나아갈 자격이 되지 않는다. 나아가지 않고 숨어 있어도 안 된다. 그런 자는 예수님께서 혈루병 걸렸던 여인처럼 불러내신다. 예수님 앞에 나와야 하는 것이다. 그렇게 나아온 이에게 주시는 것이 바로 믿음이라는 선물이다.

"네 믿음이 너를 구원했다."

또 예수님께서 모질게 '개'라고 표현하시면서 자녀들이 먹을 상에 함께 참여할 수 있는 존재가 아님을 말씀하신 것은 모든 자들이 자신의 존재가 아무것도 아님을 인정할 수밖에 없도록 하시기 위함이었다. 자신의 존재를 알게 된 자들이 하나님의 상에 함께 참여하게 되면 이것은 자신의 노력도 아니요, 최선도 아닌 오직 하나님의 은혜로 된 것임을 알 수 있기 때문이었다.

목적은 주님 앞에 나아가는 것이다

정말 믿음 있는 자는 율법의 조문을 다 지키고 온전히 행하거나 또는 피 터지게 노력해서 자신을 도와줄 메시아가 필요 없는 자일까? 아니면 늘 율법 앞에서 자신의 죄 됨밖에는 볼 수 없어서 예수님 앞에서 "나는 죄인이로소이다" 하며 엎드려 간절히 그분의 도우심만을 바라는 자일까? 언제까지 율법의 행위로 의로운 모습이 나타날 때까지 당신의 믿음의 걸음을 보류하겠는가?

하나님께서는 우리가 믿었다고 해서 우리가 갖고 있는 연약함을 거두어가지 않으신다. 또한 이전에 없던 연약함이 생기는 것을 막지 않으신다. 왜일까? 우리가 믿었다면 점점 더 그리스도의 모습으로 성화되어야 하는 것이 아닌가? 그런데 우리는 또 다른 연약함 앞에 부딪힌다. 나이가 들수록 성품이 완전해지는 것이 아니라 오히려 더 연약해지고 비겁해지며 치사해진다. 이런 것이 우리의 모습인데 어떻게 우리의 믿음은 자라가는 것인가? 또 믿음 따로 자라고, 인생과 삶 따로 자라는 것인가? 결코 아니다.

우리의 육체는 날로 쇠하고 더욱 연약해질 것이다. 그러나 우리의 믿음은 그럴수록 더욱더 예수님 앞에 나아가게 할 것이다. 성숙한 믿음을 가진 자는 모든 영역에서 이상적인 선택과 결단을 하며 율법적인 기준으로 보아 흠이 없어 보일 만큼 완벽한 자가 아니다. 오히려 두려움과 연약함 때문에 이상적인 선택과 결단을 하지 못해 익숙하게 자신을 도우실 예수님을 찾고 그 앞에 나아가는 자이다.

그러므로 성화는 우리의 육체를 갈고닦는 것이 아니라 더욱 익숙하게 예수님을 찾고 그 앞에 나아가 도우심을 구하는 것이다. 지금은 뻣뻣해서 그래도 내가 좀 이 어려움을 뛰어넘어보겠다고 발버둥치고 결국 부딪힐 것에 부딪혀 하나님 앞에 "아, 역시 안 되네요"라고 하지만, 시간이 지나면 지날수록 부딪히면 부딪힐수록 더 익숙하게 주님을 찾는 것이다. 그러다 더 이상 내가 무엇을 하려는 노력을 하기 전에 무슨 일만 생기면 무릎부터 꿇는 사람, 주님의 도우심을 매순간 바라보고 의지하는 사람, 일상에서 익숙하게 주님을 찾는 사람. 이런 사람이야말로 믿음에 합당한 삶을 사는 성숙한 믿음의 사람이라 생각한다.

그렇기에 우리는 완벽한 모습이든지 부족하고 연약한 모습이든지 보이는 모습으로 스스로의 믿음과 타인의 믿음을 비교하거나 판단할 필요가 없다. 우리의 믿음은 연약함이든 강함이든 이후 예수님 앞에 도우심을 구하며 엎드렸는지와 그에게 예수님께서 어떻게 말씀하시는지로 판명될 것이기 때문이다. 그러나 오해하지는 말라. 이 영역을 나눔으로 인해 우리의 연약함을 합리화시킬 생각은 없다. 연약함에 머물러 있어서는 안 된다. 연약함을 정당화하자는 것이 아니라 주님 앞에 나아가고자 함이 목적임을 잊지 말아야 한다.

"그런즉 우리가 무슨 말을 하리요 은혜를 더하게 하려고 죄에 거하겠느냐 그럴 수 없느니라 죄에 대하여 죽은 우리가 어찌 그 가운데 더 살리요"(롬 6:1,2).

이 말씀처럼 예수님 앞에 나아가는 자는 결코 주님 앞에 나아가지 못하게 하는 연약함 앞에 머물러 있지 않는다. 이것이 예수님께서 말씀하신 온전한 믿음이며, 예수님을 간절히 소망하고 그 앞에 나아간 자들이 예수님으로부터 받은 선물인 온전한 믿음인 것이다.

아버지께서 내게 해주신 말씀 중에 이 진리를 누리는 삶에 있어서 큰 충격을 주신 말씀이 있었다. 여전히 변하지 않는 생각의 패턴, 즉 "믿음으로 해보려고 하는데 안 된다, 나는 연약한 거 안다, 절망이다" 이 똑같은 레퍼토리에서 벗어나지 못하고 계속 넘어질 때 이렇게 말씀하셨다.

"존재적으로 한 번 절망한 사람은 두 번 다시 절망하지 않는다. 왜냐하면 새롭게 나타난 연약함이든 이전에 갖고 있던 연약함이든 내게 연약함이 있다는 것은 전혀 새로운 주제가 아니기 때문이다."

무릎을 탁 치며 깨달았다. 내가 제정신이든 남의 정신이든 "나는 절망이다. 죽었다"라고 한 고백 속에는 이전에 드러나지 않고 지금에서야 드러나게 된 연약함도 포함되어 있었던 것이다. 나의 연약함은 전혀 새로울 것이 없다. 그러니 충격받을 것도, 낙심할 것도 없다. 드러날 것이 드러났을 뿐이다. 오히려 그때에 또다시 주님 앞에 엎드리면 되는 것이었다.

"제 연약함이 또 드러났습니다. 이 영역에도 주님이 필요합니다."

만약 절망을 하고도 이후에 자신에게 드러난 연약함에 또 낙심했다면 어쩌면 여전히 내게 나올 선한 무엇인가를 기대하는 것인지도 모른다. 더 이상의 절망은 없다. 왜냐하면 내가 절망이기에 예수 그리스도가 소망이 되기 때문이다. 그래서 우리의 약함을 자랑할 수 있다. 약함이 잘했다는 것이 아니라, 그 약함으로 하나님의 강하심이 드러나기 때문이다.

"나에게 이르시기를 내 은혜가 네게 족하도다 이는 내 능력이 약한 데서 온전하여짐이라 하신지라 그러므로 도리어 크게 기뻐함으로 나의 여러 약한 것들에 대하여 자랑하리니 이는 그리스도의 능력이 내게 머물게 하려 함이라"(고후 12:9).

08

온전한 믿음으로 누리는 율법

온전한 믿음을 소유한 자

온전한 믿음만이 하나님께서 우리에게 은혜로 주신 십자가의 복음을 누릴 수 있게 한다. 온전한 믿음을 가진 자는 어떻게 살아가는가? 무엇을 붙들고 살아가는가? 온전한 믿음이기에 율법도 무시하고 원하는 대로 살아가는가? 결코 그렇지 않다.

하나님은 질서의 하나님이시다. 하나님께서 세우신 질서 안에서 우리가 복음을 누리게 하신다. 이 온전한 믿음 가운데서 살아가는 우리는 하나님께서 정해놓으신 질서 안에서 살아가는 것이다. 그리고 우리는 이 온전한 믿음으로 또다시 율법 앞에 서게 된다. 다만 전과 다른 것은 예전에 율법 조문을 지키려 했다면 온전한 믿음은 율법의 본질을 지킨다. 율법의 본질이 무엇인가?

"선생님 율법 중에서 어느 계명이 크니이까 예수께서 이르시되 네 마음을 다하고 목숨을 다하고 뜻을 다하여 주 너의 하나님을 사랑하라 하셨으니 이것이 크고 첫째 되는 계명이요 둘째도 그와 같으니 네 이웃을 네 자신같이 사랑하라 하셨으니 이 두 계명이 온 율법과 선지자의 강령이니라"(마 22:36-40).

"새 계명을 너희에게 주노니 서로 사랑하라 내가 너희를 사랑한 것 같이 너희도 서로 사랑하라"(요 13:34).

"피차 사랑의 빚 외에는 아무에게든지 아무 빚도 지지 말라 남을 사랑하는 자는 율법을 다 이루었느니라"(롬 13:8).

율법의 본질은 첫째도 사랑, 둘째도 사랑이다.

자, 그럼 우리의 여행지인 고린도전서 13장 13절을 살펴보자.

"그런즉 믿음, 소망, 사랑, 이 세 가지는 항상 있을 것인데 그중의 제일은 사랑이라"(고전 13:13).

제일은 사랑이다. 이 온전한 믿음은 예수 그리스도를 사랑하는 것이고, 온전한 믿음의 삶은 이웃을 사랑하는 것으로 드러난다. 즉, 관계의 영역에서 일어난다. 십계명을 잘 살펴보면 하나님과의 관계, 이웃과의 관계에 대한 것이 전부임을 볼 수 있다. 율법을 지키는 것은 하나님과 이웃을 사랑하는 것이다. 하나님을 사랑하는 자는 율법을 지키는 것이다.

"너희가 나를 사랑하면 나의 계명을 지키리라"(요 14:15).

"나의 계명을 지키는 자라야 나를 사랑하는 자니 나를 사랑하는 자는 내 아버지께 사랑을 받을 것이요 나도 그를 사랑하여 그에게 나를 나타내리라"(요 14:21).

복음 안에서 율법을 누리다

우리는 앞에서 율법의 역할 중 일부분을 살펴보았다. 이제 온전한 믿음으로 대하는 율법을 다시 살펴볼 것이다. 우리는 율법을 지킬 수 없는 존재이다. 그러나 예수 그리스도의 십자가로 말미암은 온전한 믿음을 가진 자는 더는 율법의 요구, 즉 율법을 지키거나 의로울 것을 요구하지 않는다는 것을 깨닫게 된다. 왜냐하면 모든 율법의 요구를 예수 그리스도의 십자가에서 충족시키셨기 때문이다.

"율법이 육신으로 말미암아 연약하여 할 수 없는 그것을 하나님은 하시나니 곧 죄로 말미암아 자기 아들을 죄 있는 육신의 모양으로 보내어 육신에 죄를 정하사 육신을 따르지 않고 그 영을 따라 행하는 우리에게 율법의 요구가 이루어지게 하려 하심이니라"(롬 8:3,4).

"그리스도는 모든 믿는 자에게 의를 이루기 위하여 율법의 마침이 되시니라"(롬 10:4).

예수 그리스도께서 이 땅에 오셔서 우리에게 요구하던 모든 율법의 요구를 다 이루어내셨다. 그러므로 우리는 더는 율법의 요구 앞에서 전전긍긍하며 애쓰는 존재가 아니다. 이제 우리는 전혀 다른 존재로 율법을 대하는 자가 되었다. 율법의 조문을 지키려 애쓰는 자가 아닌 믿음으로 율법을 온전히 세우는 존재가 된 것이다.

"그런즉 우리가 믿음으로 말미암아 율법을 파기하느냐 그럴 수 없느니라 도리어 율법을 굳게 세우느니라"(롬 3:31).

우리는 율법 앞에서 스스로는 결코 율법의 의를 채울 수 없는 존재다. 그러나 이제 이 온전한 믿음으로 볼 때에는 예수 그리스도의 십자가로 말미암아 말씀하신 대로 일점일획도 없어지지 않고 완벽하게

다 이루어내시고 충족시켜놓으신 것을 보는 것이다. 율법을 주신 것
도 결국은 하나님의 공의는 우리가 지킬 수 있는 것이 아니라 하나님
편에서 스스로 충족시키셔야 하는 것임을 알 수 있게 된다. 그리고
그것을 우리가 온전한 믿음으로 바라볼 때에 이미 다 이루어놓으시
고 예수 그리스도로 말미암아 살길을 열어놓으신 은혜를 깨닫게 되
는 것이다. 그러므로 우리가 할 것은 처음부터 끝까지 주님께서 행하
신 일들을 누리는 것뿐이다. 시작과 끝 모두가 은혜인 것이다.

이제 우리는 율법에 대하여 자유하다. 그런데 율법에서 자유하다
는 말은 자기 멋대로, 하고 싶은 대로 하는 것이 아니다. 이제는 율법
의 의를 충족시켜야 하는 요구에서 벗어나 온전하게 세우는 역할을
감당하는 것이다. 율법을 온전히 세우는 법을 예수님께서 말씀해주
셨다.

"네 마음과 뜻과 정성과 목숨을 다하여 주 너의 하나님을 사랑하
라. 이와 같이 네 이웃을 네 몸과 같이 사랑하라."

이처럼 우리가 율법을 세울 때 완전하게 이루어진 율법은 우리를
지키는 안전장치의 역할을 감당하는 것이다.

그러므로 온전한 믿음으로 누리는 율법의 행위는 이것은 하고 저
것을 안 하는 것이 아니라 예수 그리스도를 믿는 믿음으로 하나님을
사랑해서 행하는 모든 것이 믿음이며 율법의 행위라는 것이다.

자, 그럼 율법에 대하여 바르게 자유한 것이 무엇인지 살펴보자.

"그리로 앞서가신 예수께서 멜기세덱의 반차를 따라 영원히 대제
사장이 되어 우리를 위하여 들어가셨느니라"(히 6:20).

예수 그리스도께서 멜기세덱의 반차를 따른다고 말씀하신다. 그

리고 그 반차를 따른 예수 그리스도는 변하지 않는 우리의 대제사장이 되셔서 우리로 하여금 하나님께로 나아갈 영원한 근거가 되어주신다고 말씀하신다.

"이와 같이 예수는 더 좋은 언약의 보증이 되셨느니라 제사장 된 그들의 수효가 많은 것은 죽음으로 말미암아 항상 있지 못함이로되 예수는 영원히 계시므로 그 제사장 직분도 갈리지 아니하느니라 그러므로 자기를 힘입어 하나님께 나아가는 자들을 온전히 구원하실 수 있으니 이는 그가 항상 살아 계셔서 그들을 위하여 간구하심이라"(히 7:22-25).

멜기세덱은 창세기 14장에서 아브람이 롯을 구하고 나서 아주 잠깐 등장하는 인물이다. '살렘 왕이며 지극히 높으신 하나님의 제사장'이라는 것과 아브람을 축복하고 십일조를 받아간 것 외에는 별다른 설명이 나오지 않는다. 그런데 히브리서 7장에서는 예수 그리스도께서 이 멜기세덱의 반차를 따른다고 한다.

여기서 우리는 멜기세덱을 자세히 살펴볼 필요가 있다. 히브리서에서 그를 높은 사람이라고 한다. 그리고 자신들의 조상인 아브라함이 낮은 자로서 높은 자에게 축복을 받은 것이라고 표현하고 있다. 멜기세덱이 등장한 시기와 히브리서에서 그를 표현한 부분을 자세히 조합해보면 그는 율법이 아직 이스라엘 백성들에게 제정되지 않은 시대에 살고 있었다. 그는 왕이었을 뿐 아니라 하나님 앞에서 거룩하다는 칭함을 받고 있었다. 도대체 무슨 기준으로 그런 평가를 받았을까? 율법도 없는 그때에 하나님의 제사장 직분을 어떻게 거룩하게 수행하고 있었을까?

이후 제사장 직분을 감당했던 레위 지파를 보라. 그들이 제사하러 들어갈 때에 율법대로 한 치의 오차도 없어야 했다. 복잡하고 어려운 율법의 요구 앞에서 깨끗해야만 하나님 앞에 나아갈 수 있었다.

멜기세덱은 율법이 있기 전 하나님 앞에서 거룩했다. 즉, 율법 아래 있던 것이 아니라 율법에 매이지 않은 상태였던 것이다. 그런데 이후 율법이 이스라엘에게 주어지고 한참 지난 히브리서에서 그는 율법이 있는데도 거룩하다고 표현한다. 한마디로 정리하면 멜기세덱은 율법에 매이지 않고 율법 아래에 있지 않으나 율법의 의로 그를 보아도 흠이 없었다는 것이다.

'율법에 매이지 않았으나 율법의 의로 흠이 없는 자.' 이것이 핵심이다. 그럼 이 모습을 빗대어 예수 그리스도를 보자. 예수 그리스도께서는 율법 아래에 계시지 않았다. 예수님은 공생애 내내 율법 조문을 지키려고 하지 않으셨다. 안식일 날 손 마른 여인을 고쳐주고 밀을 베어 먹고 율법에 전혀 매이지 않으셨다. 그런데 예수 그리스도께서 십자가에서 달리실 때 죄패에 어떻게 적혀 있었는가?

"유대인의 왕."

대제사장들이 "자칭"이라는 말을 넣자고 했다가 거절되긴 했지만 그것도 틀린 말은 아니다. 예수님께서 직접 그렇게 말씀하셨으니. 여하튼 대제사장과 바리새인들이 예수님을 잡아놓고 십자가에 못 박게 하기 위해 예수님을 심문할 때 예수님에게서는 하나님의 아들이라 했던 것 외에는 그 어떤 것도 찾아낼 수 없었다. 본디오 빌라도 앞에서도 마찬가지였다. 빌라도가 여러 번 예수님을 심문했지만 그 어떤 죄도 찾을 수 없다고 말했다. 헤롯 왕도 마찬가지였다.

"이르되 너희가 이 사람이 백성을 미혹하는 자라 하여 내게 끌고 왔도다 보라 내가 너희 앞에서 심문하였으되 너희가 고발하는 일에 대하여 이 사람에게서 죄를 찾지 못하였고 헤롯이 또한 그렇게 하여 그를 우리에게 도로 보내었도다 보라 그가 행한 일에는 죽일 일이 없느니라"(눅 23:14,15).

그리스도인의 삶, 교회의 모습이 이와 같아야 한다. '예수는 그리스도요 살아 계신 하나님의 아들'이라는 진리 위에 세워진 것이 그리스도인의 몸 된 우주적인 교회이다. 이 교회가 세상으로부터 받아야 할 비난과 조롱거리가 있다면 그것은 세속적인 문제가 아니어야 한다. 예수님의 십자가에 걸려 있던 죄패에 기록된 말이 '유대인의 왕'이라는 것밖에 없었던 것처럼 교회가 세상으로부터 받을 비난과 조롱은 예수 그리스도가 주님이시라는 것 외에는 없어야 한다. 예수님이 말씀하셨다.

"세상이 너희를 미워하면 너희보다 먼저 나를 미워한 줄을 알라"(요 15:18).

물론 세상이 거짓과 속임으로 없던 일도 뒤집어씌울 수 있고 연약함을 물고 늘어질 수도 있다. 그러나 그 틈을 제공하지 않으면 된다. 예수님께서 율법의 조문을 하나하나 행위로 지켜내시진 않았으나 어떤 율법을 들이대어 정죄하려고 해도 그분을 정죄할 만한 점을 찾아낼 수가 없었다는 사실을 기억해야 한다. 믿음으로 사는 삶이 계명 하나하나를 따져가며 '저것은 죄, 이것은 선'이라고 정해놓고 사는 피곤한 삶이 아니며 온전히 하나님의 사랑 가운데서 누리는 삶, 평안한 삶임을 뒤따라오는 모든 세대에게 알게 하시기 위함이었다.

더욱 예수님을 사랑하는 자리로

이제 우리는 율법에 대해 모호하던 기준에서 확실한 정의를 내릴 수 있게 되었다. 율법은 선악과이다. 선악과의 목적은 동산 중앙에서 하나님과의 약속을 지키며 그분의 사랑 안에서 하나님과 마음껏 교제할 수 있는 약속의 증표였다. 마찬가지로 율법은 온전한 믿음으로 하나님을 사랑하는 자들이 그분과 교제함에 있어서 하나님을 사랑하는 우리의 사랑을 확증하는 증표가 되는 것이다. 그래서 예수님께서 '계명을 지키는 자라야 나를 사랑하는 자'라고 말씀하신 것이다.

에베소서에서 반복되는 구절이 있다. '그리스도 안에서' '사랑 안에서' '사랑하시는 자 안에서' 이런 말이 한 장 안에서도 계속 반복된다. 에베소서는 빌립보서, 골로새서, 빌레몬서와 함께 바울의 옥중서신으로 잘 알려져 있다. 옥에 갇힌 바울이 사랑하는 에베소 교회의 성도들이 믿음으로 온전히 세워져가기를 소망하며 쓴 서신서인데 성도들의 삶을 구체적으로 열거하며 가장 많이 쓴 말들이 바로 '안에서'라는 말이다. 즉, 성도의 믿음의 삶은 예수 그리스도 안에서 살아가는 삶인 것이다.

에베소서 2장 12절에서는 이방인이었던 그들을 한마디로 '그리스도 밖에 있었다'고 말한다. 그리고 그리스도 밖에 있었던 그들의 삶은 '소망이 없었다'라고 말한다. 그런데 그들이 십자가의 복음으로 말미암아 '그리스도 안에' '사랑 안에' '예수 안에' 거할 때에야 비로소 성도다운 삶을 살 수 있다. 성도다운 삶은 보여지는 정확한 기준이 없다. '한 달에 얼마를 써야 그리스도인다운 소비생활이고 몇 평에 살아야 그리스도인다운 삶의 방식이다' 같은 명확한 기준을 제시하지 않았다. 기준도 없이 우리가 어떻게 그리스도인다운 삶을 사는가?

'사랑 안에' '그리스도 안에' 거하게 되면 자신에게 허락된 형편 가운데서 얼마든지 하나님 앞에서 그리스도인다운 삶을 살아갈 수 있게 된다. 그분의 사랑 안에 거할 때 그리고 우리가 그분을 사랑할 때 온전한 믿음으로 가장 완전한 그리스도인의 삶을 살게 되는 것이다. 바로 이렇게 사는 것이 율법을 지키며 더 나아가 율법을 세우는 믿음을 가진 자가 된다는 것이다.

이렇게 우리는 온전한 믿음으로 율법을 누릴 수 있게 되었다. 온전한 믿음은 우리를 여기서 멈추게 하지 않는다. 앞서 나눴듯이 이 믿음의 삶에서는 주님의 도우심이 절실히 필요하다. 따라서 믿음은 도움을 구하는 자리, 주님을 사랑하고 교제하는 자리로 더욱 나아가게 만든다.

그 자리는 바로 기도의 자리이다.

이제 내가 육체 가운데 사는 것은 나를 사랑하사 나를 위하여 자기
자신을 버리신 하나님의 아들을 믿는 믿음 안에서 사는 것이라
_갈라디아서 2장 20절

THE LIFE OF

FAITH

•

온전한 믿음으로 살아가는 삶

3

P A R T

09

주님과의 교제의 자리 ;
기도

바른 기도의 자리

믿음은 우리를 기도의 자리로 이끌어간다. 하나님의 돕는 은혜를
얻기 위해 매순간 우리는 은혜의 보좌 앞으로 나아가야 하는 것이
다. 그분의 도우심이 절실히 필요한 자, 그 도우심 없이는 살 수 없는
자가 기도의 자리에 나아가게 된다. 이것을 깨달은 믿음의 선진들은
기도하는 삶을 살았다. 그들은 하루 시간의 대부분을 주님과 교제
하는 기도 시간으로 사용했다. 온전한 믿음으로 사는 삶인지 아닌
지는 얼마나 기도의 자리에 나아가는지를 보면 알 수 있다.

그런데 기도라는 행위 자체만 가지고서는 그것이 온전한 믿음을
누리는 기도의 자리인지 알기 어렵다. 무엇을 기도하는지를 보아야
한다. 먼저 자신의 기도제목을 한번 살펴보자. 혹시 나의 만족과 유

익을 위한, 이 땅에서 좀 더 나은 삶을 살기 위한 기도제목들은 아닌지. 이것만 보면 하나님께서는 누구의 기도는 들어주시고 누구의 기도는 묵살하시는 불공평한 하나님으로 보인다.

확실한 기도, 반드시 응답될 기도, 온전한 믿음을 가진 자가 구하는 기도는 무엇인가?

"너희가 내 안에 거하고 내 말이 너희 안에 거하면 무엇이든지 원하는 대로 구하라 그리하면 이루리라"(요 15:7).

무엇이든지 원하는 대로 구하는데 반드시 이루어진다고 말씀하신다. 사람들은 이 구절을 보며 오해한다.

'오! 예수님 안에 거하고 예수님의 말씀이 우리 안에 거하면 원하는 대로 마음껏 구해도 다 이루어진다는 말이네?'

'원하는 대로 구하라' 이전에 전제 조건이 있다. 우리가 예수 그리스도 안에 거하고 예수님의 말씀이 우리 안에 거하여야 한다. 예수님 안에 거하고 그분의 말씀이 우리의 심령 안에 거하는데 이 세상의 썩어 없어질 만족과 유익 따위를 구할 리가 없다. 우리가 너무 '원하는 대로'라는 말에 꽂혀서 전제 조건을 보지 못하고 있다. 예수 그리스도 안에 거하고 그분의 말씀이 심령 안에 있는 자는 절대 다른 것을 구할 수가 없다. 오직 주님, 그분을 구하는 것이다.

"그런즉 너희는 먼저 그의 나라와 그의 의를 구하라 그리하면 이 모든 것을 너희에게 더하시리라"(마 6:33).

하나님의 사랑을 깨닫고 성령으로 말미암아 심령에 하나님의 사랑이 부어진 자는(롬 5:5) 다른 것을 소망하지 않는다. 오직 주인 되신 예수님만을 바라고 소망하는 것이다. 그러한 온전한 믿음을 가진 자가 다른 무엇을 구하겠는가? 예수님께서 기도에 대하여 말씀하셨던 것과 같이 먼저 하나님나라의 부흥과 그분의 의를 구한다. 그러면 주님이 이 모든 것을 더해주신다.

아직도 욕심을 못 버린 영혼들이 거기서 또 주님과 거래를 하고 있다.

'주님, 먼저 이 모든 것을 주옵소서. 그다음에 나라와 의를 구하겠나이다.'

그러나 주님은 결코 물러서지 않으신다. 왜냐하면 바른 기도의 자리가 우리를 이 세상 가운데서 승리하게 할 온전한 믿음의 자리이기 때문이다.

기도하면 하나님이 일하신다

우리는 세상에서 입을 것, 먹을 것을 구하며 하루하루 간신히 연명하는 고아처럼 살았다. 그러나 예수 그리스도의 십자가 복음이 우리를 고아에서 완전하신 하나님의 아들의 삶으로 바꾸어주셨다. 고아였을 적에는 내가 스스로 먹을 것과 입을 것을 염려해야 했지만 이제는 그런 것들을 구하지 않는다. 우리가 정말 필요한 것이 있다면 우리를 창조하신 하나님께서 더 잘 아실 것이다.

"그런즉 가장 작은 일도 하지 못하면서 어찌 다른 일들을 염려하느냐 백합화를 생각하여보라 실도 만들지 않고 짜지도 아니하느니라 그러나 내가 너희에게 말하노니 솔로몬의 모든 영광으로도 입은 것이 이 꽃 하나만큼 훌륭하지 못하였느니라 오늘 있다가 내일 아궁

이에 던져지는 들풀도 하나님이 이렇게 입히시거든 하물며 너희일까
보냐 믿음이 작은 자들아 너희는 무엇을 먹을까 무엇을 마실까 하여
구하지 말며 근심하지도 말라 이 모든 것은 세상 백성들이 구하는 것
이라 너희 아버지께서는 이런 것이 너희에게 있어야 할 것을 아시느니
라"(눅 12:26-30).

'사소한 일조차 제대로 못하는데 왜 불필요한 걱정을 하고 있느
냐. 너희가 쓸 것을 우리를 사랑하시는 하나님께서 더 잘 아시지 않
겠느냐'는 말씀이다. 맞다. 우리가 정말 아버지이신 하나님을 온전
히 믿는다면 그 믿음을 누리는 우리의 기도제목이 먹고사는 문제에
국한되지 않을 것이다.

아버지 되신 하나님을 온전히 신뢰하는가? 그렇다면 누구보다 당
신의 형편과 처지를 잘 아시는 그분께 맡겨라. 그리고 먼저 구하라고
하신 그분의 나라와 의를 구해라. 그러면 하나님께서 당신의 인생을
책임지실 것이다. 우리의 삶은 이제 제 목숨 연명하기에 급급한 인생
이 아니다. 이 땅에서 예수님께서 행하셨던 그 일보다 더 큰 일을 할
수 있는 삶인 것이다.

"내가 진실로 진실로 너희에게 이르노니 나를 믿는 자는 내가 하
는 일을 그도 할 것이요 또한 그보다 큰 일도 하리니 이는 내가 아버
지께로 감이라"(요 14:12).

나 자신 하나 감당 못해서 쩔쩔매는 삶이 아닌 성육신하셨던 예수
님께서 하신 사역보다 더 큰 일을 한다니, 이 무슨 천지개벽할 소리인
가? 너무 엄청난 이야기다. 그것도 특별한 몇몇 사람의 이야기가 아
니라 믿는 사람이 다 그렇게 살 수 있다는 말이다. 어떻게 이런 일이

가능한가? 내가 아무리 어마어마한 능력을 가졌다 하더라도 인간의 분량밖에는 되지 않는다. 그러므로 그 키(key)는 나의 능력이나 어떠함이 아니다. 바로 예수 그리스도이시다.

"너희가 내 이름으로 무엇을 구하든지 내가 행하리니…"(요 14:13).

기도는 내가 하는데 일은 하나님이 하신다는 것이다. 기도에 대한 명언이 있다.

"사람이 일하면 사람이 일할 뿐이지만, 사람이 기도하면 하나님께서 일하신다"(When a man works, the man works. But When the man prays, God works).

기도할 때에 내 자격, 내 이름으로 하는 것이 아니라 하나님의 아들 된 자격, 예수 그리스도의 자격으로 하면 하나님 수준의 일이 된다. 그러기에 예수 그리스도 이상의 삶이 가능한 것이다. 어떤 것에도 제한받지 않으시는 전능하신 하나님께서 일하신다. 예수 그리스도의 복음이 실제가 되고 내가 아닌 예수 그리스도로서 살아가는 삶이 구체적으로 드러나는 원리가 바로 기도인 것이다.

어떤 사람이 믿음의 사람인지 아닌지는 그가 기도하는 사람인지를 보면 된다. 얼마나 연약하고 부족하든 그가 기도의 자리에 나아가는 사람이라면, 자신의 어떠함이 아니라 하나님나라와 의를 구하는 사람이라면 그는 믿음의 사람이라 단언할 수 있다. '무엇을 마실까, 무엇을 입을까'라는 이방인의 기도가 아니라 하나님나라를 구하는 본질적인 기도는 믿음의 사람 외에는 결코 할 수 없기 때문이다.

기도의 자리에 나아가서 하나님나라와 의를 구할 때 하나님께서는 우리의 연약함과 부족함에 고정되어 있는 시선을 들어 하나님나라를 바라보고 소망하게 하신다. 그리고 나의 노력이 아닌 성령 하나님이 주시는 힘으로 예수 그리스도의 증인된 삶을 살아가게 하신다.

증인의 삶을 살아가는 힘

우리는 온전한 믿음으로 예수 그리스도의 삶을 살아가는 데 기도가 얼마나 중요한지 알아야 한다.

예수님께서 승천하시기 전 제자들이 이스라엘을 회복시키시는 때가 이때냐고 묻자 다음과 같이 말씀하신다.

"이르시되 때와 시기는 아버지께서 자기의 권한에 두셨으니 너희가 알 바 아니요 오직 성령이 너희에게 임하시면 너희가 권능을 받고 예루살렘과 온 유대와 사마리아와 땅 끝까지 이르러 내 증인이 되리라 하시니라"(행 1:7,8).

이 말을 하시고는 부담없이 승천하셨다. 제자들은 이해되지 않는 상황에서 어처구니없는 말씀만 하고 가시는 예수님을 그저 바라볼 수밖에 없었다. 그리고 기껏 천사가 나타나서 한다는 말이 "갈릴리 사람들아 어찌하여 서서 하늘을 쳐다보느냐 너희 가운데서 하늘로 올려지신 이 예수는 하늘로 가심을 본 그대로 오시리라"였다. 증인이 되리라고 하셔놓고 어떻게 해야 하는지, 무엇을 해야 하는지 구체적으로 설명하지 않으신 무정한 예수님. 누구를 탓할 수도, 원망할 수도 없었다.

이때 제자들이 취한 태도를 가만히 살펴보자. 성령이 오셔서 이들로 하여금 예수 그리스도를 믿는 믿음으로 살아가게 하시는데 그 성령을 기다리는 제자들이 무엇을 했는가? 뛰쳐나가서 병자들 앞에 서지 않았다. 능력을 행하려고 애쓰지 않았다. 그들은 모여 앉아 마음을 다해 기도했다.

"들어가 그들이 유하는 다락방으로 올라가니 베드로, 요한, 야고보, 안드레와 빌립, 도마와 바돌로매, 마태와 및 알패오의 아들 야고보, 셀롯인 시몬, 야고보의 아들 유다가 다 거기 있어 여자들과 예수의 어머니 마리아와 예수의 아우들과 더불어 마음을 같이하여 오로지 기도에 힘쓰더라"(행 1:13,14).

다른 어떤 것도 하지 않고 오로지 기도에 힘썼다. 무엇을 구했을까. 증인이 되라고 하시고 대책도 없이 떠나신 예수님께 도우심을 구하지 않았겠는가? 예수 그리스도를 믿는 믿음으로 말미암아 기도할 때에 성령 하나님께서 우리의 삶을 주권적으로 이끌어 우리로 증인된 삶을 살아가게 하시는 것이다. 완전히 나의 삶을 하나님께 의탁하여 먹고 마시고 입고 자는 모든 것을 하나님께 의탁하고 책임져주시도록 맡겨드리는 것이다. 그렇기에 기도란 단지 내가 물 떠다놓고 비는 미신적 행위가 아니라 실재하시는 하나님을 절대 신뢰하는 것이다.

이후 사도행전에 기록된 성령충만한 증인들을 보라. 베드로, 스데반, 바울, 사도들…. 그들의 힘과 의지로 했다고 결코 말할 수 없이 성령께 사로잡혀 증인된 삶을 살았다. 성령께서 우리의 삶을 이끌어 가시도록 우리의 삶의 주권을 넘겨드리는 믿음의 행위가 바로 기도의 자리인 것이다.

"홀연히 하늘로부터 급하고 강한 바람 같은 소리가 있어 그들이 앉은 온 집에 가득하며 마치 불의 혀처럼 갈라지는 것들이 그들에게 보여 각 사람 위에 하나씩 임하여 있더니 그들이 다 성령의 충만함을 받고 성령이 말하게 하심을 따라 다른 언어들로 말하기를 시작하니라"(행 2:2-4).

그들이 성령의 충만함을 받고 온 유대와 사마리아와 땅 끝까지 이르러 예수 그리스도의 증인이 되었다. 그들이 기도할 때, 이전에 상상할 수도 없던 일들이 펼쳐졌다. 예수님을 부인하고 도망갔던 베드로의 모습은 찾아볼 수도 없다. 백성의 관리와 장로들이 더 이상 예수 그리스도의 복음을 전하지 말라고 협박하자 베드로가 담대하게 하는 말을 들으라.

"하나님 앞에서 너희 말을 듣는 것이 옳으냐 하나님의 말씀을 듣는 게 옳으냐 너희가 판단해라. 나는 보고 들은 것을 말하지 않을 수가 없다."

이것이 이름도 없는 한 여종 앞에서 두려워 예수님을 부인하던 베드로의 모습처럼 보이는가? 단지 기적을 베푸는 능력을 가지게 되었다는 말이 아니라 더욱 담대하게 삶으로 예수 그리스도의 십자가를 외칠 수 있게 된 것이다. 예수 그리스도의 십자가 복음을 온전한 믿음으로 살아가도록 하는 힘은 오직 기도의 자리에서 비롯되는 것임을 알 수 있다.

붙들 건 주님밖에 없다

나는 기도가 참 체질에 안 맞는 사람이었다. 성격 자체가 굉장히 쾌활하고 활발해서 초등학교 생활기록부에 빠지지 않고 등장했던 문구가 있었다.

"성격이 활발하고 사교성이 좋으나 산만함."

"학습능력이 뛰어나고 학우들과 잘 어울리나 산만함."

"친구들을 잘 이끌고 리더십이 있으나 산만함."

나는 굉장히 산만했다. 한자리에 5분 이상 가만히 앉아 있질 못했다. 그렇다 보니 내가 하는 기도는 밥 먹기 전 눈 한번 깜빡거리는 준비 운동 정도였다. 또 시험 전날까지 마음껏 놀다가 당일 날 하나님의 전능하심으로 잘 찍을 수 있는 초능력을 주시도록 구하는 기도밖에는 해보지 못했다.

그런 내가 십대의 나이에 선교사로 헌신하게 되었다. 함께 살게 된 공동체의 사역 방향은 크게 두 가지였는데 그것은 복음과 기도였다. 모든 그리스도인들이 연합하여 하루에 각자가 정한 1시간 동안 하나님나라와 그 의를 구하면 24시간 365일 기도할 수 있다고 믿고, 쉬지 말고 기도하란 말씀에 문자 그대로 순종했다.

나도 공동체의 일원답게 이 기도운동에 참여했다. 나는 오후 7시부터 8시에 하기로 결정했다. 사실 '까짓 거 한 시간'이라는 마음으로 시작했다. 한두 곡 찬양을 하고 말씀을 보고 기도하기 위해 《세계기도정보》라는 책자를 펼쳤다. 그러나 듣도 보도 못한 나라를 위해 기도한다는 것이 여간 힘든 일이 아니었다.

한 번도 들어본 적 없는 '트리니다드토바고'의 인구, 정치, 경제, 구체적인 데이터가 적힌 책자를 읽어내려가다 보면 하나님의 마음이 부어져서 감동이 된다기보다는 점점 흰색은 종이고 검정색은 글자로만 보였다. 아무리 쥐어짜내어 기도를 하고 기도제목을 읽기만 하듯이 기도도 해보고 별짓을 다해도 1시간 채우기가 너무 어려웠다. 오래오래 기도를 하고 시계를 봐도 10분도 채 지나지 않았다는 사실에 당황했다. 그때부터는 버티기에 돌입한다. 1시간의 기도가 자리 지키고 시간 때우기 정도밖에는 되지 않았다.

'이럴 거면 왜 기도를 하나. 차라리 하지를 말자.'

이런 생각이 들어 몇 번을 포기하기도 했다. 부끄럽지만 아예 졸심산으로 새벽 4-5시로 기도 시간을 정했던 적도 있다. 이처럼 하나님나라와 의를 구하는 기도는 내게 너무 낯설고 어려운 주제였다.

믿음의 삶에 기도가 절대적이지만 내게는 이 기도가 즐겨 찾는 자리가 아니라 힘들고 쥐어짜내야 하는 것으로 느껴졌기에 하나님께서는 기도가 믿음으로 살아가게 하는 힘임을 알게 하시려고 내게 하나님을 찾을 수밖에 없는 상황을 연출해주셨다. 내 앞가림도 잘 하지 못하는 내게 팀을 맡겨주신 것이다. 뚜렷한 방향도 비전도 전혀 제시되지 않은 아무것도 없는 단체를 이끌어야 하는 위치에 서게 되었다.

난 분명 산만하고 여전히 기도의 자리가 쉽지 않다. 그러나 내가 이 상황에서 붙들 건 주님밖에 없었다. 가만히 눈을 뜨고도 탄식처럼 주님을 찾을 수밖에 없었다.

"어떻게 하죠?" "어디로 가요?" "이거 해도 돼요?"

구체적으로 물어보는 팀원들의 질문을 나는 고스란히 하나님께 토스했다.

"주님, 이거 해도 돼요?" "어떻게 해요?" "주님, 뭘 해야 돼요?"

내가 아무리 탁월한 능력을 갖추고 뛰어난 지혜를 가지고 사역을 이뤄내도 그것은 결국 내 수준, 내 재량밖에 되지 않는다. 그렇기에 더욱 하나님께서 하시도록 내어드리고 기도하는 수밖에 없었다. 도저히 길을 찾을 수도, 하나님께서 기뻐하시는 방향을 제시할 수도 없기 때문이다.

주님을 믿을 수밖에 없는 사람, 의지할 곳이 주님밖에 없는 사람은 기도의 자리에 나아갈 수밖에 없고 그 자리에서 주님을 만난 사람은 사소한 나의 문제 해결을 위해 기도하지 못한다. 하나님을 절대적으로 믿는 사람은 그분의 뜻대로 기도하기를 기뻐한다.

10

승리의 비결 ;

진리

거짓 세상에서 안전하려면

완전한 십자가의 복음을 누리는 원리를 알았다면, 이제 구체적으
로 처한 상황 가운데서 이 원리로 어떻게 복음을 누릴 수 있는지 살펴
보기로 하겠다.

먼저 믿음으로 살아보려 애쓴 사람이라면 한 번씩은 던져보았을
질문들 앞에 서 보면서 복음을 누리는 원리들을 삶에 적용해보자.

처음 예수 그리스도를 믿고 믿음으로 살기 위해 발걸음을 뗀 우리
는 여러 가지 공격과 거친 세상의 현실 앞에서 더 나아갈 힘을 잃어버
리고 만다. 그리고 반복되는 실패와 넘어짐을 통해서 도저히 자신의
힘으로는 믿음으로 살 수 없음을 단정짓고 적당한 합의점을 찾아서
편안하고 안락한 삶으로 자신을 내어주게 된다. 이때 우리는 어떤

태도를 취해야 하는가? 어떤 이들은 긍정적인 생각을 하라고 한다.

"나는 잘될 거야. 나는 문제없어."

이런 긍정적인 생각만으로 믿음의 삶을 살아낼 수 있을까? 죄책감을 떨어내기 위해 하는 합리적이고 긍정적인 생각들이 우리의 반복되는 연약함을 이겨낼 힘을 결코 줄 수 없다. 우리를 어떠한 공격 앞에서도 견고하게 붙들어주는 것은 나의 건강한 사고방식이나 생각이 아니다. 변하지 않는 진리만이 우리를 이 세상 거짓의 홍수 앞에서 건져내줄 유일한 소망이다. 그렇기에 우리는 무슨 일이 있어도 변치 않는 진리를 목숨 걸고 붙들어야 한다. 그렇지 않으면 세상의 거짓과 속임 앞에 휩쓸려가고 만다.

앞서 잠시 나눴지만 사탄에게는 진리를 뒤집을 만한 능력이 없다. 그래서 사탄은 진리를 바꾸려 하지 않는다. 다만 우리를 거짓으로 속여서 이미 이루어진 진리를 스스로 믿지 못하여 누리지 못하도록 하는 것이다. 우리가 얼마나 많은 사탄의 거짓말에 속아왔는가? 거짓에서부터 안전하려면 참 진리 안에 거하여야 한다. 몇 가지 위조지폐를 연구해서는 수없이 바뀌는 위조지폐를 다 찾아낼 수 없다. 진폐를 정확하게 꿰고 있어야 위조지폐를 구분해낼 수 있는 것이다.

"너는 이것을 알라 말세에 고통하는 때가 이르러 사람들이 자기를 사랑하며 돈을 사랑하며 자랑하며 교만하며 비방하며 부모를 거역하며 감사하지 아니하며 거룩하지 아니하며 무정하며 원통함을 풀지 아니하며 모함하며 절제하지 못하며 사나우며 선한 것을 좋아하지 아니하며 배신하며 조급하며 자만하며 쾌락을 사랑하기를 하나님 사랑하는 것보다 더하며 경건의 모양은 있으나 경건의 능력은 부인하니 이같은 자들에게서 네가 돌아서라"(딤후 3:1-5).

2천 년 전에 쓰여진 하나님의 말씀이 지금의 모습을 고스란히 진단하고 있다. 우리가 어떻게 대처해야 하는지 이미 말씀하셨다.

"악한 사람들과 속이는 자들은 더욱 악하여져서 속이기도 하고 속기도 하나니 그러나 너는 배우고 확신한 일에 거하라 너는 네가 누구에게서 배운 것을 알며 또 어려서부터 성경을 알았나니 성경은 능히 너로 하여금 그리스도 예수 안에 있는 믿음으로 말미암아 구원에 이르는 지혜가 있게 하느니라 모든 성경은 하나님의 감동으로 된 것으로 교훈과 책망과 바르게 함과 의로 교육하기에 유익하니 이는 하나님의 사람으로 온전하게 하며 모든 선한 일을 행할 능력을 갖추게 하려 함이라"(딤후 3:13-17).

배우고 확신한 일에 거하라고 말씀하신다. 배우고 확신한 일이 무엇인가? 성경, 하나님의 말씀, 진리이다. 진리 안에 거할 때에야 비로소 속고 속이는 세상 한복판에서 하나님의 사람으로서 온전하게 세워져 선한 일을 행할 능력을 갖추게 되는 것이다.

하나님의 말씀, 온전한 진리에 목숨을 건 자만이 영적 싸움 가운데서 승리를 누릴 수 있고 선한 일을 행하는 그리스도인다운 삶을 살수가 있다. 선한 싸움의 시작은 흔들리지 않고 왜곡될 수 없는 분명한 진리를 붙드는 것부터이다. 어느 영화 속에서 토네이도가 한 마을을 강타하고 있었다. 그때 남자 주인공과 여자 주인공은 토네이도를 피해 곳간으로 숨어들어간다. 각자 토네이도를 피해 도망갔던 수많은 사람들이 휩쓸려가지 않기 위해 무엇인가를 하나씩 붙들고 있었다. 그리고 그 자리를 토네이도가 지나갔다. 이때 흔들리는 것을 의지하고 있던 사람들은 자신이 붙들던 것과 함께 토네이도 속으로 휩쓸려 가버렸다.

그런데 두 주인공은 흔들리지 않는 견고한 말뚝에 자신을 고정시켰다. 그들은 견고한 말뚝과 함께 토네이도 속에서 살아남았다. 세상의 거친 공격 속에서 지푸라기를 잡으면 지푸라기와 함께 휩쓸려갈 수밖에 없다. 그러나 흔들리지 않는 견고한 진리를 붙들면 그 진리와 함께 남는다. 분명한 태도를 취해야 한다. 수많은 거짓 증인들이 귀를 간지럽게 할지라도 그 말에 흔들리지 않고, 변치 않는 참 진리를 붙들면 진리와 함께 남는 것이다. 어떠한 거짓으로도 왜곡시킬 수 없는 진리를 붙드는 것만이 거친 세상의 회오리바람 속에서 살아남는 유일한 방법이다.

"너희가 거듭난 것은 썩어질 씨로 된 것이 아니요 썩지 아니할 씨로 된 것이니 살아 있고 항상 있는 하나님의 말씀으로 되었느니라 그러므로 모든 육체는 풀과 같고 그 모든 영광은 풀의 꽃과 같으니 풀은 마르고 꽃은 떨어지되 오직 주의 말씀은 세세토록 있도다 하였으니 너희에게 전한 복음이 곧 이 말씀이니라"(벧전 1:23-25).

성경말씀의 한 구절을 믿는다는 것은 성경 전체를 믿는 것과 같고 성경 전체를 믿는다는 것은 성경에 기록된 단 한 구절을 믿는 것과 다를 것이 없다.

"내가 그리스도와 함께 십자가에 못 박혔나니 그런즉 이제는 내가 사는 것이 아니요 오직 내 안에 그리스도께서 사시는 것이라 이제 내가 육체 가운데 사는 것은 나를 사랑하사 나를 위하여 자기 자신을 버리신 하나님의 아들을 믿는 믿음 안에서 사는 것이라"(갈 2:20).

우리가 달달 암송하고 수없이 고백하는 이 성경 한 구절에 목숨 걸 준비가 되어 있는가? 말씀 앞에 모든 것을 걸어야 한다. 그리고 이것은 내가 연약하든, 강하든, 부족하든, 부유하든, 내 조건과 상관없이 영원히 실재하시는 하나님의 말씀임을 알고 믿어야 한다. 그래서 어느 상황, 어느 처지에서라도 돌이켜 붙들면 진리가 나를 붙들고 갈 것이다.

말씀에 대한 견고한 확신과 믿음만 있다면 사탄의 어떠한 속임 가운데서도 우리는 의연하게 믿음의 길을 걸어갈 수 있게 될 것이다. 갈라디아서 2장 20절 말씀에서 보듯 내가 그리스도와 함께 못 박혀 죽은 것과 이제는 내 안에 그리스도께서 사신다는 것은 앞으로 이루어질 일이 아니라 이미 이루어진 실재이다. 이것에 확실한 믿음을 두지 않으면 사탄에게 기회를 주게 된다.

내가 안 죽은 걸까?

믿음으로 산다고 말하고 그러한 삶을 살아가는 자들 중에 얼토당토않는 사탄의 속임에 넘어가는 자들이 있다. 이들의 실수는 완전하게 이루어진 하나님의 말씀을 다시 의심한다는 것이다. 자신이 믿음으로 산다고 말하는데 계속 연약한 부분에서 넘어지며 자신으로부터 선한 것이 나오지 않는다는 사실을 직면했을 때 잘못된 생각의 자리로 나아간다.

그 잘못된 생각의 첫 번째는 바로 이것이다.

'나 죽은 거 맞아? 안 죽은 거 아니야?'

이 질문을 던지는 경위는 내 속에서부터 새생명에 합당하지 않은 태도들을 취하거나 연약한 부분에서 넘어졌을 때다. 이 질문에 대해 성경은 "죽은 거 맞아!"라고 말하고 있다. 진리의 말씀을 의심하지 말고 그런 의심이 드는 즉시 말씀 앞으로 달려나가라.

의심은 하는데 말씀 앞에 나아가지 않는 것은 십자가에서 다 이루셨다고 선포하신 예수님의 선포를 확신하지 못하는 것과 같다.

"당신은 죽었다. 그것도 아주 확실하게!"

우리의 신앙은 우리가 죽었고 예수 그리스도와 함께 살았다는 터위에서 시작된다. 나의 연약함 때문에 이미 이루어진 진리가 취소되는 것은 아니다. 나와 상관없이 진리는 여전히 진리이다. '내가 죽었는가?'라는 질문을 던지게 하는 것은 사탄이다. 이때 우리가 취해야 할 태도는 무엇인가? 내가 죽은 십자가를 바라보는 것이다. 이미 이루어진 진리를 붙드는 것이다.

실제로 마치 복음을 알기 전 옛 사람이 살아 있는 것같이 느껴진다. 앞서 느낌과 감정이라는 것이 얼마나 치명적인지 살펴보았다. 우리는 우리의 감정을 믿지 않는다. 진리를 믿는 믿음을 소유하고 있다. 그렇다면 우리 안에서 실제로 일어나는 죄의 소욕들은 무엇인가? 죽었다면 어떻게 그런 소욕과 생각들이 우리 안에 있다는 말인가? 죄의 소욕과 생각들이 내 안에서 시작되는 것이 아니다. 그런 죄악 가운데서 살던 우리는 죽었다. 죽음으로 말미암아 죄 된 생명에서부터 우리는 벗어났다.

"우리가 알거니와 우리의 옛 사람이 예수와 함께 십자가에 못 박힌 것은 죄의 몸이 죽어 다시는 우리가 죄에게 종 노릇 하지 아니하려

함이니 이는 죽은 자가 죄에서 벗어나 의롭다 하심을 얻었음이라"(롬 6:6,7).

사탄은 어떻게 해서든지 우리가 이미 이루어진 진리를 보지 못하게 하고 그리스도인의 삶을 살아가지 못하게 막으려고 기를 쓴다. 그러면 우리의 가장 연약한 부분을 건드려 넘어뜨림으로써 스스로 이미 이루어진 진리를 믿지 못하게 하는 것이 당연한 공격 패턴이 될 것이다. 음란한 생각, 시기, 질투 등 죄의 소욕들이 올라오는 것은 우리가 새생명 가운데서 살아가지 못하도록 하는 사탄의 공격인 것이다. 사탄의 공격에 넘어질 수도 있다. 그런데 넘어졌다고 주저앉을 필요는 없다. 죄 된 소욕이 일어나는 것은 새생명에서부터 시작된 것이 아니라 사탄의 외부적인 공격임을 기억해야 한다.

복음의 시작이 나의 처절한 죄 됨을 인정하는 것부터라면 새생명 된 믿음의 삶의 시작은 내가 회복된 원형임을 신뢰하는 데서부터 시작된다. 우리가 회복된 예수 그리스도의 새생명임을 진리를 근거하여 믿어라. 이 진리를 의심하지 말고 확실하게 붙들어라. 그럼 사탄의 공격임을 알아챌 수 있을 것이다.

"그가 죽으심은 죄에 대하여 단번에 죽으심이요 그가 살아 계심은 하나님께 대하여 살아 계심이니 이와 같이 너희도 너희 자신을 죄에 대하여는 죽은 자요 그리스도 예수 안에서 하나님께 대하여는 살아 있는 자로 여길지어다"(롬 6:10,11).

나는 이 복음을 부모님과 공동체 안에서 귀에 못이 박히도록 들었다. 그리고 그 복음을 살아내기 위해 치열하게 공동체 안에서 몸부림을 쳐왔다. 그런데 그렇게 몸부림을 칠수록 새생명으로 사는 것 같다기보다는 옛날 생명(죄 된 생명)이 덜 죽은 채로 좀비처럼 기어다니는 것 같았다. 복음을 듣고 믿음으로 한다고 결단했던 것들이 있었다.

'음란한 것에 대하여 죽었습니다. 지체들을 미워하는 것에 대하여 죽었습니다. 내 미래에 대하여 죽었습니다.'

그런데 여전히 음란함에 반응하는 나를 보게 된다. 인터넷 서핑을 하다가 자극적인 기사가 보이면 은근 마우스 왼쪽을 클릭하고 누군가 들어오면 잽싸게 'alt+ tab'을 누르는 순발력, 죄에 대하여는 발빠르게 반응하는 내 모습은 복음으로 회복된 중인이라고 보기엔 너무 허술하고 허접했다. 미래에 대하여 죽었다면서 뭘 해도 한번 멋지고 폼나게 살아보고 싶은 욕망이 속에서 부글부글 끓어올랐다. 그것은 곧바로 나를 무시하거나 얕보는 지체를 미워하고 화를 내는 결과를 낳았다.

죽은 사람은 반응이 없다는데 왜 나는 여전히 움찔움찔 반응하고 나와 관련된 일에 대하여는 어쩜 그렇게 예민한지 죽은 것 같지 않았다. 그래서 내 옛 생명이 죽었나, 안 죽었나 생사 확인을 하기 시작했다. 조금만 실수하면 '아이고, 안 죽었나 봐'라고 하다가, 조금만 잘하는 듯이 보이면 '그래, 난 죽었어'라고 한다. 말씀으로 진단을 받는 것이 아니라 오로지 내가 느끼는 느낌으로만 반응하는 것이었다. 게다가 나는 굉장히 감정적인 사람이었다. 사탄은 내 약점을 잘 알고 감정의 영역을 자꾸 공략했다. 그리고 그게 먹혀들어가듯 자주 넘어졌다.

내가 지낸 공동체는 남녀관계에 대해 굉장히 엄격했다. 공동생활이고 밤낮 가리지 않고 붙어서 사역해야 하니 엄격할 수밖에 없었다.

그런데도 내 감정 안에서는 누군가를 좋아하고 그 마음을 표현하고 싶었다. 그것은 그냥 좋아하는 것만으로 그치질 않고, 다른 형제들 이랑 친하게 지내거나 관심을 보이면 질투하게 되고 곧이어 미워하는 마음과 행동으로 나타나게 되었다. 그 후에는 밀려오는 죄책감에 시달리기도 했다. 나는 공동체 안에서 좋아하는 마음을 갖는 것 자체가 죄인 줄 알았다. 그래서 해결되지 않는 이 감정을 놓고 치열하게 싸웠다. 그런데 내 힘으로 억제하려고 하면 할수록 감정은 더 짙어져 갔고, 나의 감정을 표현하는 실수를 범하기도 했다.

이런 실수들이 반복될수록 너무 괴로워 버티기가 힘들자, 내 안에서 성경이 말한 '죽음'의 의미를 희석시켰다. 그 단어를 문자적 의미로 받아야 할 것이 아니라 함축된 다른 의미가 있을 것이라 여겨버렸다. 그래서 공동체 안에서 실제로 "나는 죽었습니다"라는 고백을 전혀 하지 않았다. 자꾸 '죽었다, 살아났다'를 반복하다, 나중에는 '어차피 살아날 거 뭐하러 죽나. 그냥 살아 있자'는 마음이었다.

그런 나에게 주님이 죽음의 의미를 알게 해주셨다. 내가 노력해서 죽어야 하는 것이 아니라 2천 년 전에 예수 그리스도와 함께 '이미 죽었다'라는 것을 믿음으로 취하면 되는 것임을. 감정, 소욕, 헛된 욕망들이 일어나는 것 자체가 중요한 것이 아니라 그것에 의미를 부여하고 내가 붙드는 것이 문제였다. 사탄이 누구를 좋아하는 마음을 음욕을 통해 공격해올 수 있다. 음란한 생각을 떠올릴 수도 있고 누군가를 미워하는 마음을 갖게 될 수도 있다. 그것은 사탄이 주는 공격일 뿐이다.

사탄이 주는 마음을 내가 붙들지만 않으면 되는 것이었다. 이것에 대하여 확실하게 알고 나서는 불필요한 싸움을 싸우는 시간 낭비를 줄일 수 있게 되었다. 물론 여전히 흔히 넘어지는 음욕이나 지체를 미워하는 마음을 붙들고 놓고 싶지 않을 때가 있다. 그러나 음욕이나 미워하는 마음 자체가 없어지기를 바라는 바보 같은 기도는 하지 않는다. 다만 '나는 이미 죽었고, 그리스도 안에서 함께 살았다!'라는 진리를 붙들기 위해 기도하고 싸우게 되었다.

믿음으로 하는 것이란?

"믿음으로 하는 게 뭔지 모르겠어요."

"이게 믿음으로 하는 거예요, 저게 믿음으로 하는 거예요?"

믿음으로 사는 게 뭔지 모르겠다는 말, 이게 믿음인지 저게 믿음인지 모르겠다는 말, 어떤 게 믿음인지 모르겠다는 말을 들을 때가 있다. 분별하기가 쉽지 않은 상황 가운데서 더 나은 믿음의 결정을 하기 위해 던지는 질문이라면 하나님 앞에 지혜를 구하면 될 것이다.

믿음으로 한다는 것을 복잡하게 생각하지 말라. 앞서 나눴지만 믿음은 단순하다. 복잡하거나 애매모호하지 않다. 믿음의 걸음을 걸으며 믿음으로 행하는 것에 대해 난해하고 복잡하다고 생각하는 이유가 뭘까. 그것은 '사람이 보기에도 믿음으로 하는 것 같고 하나님 보시기에도 틀리지 않은 것을 선택'하려 하기 때문이다. 사람은 각기 자신만의 가치관이 있고 옳다고 하는 바가 다 다르다. 그런 사람들에게서 '절대적으로 옳다'라는 평을 들을 수 있는 행위가 얼마나 되겠는가?

나도 이런 질문을 던진 적이 있었다. 나를 두고 어떤 사람은 믿음으로 잘하고 있다고 격려해주는 반면 어떤 이는 믿음이 아니라며 질책하기도 했다. 한동안 이 혼란에서 벗어나질 못했다.

'도대체 어떻게 해야 믿음으로 하는 거야?'

그 과정을 겪으면서 모든 사람을 만족시킬 만한 절대적인 믿음의 행위는 없다는 것을 깨달았다. 그리고 말씀을 보는데 하나님께서 보고자 하시는 것은 드러난 행위가 아니라 하나님을 향한 나의 마음이라는 것을 알게 되었다. 거칠고 투박해 보이는 모습이라도 하나님을 사랑하는 마음으로 행한 것이라면 반드시 선하게 인도하시는 하나님이셨다. 그런 선하신 하나님이시기에 믿음의 선진들은 믿음으로 하는 게 무엇이냐는 질문을 던지지 않았다. 그냥 하나님을 사랑하는 마음으로 각자의 자리에서 맡겨진 일에 충성을 다했다. 하나님께서는 그 마음을 보시고 가장 선하게 인도하셔서 역사에 길이 남을 믿음의 걸음으로 평가하셨던 것이다.

우리는 오로지 하나님 앞에서만 믿음이 있다는 평을 들으면 된다. 하나님을 사랑해서 그분을 믿는 믿음으로 행하는 모든 것이 믿음이다. 혹시 사람의 평가나 시선을 두려워해서 헷갈리는 것은 아닌지 살펴보라.

"네게 있는 믿음을 하나님 앞에서 스스로 가지고 있으라 자기가 옳다 하는 바로 자기를 정죄하지 아니하는 자는 복이 있도다"(롬 14:22).

그런데 사람을 두려워하지 않고 사람의 시선을 신경 쓰지 않는다고 자신의 옳음을 주장하고 고집을 부리라는 말이 아니다. 이후에 온전한 믿음 안에서의 관계라는 영역을 통해 구체적으로 살펴볼 것이다. 다만 믿음의 영역은 아주 단순한 태도로 대해야 살아낼 수 있음을 기억하라. 무엇이 믿음으로 하는지에 대한 헛된 질문 앞에서 벗어나야 한다. 주님은 믿음의 영역을 행위의 어떠함으로 제한하지 않으셨다. 다만 하나님의 은혜 안에서 거침없이 나아가자. 우리는 가장 안전한 하나님의 전능하신 손길 안에 있음을 잊지 않으면 된다.

이전에 했던 건 다 헛것인가?

'믿음으로 새생명을 얻어 이제 믿음의 걸음을 옮기려 한다면 이전에 내가 했던 모든 것이 다 헛된 것인가?'

결론부터 이야기하면 결코 헛된 것일 수 없다. 이 질문은 온전한 믿음 가운데로 나아가는 우리의 발목을 붙잡고 힘을 뺀다. 앞으로 펼쳐진 영광을 보지 못하게 만드는 사탄의 공격인 것이다.

'지금까지 내가 뭐한 거지?'

'내 지난 시간들은 전부 헛된 것이란 말인가?'

이 잘못된 생각에 한번 사로잡히면 헤어나오기가 쉽지 않다. 또한 앞으로 펼쳐질 하나님의 무한한 영광의 복음을 누리는 데까지 나아가기 어렵다. 이런 생각은 반드시 정리하고 가야 한다.

요한복음 21장의 장면은 굉장히 칙칙하다. 새벽녘 예수님을 배신한 제자들이 자신들의 이전 삶으로 돌아가 밤새 잡히지 않는 헛그물질을 하고 있었다. 그러던 중 예수님께서 나타나셔서 배신한 제자들을 만나주셨다. 그리고 그물을 배 오른편에 던지라고 말씀하시자 밤새 던져도 잡히지 않았던 고기들이 잔뜩 잡혔다. 그들은 그것을 통하여 말씀하신 분이 예수님인 줄 알았다.

그들이 밤새 던졌던 그물질은 결코 헛된 것이 아니었다. 그 헛그물질은 새벽녘 제자들에게 찾아오셔서 "배 오른편에 던져라"라고 말씀하신 분이 예수님인 줄을 단번에 알게 해주는 계기가 되었다. 이와 마찬가지로 우리가 연약하여 실수하고 넘어졌던 지난 시간들은, 오히려 나에게 베푸신 하나님의 은혜를 알게 해주는 시간이 된다. 복음 안에서 누릴 수 있는 축복 가운데 하나는 헛된 것 같은 지난 모든 시간이 전부 하나님의 손길 안에 있었던 은혜의 시간들로 재해석된다는 점이다.

나의 발목을 붙들고 더 이상 앞으로 나아가지 못하도록 한 것이 바로 이 질문이었다. 8년간 섬긴 공동체를 나와서 다시 시작해보려 해도 마치 실패로 끝나버린 것 같은 나의 지난 시간을 보면 한 걸음도 움직일 용기가 나질 않았다. 세상으로도 나갈 수 없고 그렇다고 실패한 이 삶을 다시 살 수도 없이 어중간하게 끼어서 이도저도 못하고 있었다. 사람들이 전부 나에게 손가락질하는 것 같고 다시 믿음으로 고백해도 아무도 믿어주지 않을 것만 같았다. 사람들이 너무 무서워서 결단을 하고 나아갈 수가 없었다.

그렇게 움직이지도 못하고 있을 때 사울이 불순종했던 사건과 다윗이 밧세바를 범한 사건을 떠올리게 해주셨다. 둘의 차이가 무엇이었는지 무엇을 두려워했는지. 사울은 사람들이 두려웠다. 분명히 하나님의 말씀에 순종하지 않았음에도 사람들의 시선이 두렵고 자신의 왕권이 흔들릴 것이 두려워서 잘못한 건 알겠지만 사람들이 기다리고 있으니 사무엘에게 자신과 함께 가달라고 부탁한다.

다윗이 밧세바를 범한 사건은 치밀하고 계획적이어서 실수라고 보기에는 너무 악한 사건이었다. 그런데 그 잘못을 하나님께서 선지자 나단을 통하여 들추어내셨을 때 다윗은 바로 엎드렸다. 왕위에서 쫓겨나고, 사람들에게 손가락질 받고 욕을 먹는 한이 있어도 그는 하나님에게서 멀어지는 것을 더 두려워했던 것이다. 이때 내게 필요한 태도가 바로 다윗과 같은 자세임을 알려주었다.

잘못하고 실수했고 욕먹는 것이 당연하지만 그래도 하나님을 등지는 자리에는 설 수 없기에, 범죄한 대가로 모든 것을 잃어버린다 해도 하나님께 매달릴 수 있는 간절함, 그 간절함으로 매달렸을 때 지난 시간들이 내게 은혜로 다가오기 시작했다.

하나님의 복음이 실패로 끝나버린 것 같은 나의 지난 시간들을 은혜로 재해석시켜주셨다. 실수는 분명히 실수고 연약함은 분명히 연약함이기에 반드시 다뤄져야 하고 다듬어져야 하지만 그 시간을 통해서 그럼에도 불구하고 나를 사랑하신 하나님의 은혜를 더욱 크게 깨닫게 되었다.

다시 사역을 시작하게 된 것도 그 은혜를 알게 되어서이다. 지금 맡고 있는 단체는 이전에 내가 섬기다 나온 단체와 함께 지내고 있다. 나의 지난 모든 연약함과 실수를 모두가 알고 있다. 이 환경은 앞으로 개구리가 올챙이 적 생각하지 못하고 교만할까 봐 내게 허락하신 하나님의 완전한 조치였음을 알게 되었다. 생각만 하면 식은땀이 날 정도로 민망하고 쪽팔리지만 그 시간이 없었더라면 지금 이 자리에서 다시 하나님께서 맡겨주신 사역을 감당할 수 없었을 것이다.

복음이 주는 첫 번째 축복은 기억하기도 싫은 지난 모든 시간을 은혜로 재해석해준다는 점이다.

약 5년 전쯤에 청소년들을 대상으로 복음을 나누는 학교를 맡아 섬긴 적이 있었다. 40-50명의 청소년들 모두가 함께 복음 앞에 서고 자신에게 실제가 된 복음을 한 명씩 나누는 시간이 있었다. 그때 모두가 나누고 한 자매만이 마지막까지 나누지 않고 있었다. 남은 모든 학생들에게 중보기도하며 기다릴 것을 요청하고 그 자매와 대화를 나누었다. 무엇 때문에 이 복음을 나누기를 꺼려하는지 물었다. 그 자매가 말했다.

"지금 이것을 나누면 지금까지 제가 하나님을 사랑해서 믿음이라고 생각하고 달려왔던 모든 시간이 헛된 것이 되기 때문이에요."

그 고백이 진심임이 전해졌다. 무엇을 어떻게 대답해야 할지 하나님 앞에 지혜를 구하고 입을 열었다.

"자매가 전에 아는 만큼 하나님을 사랑해서 믿음으로 행했던 것은 잘못된 것이 아니에요. 그리고 지금 복음을 나누라는 것은 이전에 이 완전한 복음을 모를 때의 시간들이 전부 헛되다고 말하라는 것이 아니에요. 그때 자매가 하나님 앞에 드렸던 그 믿음과 순종은 주님이 받으셨어요. 그런데 하나님께서는 자매의 지난 시간과 경험에 매이시는 분이 아니시잖아요? 하나님께서 지금 원하시는 믿음의 순종을 올려드리는 것이 지난 시간이 헛되지 않았음을 증명하는 겁니다."

자매는 잠시 머뭇거리다가 자신이 기록한 것을 나누기 시작했다. 십자가 복음 앞에서 죽어야 할 자신의 죄 된 실체를 나누고 완전한 십자가 복음을 온전한 믿음으로 화합하는 시간이었다. 지켜보던 모든 이들이 함께 울고 십자가 복음의 영광을 함께 경험하는 순간이었다. 또한 나 자신도 하나님 앞에서 큰 교훈을 얻는 시간이었다.

돌아온 지난 시간들은 단지 그 순간 가운데서도 우리를 붙드시는 하나님의 은혜를 보는 것이다. 지난 시간에 매여 지금 믿음의 순종을 말씀하시는 하나님 앞에 나아가지 못하는 것은 이전에 자신의 연약함을 연민하는 것밖에는 되지 않는다. 지난 시간들이 지금 말씀하시는 분이 예수 그리스도이신 줄을 알게 하고 그 예수님 앞으로 나아가게 하는 도구가 되게 하라. 밤새도록 던진 헛그물질이 예수님인 줄 단번에 알게 해주었던 도구가 되었던 것처럼.

11

경외함의 표식 ;

죄, 회개

죄와 연약함 가운데 두시는 이유

하나님을 사랑하는 줄 알려면 하나님께서 원하시지 않는 것을 하지 않음으로 알 수 있다. 하나님을 경외한다는 것을 위의 논리로 말하자면 하나님을 사랑하기 때문에 하나님에게서 멀어지는 것을 두려워한다는 말이다. 그렇다면 이러한 경외함을 확증할 수 있는 것은 하나님에게서 멀어지게 하는 것에 대해 반응하는 자신의 태도를 보면 된다. 즉, 죄에 대한 우리의 태도가 하나님을 경외함을 확증하게 될 것이다.

죄에 대한 우리의 태도를 통해 하나님을 경외하는지를 살펴보기 위해 먼저 우리가 느끼는 죄에 대한 왜곡된 인식으로 발생한 오해들을 정리해보도록 하겠다.

하나님께서는 복음으로 결론이 난 사람들의 삶을 거룩한 삶이라고 하셨다. 한마디로 따로 구별된 사람들이라는 것이다. 그렇다면 구별된 사람들이 다시 죄의 유혹에 빠지지 않도록 인간의 연약함을 모두 거두어가시면 간단하게 해결된다. 그런데 하나님께서는 우리의 연약함을 거두어가지 않으신 채 죄악의 소굴인 세상 한복판으로 보내시고는 거룩하게 살라고 하시는 것이다. 이때 우리는 우리가 하늘의 백성이지만 이 땅에 살고 있다는 것을 깨닫게 된다. 그래서 "이 땅에서 육체를 입고 있는 동안은 어쩔 수 없구나"라고 결론을 내린다.

하나님께서 왜 우리를 죄의 소굴인 세상 가운데 두시고 우리의 연약함을 거두어가시지 않았는지를 안다면 거기서 결론을 내릴 수 없다. 하나님께서는 우리가 가진 연약함을 통해 하나님의 강함이 드러나기 원하신다. 우리가 연약하기에 매순간 하나님을 선택하고 의지하여 우리의 믿음을 더욱 견고하게 세우시기 위함이지 우리를 넘어뜨리려는 것이 아니다.

우리의 연약함은 육체를 단련한다고 사라지지 않는다. 또한 시간이 지난다고 없어지는 것도 아니다. 오히려 시간이 흐르면 흐를수록 더욱 연약해진다. 경험과 지식이 쌓일수록 두려움과 근심과 염려가 많아진다. 그러나 여기서 멈추지 않고 주님을 찾아야 한다.

더욱더 연약해지고 더 부족해져서 하나님을 이전보다 더욱 익숙하게 찾게 되는 것, 나는 이것이 진정한 성화라고 생각한다. 우리의 연약함을 통해 하나님의 강하신 손이 드러나는 것이기에 하나님께서는 우리의 연약함을 거두어가시지 않는 것이며 우리를 세상 가운데 두시는 것이다.

"나에게 이르시기를 내 은혜가 네게 족하도다 이는 내 능력이 약한 데서 온전하여짐이라 하신지라 그러므로 도리어 크게 기뻐함으로 나의 여러 약한 것들에 대하여 자랑하리니 이는 그리스도의 능력이 내게 머물게 하려 함이라 그러므로 내가 그리스도를 위하여 약한 것들과 능욕과 궁핍과 박해와 곤고를 기뻐하노니 이는 내가 약한 그때에 강함이라"(고후 12:9,10).

이 마음을 알아가는 그리스도인들은 지금은 우리가 이 땅에 살고 있지만 우리는 하늘의 백성이라는 결론으로 나아가게 된다. 하나님의 온전하신 뜻과 우리를 사랑하시는 그분의 마음을 늘 기억해야 한다.

죄를 대하는 잘못된 태도

모든 사람들이 죄가 나쁜 줄 알고 죄를 지으면 안 된다는 것을 잘 알고 있다. 우리의 이러한 인식과는 달리 우리의 삶은 익숙하게 죄를 짓는다. 우리가 죄를 짓는 이유가 무엇인가?

간단하게 생각하자. 우리는 죄를 어쩔 수 없어서 짓는 게 아니다. 우리가 죄를 짓는 단 한 가지 이유는 '좋아서'이다. 더러운 줄 알고 좋지 않은 것을 아는데 죄로부터 떠나지 못하는 것은 우리의 느낌과 감정 때문이다. 하나님을 떠나 느낌과 감정대로 사는 것에 익숙해져 버린 우리의 삶이 나쁜 줄 알지만 계속해서 죄에 퍼질러 앉아 있게 하는 근거가 되는 것이다.

여전히 교회 안에서도 죄로부터 얻을 수 있었던 쾌감, 쾌락, 좋은 느낌들을 잊지 못한 부류들이 범하는 실수가 있다. 한 부류는 자신의 죄 됨을 인정하지 않으려고 성경을 뜯어고친다. 하나님의 절대 은총을 강조하면서 '인간은 연약해서 죄로부터 자유할 수 없고 죄를 짓지 않고는 살아갈 수 없다. 그렇기에 우리는 계속 죄를 짓지만 회개하면 살 수 있다'고 말한다.

하나님의 절대 은총은 사실이다. 다만 이 은혜를 아는 자들은 자신의 죄 됨을 처절하게 인정하고 하나님 앞에 나아온 자만이 누릴 수 있다. 로마서 6장에서는 자신의 죄 됨을 인정하고 하나님의 은혜를 경험한 사람은 절대 죄에 거할 수 없다고 말하고 있다. 성경 어디에도 그리스도인이 되어서도 죄를 지을 수밖에 없다고 말하는 곳은 없다. 말씀은 우리의 존재를 죄인이라고 정확하게 진단하는데 어떤 이들은 사람들의 귀를 간지럽히기 위해 인간의 어쩔 수 없음을 강조한다. 성경은 어쩔 수 없는 인간의 절망에서 끝나지 않는다. 그 불가능한 일을 하나님께서 친히 이루셨다고 선포한다.

"듣는 자들이 이르되 그런즉 누가 구원을 얻을 수 있나이까 이르시되 무릇 사람이 할 수 없는 것을 하나님은 하실 수 있느니라"(눅 18:26,27).

만약 어쩔 수 없다면 겸손하게 인정하고 그것을 가능하게 하신 하나님께 도우심을 간절히 구하는 것이 마땅하다.

또 어떤 부류들은 죄를 짓고 싶지 않은 마음으로 애쓰고 노력한다. 그런데 잘 되지 않으니 하나님 앞에 '죄가 미워지게 해주세요'라고 구한다. 이것은 도우심을 구하는 게 아니다. 죄와 치열하게 싸우고 싶지 않은 것뿐이다. 그냥 자연스럽게 죄가 미워지면 하나님 뜻대로 잘 살 수 있으니 그렇게 해달라는 것이다. 스스로 하나님을 선택하는 의지적인 결정보다 저절로 되어지기를 바라는 자들의 기도를 하나님께서 들어주실 리 없다. 이미 하나님께서 죄인 된 우리를 사랑하셔서 예수 그리스도의 십자가로 말미암아 죄로부터 자유할 수 있는 길을 열어놓으셨다. 이것을 믿는 믿음 외에는 어떤 방법과 수단으로도 죄로부터 자유할 수 없다.

아무리 죄가 죄인 줄 알고 내가 죄인인 줄 알아도 도저히 죄로부터 벗어나지 못하는 것은 죄로부터 느끼는 좋은 감정에서 벗어나지 못하기 때문이다. 우리의 감정과 정서가 얼마나 위험한지를 이미 살펴보았다. 수련회에서 잠깐 은혜를 받고 감정이 따라줄 때는 일주일에서 길게는 한 달까지 죄를 멀리할 수 있지만 얼마 되지 않아 어김없이 원래의 자리로 돌아오고 마는 것은 감정으로 죄를 대하고 있기 때문이다. 죄가 감정적으로 미워지기를, 떠나지기를 기다리는 것은 불가능한 일이다.

죄를 미워하려는 느낌을 기다리지 말고 죄가 더럽고 추악한 것임을 알았다면, 죄에서 돌아서는 것밖에는 방법이 없다. 내가 느끼는 정서와 감정을 부인하고 하나님 앞에 서기로 한 굳은 의지가 필요한 것이다. 결코 쉬운 일은 아니지만 이미 이루어진 진리에 대한 확신, 하나님을 떠나서는 살 수 없는 간절함, 그로 인해 하나님을 선택하기로 한 의지가 우리의 느낌과 감정을 부인하고 하나님을 선택할 수 있게 한다.

한번은 어떤 훈련학교에서 내가 얼마나 존재적으로 죄인인지를 보는 시간을 가졌다. 죄의 목록을 적어가며 내가 죄를 지을 수밖에 없는 존재임을 인정하고 마음의 사형선고를 받는 시간이었다. 사형선고를 받아야 하나님의 은혜를 바라고 소망할 수 있으며 그 은혜를 누릴 수 있기 때문이었다. 그런데 아무리 죄의 목록을 적어내려가도 내 마음 가운데 사형선고는 내려지지 않았다. 분명 A4 용지에 적힌 죄의 목록들은 내가 저지른 죄가 맞고 성경적 근거로도 난 죄인이었으며, 죽어야 하는 것이 마땅했다. 그런데 도무지 내 마음 안에 사형선고가 내려지지 않는 것이었다. 그래서 써놓고도 사형선고가 무엇인지, 죄인임을 인정하는 것이 무엇인지 한참을 고민했다.

그때 문득 나의 죄의 실상을 적은 용지를 살펴보다가 발견한 것이 있었다. 모든 것이 하나도 빠짐없이 사망에 이르게 하는 죄임에 틀림없었다. 다만 소름 끼치게 놀랐던 것은 내가 죽을 수밖에 없는 존재임이 너무도 명확하게 드러나 있는데 나의 감정과 정서, 느낌은 아무렇지도 않다는 것이다. 이 죄를 가지고서는 내가 사랑하는 하나님 앞에 나아갈 수 없는데도 내게는 절망이나 낙심이라는 감정적인 반응이 일어나지 않는다는 것이었다.

가령 말기 암 선고를 받았다고 생각해보라. 의사가 정밀 검사 후에 객관적인 진단 결과와 그에 따른 자각 증상을 살펴보아 당신에게 암 말기를 선고했다면 당신의 마음은 어떻게 반응하겠는가? 죽음에 대한 두려움으로 인해 절박해지고, 살고 싶은 소망으로 매달리지 않겠는가?

그런데 나의 경우, 아무리 죄의 목록을 살펴보아도 나의 느낌과 정서로는 죄를 똑바로 볼 수도, 죄를 죄로 느낄 수도 없는 화인 맞은 심령임을 보게 된 것이다. 죄를 감정에 의존해서 멀어지게 한다는 것이 육체를 입고서는 불가능함을 깨닫게 되었다. 죄를 더럽게 느끼거나 나쁘고 싫도록 느끼는 것이 불가능하다는 사실이 나에게 절망으로 다가왔다. 죄를 멀리할 수도, 미워할 수도 없는 왜곡된 나의 상태, 그러면 내가 아무리 노력하고 애를 써도 벗어날 수 없다는 말인가?

이때 필요한 것이 온전한 믿음이었다. 내가 죄에 대해서 느끼는 감정이 중요한 것이 아니다. 내가 느끼는 감정과 상관없이 이루어진 진리를 믿는 믿음이 필요하다.

경외함

지긋지긋하게 붙들고 늘어지는 죄를 멀리할 수 있는 원리는 하나님을 경외하는 것뿐이다. 경외함의 영역에서는 우리가 두려워해야 할 것이 무엇인지 아는 것이 중요하다. 죄를 지었을 때 하나님으로부터 오는 심판이나 내가 치러야 할 대가를 두려워하게 되면 죄를 미워할 수 없는 우리의 정서와 느낌은 자꾸 하나님으로부터 멀어지게끔 만들 것이다.

우리가 진정 두려워해야 할 것은 하나님으로부터 멀어지는 것이다. 죄를 가지고서는 하나님께 가까이 나아갈 수가 없기 때문에 죄로 말미암아 하나님과 멀어지는 것을 두려워해야 하는 것이다. 즉, 하나님에게서 멀어지는 것을 두려워하는 자는 반드시 죄와 멀어지게 된다.

하나님과의 사랑의 교제 안에서 온전한 믿음으로 누리는 자는 반드시 하나님 앞에 더 가까이 나아가게 되는데, 이때 하나님 앞에 나아가지 못하도록 방해하는 모든 것을 멀리하게 된다. 따라서 진정한 회개는 하나님에게서 멀어지는 것을 두려워하는 자만이 할 수 있다. 내가 죄를 지어서 받을 대가가 두려워서 또는 얻은 구원을 뺏길까 봐 하는 것이 회개가 아니다. 하나님을 사랑하기 때문에 내가 사랑하는 주님이 원하시지 않는 자리에 머물러 있을 수가 없어서 그 자리를 떠나는 것이 회개이다.

하나님과 멀어지게끔 만들었던 것을 알고 그것에서부터 온전한 회개로 돌아선 사람은 그 자리에 다시 서지 않는다. 왜냐하면 그 자리가 하나님이 기뻐하시는 자리가 아님을 알기 때문이다. 그런데 하나님과의 관계에 집중하지 않고 내 감정과 느낌에 집중하는 순간 내 육체가 원하는 자리로 돌아갈 수밖에 없다.

우리가 죄를 대하는 태도, 즉 하나님에게서 멀어지게 하는 자리로부터 돌아서는 태도가 진정 하나님을 경외하는지 확증할 수 있는 것이다. 그래서 먼저 주님은 우리에게 하나님에게서 멀어지게 하는 죄를 죄로 깨닫게 하신다. 그래야 우리가 하나님께서 원하시지 않는 자리임을 알고 돌아서든지 아니면 육체의 원함을 선택하든지 우리의 태도를 보일 수 있기 때문이다. 내 육체의 원함(죄의 소욕)을 내려놓는 자리에서 우리는 하나님 경외함을 확증받을 것이다. 먼저 '하나님이 원하시는 자리인지 아닌지의 기준'은 다음과 같다.

"그러므로 사람이 선을 행할 줄 알고도 행하지 아니하면 죄니라"(약 4:17).

선을 알고도 행하지 않는 것은 죄다. 누가 보든지 상관없이 하나님 앞에서 선이 무엇인 줄 알면서도 행하지 않는 모든 것이 다 죄라는 것이다.

"의심하고 먹는 자는 정죄되었나니 이는 믿음을 따라 하지 아니하였기 때문이라 믿음을 따라 하지 아니하는 것은 다 죄니라"(롬 14:23).

또한 믿음으로 행하지 않는 것이 죄라고 하셨다. 이것은 하나님과 그 사람과의 관계 안에서만 알 수 있는 일이다. 그래서 아무도 다른 사람의 믿음을 판단하거나 정죄하지 말라고 하신 것이다. 자기만 알 수 있다. 이것이 하나님 앞에서 선한 것인지 죄인지 누가 뭐라 해도 스스로는 알고 있다는 것이다. 하나님께서 선한 양심을 통해 그에게 알려주신다.

선한 모습으로 위장은 했지만 겉으로 선해 보인다고 하나님 앞에서도 선하다고 인정받을 수는 없다. 하나님 앞에서 떳떳하지 않다면 죄로 여기고 그 자리를 떠나라. 굳이 사람들 앞에서 설명해가면서, 합리화시키면서, 성경적 근거를 찾으면서 설득할 필요가 있겠는가?

"성경에 담배 피지 말라는 말이 어디 있어?"

이런 쓸데없는 시비에 걸려들지 않을 수 있는 성경의 진리를 하나 살펴보자.

"우리 중에 누구든지 자기를 위하여 사는 자가 없고 자기를 위하여 죽는 자도 없도다 우리가 살아도 주를 위하여 살고 죽어도 주를 위하여 죽나니 그러므로 사나 죽으나 우리가 주의 것이로다"(롬 14:7,8).

예수 그리스도로 말미암아 새생명을 얻은 자는 더는 자신을 위한 삶을 살지 않는다. 우리는 사나 죽으나 주의 것이다. 주의 것인 우리는 더는 육체를 위한 삶을 추구하지 않는다. 그리스도로 말미암아 새생명을 얻은 자인지 아닌지는 주님에 의한 삶을 살아가는 것으로 구분한다.

"맥주는 술이 아니다, 취하지만 않으면 된다."

이런저런 소리 거두절미하고 술 먹는 이유가 뭔가? 나의 주인 되신 주님을 위한 일인가? 주님의 영광 때문에 술을 마시는가? 아니면 내 육체가 원하기 때문인가? 담배 피지 말란 말이 성경에 기록되어 있지 않다. 그럼 담배 피는 게 나의 주인 되신 주님의 영광을 위해 피는 것인가?

행위의 문제로 시비 거는 사람에게 정말 하나님에게서 멀어지는 것을 두려워하는지 묻고 싶다. 그래서 하나님께서는 정죄감, 죄책감을 선의 기준을 알려주시는 은혜의 도구로 사용하신다. 정죄감, 죄책감은 말 그대로 느낌이다. 예수 그리스도의 복음으로 새생명을 얻은 우리는 더 이상 정죄거리가 없다. 하나님께서 정죄할 것이 없다고 하신 말씀은 정죄할 게 있는데 눈감아주시겠다는 것이 아니다. 완전하게 죄에 대하여 값을 치르셨기에 정죄할 것이 없다는 말이다.

그런데 여전히 정죄감과 죄책감이 우리를 괴롭힌다. 정죄감과 죄책감은 하나님께서 우리에게 보내시는 사인이지 우리를 다시 주저앉게 만드는 것이 아니다. 그 사인은 지금 하나님의 아들 된 생명으로서 합당하지 못한 자리에 있다는 것을 깨우쳐주시기 위한 도구이다. 그 사인을 받은 우리는 돌이키면 된다.

'아, 이 자리는 내가 사랑하는 하나님께서 원하는 자리가 아니구나.'

문제는 그 자리가 편안하고 안락하며 너무 좋게 느껴져서 떠나고 싶지 않은 것이다. 그래서 이 느낌을 지워보려고 합리화하고 변명을 한다. 변명과 합리화가 쌓이면 선한 양심마저 기능을 상실해서 더는 하나님의 사인을 분별할 수 없게 된다. 그것은 정말 위험한 상태이다. 만약 하나님께서 우리의 선한 양심 안에서 죄책감이나 정죄감을 사인으로 주실 때는 자신을 돌아보라. 혹시 하나님께서 원하지 않는 자리에 서 있다면 변명할 것 없이 얼른 돌아서야 한다.

죄로부터 떠날 때는 반드시 하나님을 선택하는 의지가 필요하다. 쉽다고 말하진 않겠다. 다만 하나님을 정말 사랑한다면 반드시 하나님께서 원하지 않는 자리에서 떠나는 결단을 해야 한다.

하나님에게서 멀어지는 것을 두려워하는 자로 서라. 그리고 무슨 수를 써서라도 사랑하는 주님께 붙어 있어라. 체면과 직분을 따질 때가 아니다. 하나님께 붙어 있고자 하는 간절함 없이 진정한 회개는 결코 일어나지 않는다.

"여호와를 경외하는 것은 생명의 샘이니 사망의 그물에서 벗어나게 하느니라"(잠 14:27).

그러므로 회개란 그것이 죄인 줄 깨닫게 하시는 하나님의 은혜와 돌이켜 하나님 앞에 나아올 길을 열어놓으시고 나아올 수 있도록 허락하신 은혜, 그리고 하나님을 사랑하기에 하나님을 떠날 수 없는 존재의 소망함이 만나 허락된 자리인 것이다.

다윗의 예

이런 원리를 고스란히 삶으로 담아냈던 인물을 소개하고자 한다. 우리가 너무나 잘 알고 있는 다윗이다.

나라가 어느 정도 안정이 되어서 다윗은 전투에 나가지 않고 옥상을 여유롭게 거닐다가 밧세바라는 여인이 목욕을 하고 있는 것을 발견했다. 자신의 감정에 충실해진 다윗은 그를 범하고 그 사실을 숨기기 위해 그녀의 남편이자 자신의 충성된 부하인 우리야를 할례 받지 못한 자들에게 죽게 만들었다. 그리고 밧세바를 자신이 취하게 된다.

"그 장례를 마치매 다윗이 사람을 보내 그(밧세바)를 왕궁으로 데려오니 그가 그의 아내가 되어 그에게 아들을 낳으니라 다윗이 행한 그 일이 여호와 보시기에 악하였더라"(삼하 11:27).

하나님은 다윗이 행한 모든 것을 악하게 보셨다. 그래서 그에게 선지자 나단을 보내서서 크게 책망하신다. 이때 다윗의 태도를 보라. 그가 범죄한 이후 하나님 앞에 서는 태도를 통해, 그가 무엇을 두려워했는지 알 수 있다. 밧세바를 범한 후에 기록된 시편의 말씀에 다윗의 마음이 고스란히 묻어 있다.

"하나님이여 내 속에 정한 마음을 창조하시고 내 안에 정직한 영을 새롭게 하소서 나를 주 앞에서 쫓아내지 마시며 주의 성령을 내게서 거두지 마소서 주의 구원의 즐거움을 내게 회복시켜주시고 자원하는 심령을 주사 나를 붙드소서"(시 51:10-12).

자신이 저지른 행위가 하나님 앞에서 얼마나 악한 것인지를 깨닫고 하나님 앞에 매달리는 그의 고백이다.

'나를 주님 앞에서 쫓아내지 마시며 주의 성령을 내게서 거두지 마소서.'

그는 죄로 말미암아 받을 심판이 두려웠던 것이 아니었다. 이 일로 말미암아 하나님에게서 멀어지는 것이 두려웠던 것이다. 그는 죄에 대한 대가를 치르면서 단지 죄의 값을 자신이 지불한다고 여기지는 않았을 것이다. 이렇게라도 하나님 앞에 붙어 있게 해주신 은혜에 감사했을 것이다. 그래서 다윗은 허락하신 징계를 달게 받았다. 왕으로서의 체면을 세우려고 하지 않았다. 사람들의 시선도 중요하게 생각하지 않았다.

하나님을 경외하는 태도 역시 이와 같아야 한다. 하나님을 경외한다는 것은 그분으로부터 오는 징계나 채찍을 두려워하는 것이 아니라 사랑하는 주님으로부터 멀어지는 것을 두려워하는 것이다. 이것을 두려워할 때에야 비로소 하나님에게서 멀어지게 하는 죄로부터 멀어질 수 있게 될 것이다.

다른 예들

하나님께서는 우리의 온전한 믿음을 더욱 심령 가운데 인(印)치시기 위해서 경외함을 확증하신다. 우리 마음이 끈적끈적하게 묻어 있어서 하나님과의 온전한 관계에 집중하지 못하도록 만드는 것들을 들춰내시고 하나님을 선택하기 위해 하나님이 원하시지 않는 그것을 단호하게 내려놓게 하심으로써 경외함을 확증하시는 것이다.

오해하지 말 것은 하나님께서는 우리가 원하는 것이나 사랑하는 것들을 억지로 뺏어가는 분이 아니다. 하나님과의 관계에 있어서 멀어지게 하는 요소들을 내려놓기 원하시는 것뿐이다. 우리의 마음이 붙들고 있는 것은 재물이 될 수도 있고 자식이 될 수도 있다. 우리는 하나님과의 관계도 좋길 바라고 내가 원하는 것도 곁에 두고 싶어하기에 이 두 가치를 충돌시키려 하지 않는다. 그런데 하나님께서는 우리에게 최고의 가치가 하나님이시기를 원하기 때문에 반드시 우리의 마음이 묻어 있는 가치와 충돌시키신다.

"예수께서 이 말을 들으시고 이르시되 네게 아직도 한 가지 부족한 것이 있으니 네게 있는 것을 다 팔아 가난한 자들에게 나눠주라 그리하면 하늘에서 네게 보화가 있으리라 그리고 와서 나를 따르라 하시니"(눅 18:22).

한 부자 관원이 예수님을 찾아왔다. 그는 어려서부터 계명을 어긴 적이 없었다. 만약 거짓말이었다면 예수님께서 모르셨을 리가 없다. 그는 정말 영생을 간절히 원했다. 그런데 예수님은 그의 마음 안에 영생만이 아닌 다른 가치가 있음을 아셨다. 예수님께서 그의 영생을 원하는 가치와 재물에 대한 가치를 충돌시키신다. 절대 가치이신 예수 그리스도와 다른 가치는 공존할 수가 없다. 이때 부자 관원이 무엇을 선택하는지 보라.

"그 청년이 재물이 많으므로 이 말씀을 듣고 근심하며 가니라"(마 19:22).

부자 청년이 두려워했던 것은 예수 그리스도와 멀어져 영생을 얻지 못함이 아니라 재물이 없음으로 인한 가난이었다.

하나님이 무엇인가 내려놓을 것을 요구하실 때에는 내가 좋아하는 것을 뺏으시려는 것이 아니라 하나님을 경외하는 우리의 태도를 보고 싶으신 것이다. 감정적으로 쉽지 않겠지만 내려놓아야 한다. 죄 가운데서 누리는 잠깐의 쾌락과 즐거움과는 비교할 수 없는 하나님과 함께하는 영혼의 안식, 평안, 기쁨을 우리에게 허락하실 것이다. 그리고 죄 자체와 붙들고 싸우지 말고 하나님에게서 멀어지게 하는 어둠의 권세와 이 세상 주관자들과 죽기까지 싸워라. 우리가 이 싸움을 싸우는 동안 지치고 넘어질 수도 있다. 포기하고 싶은 순간들도 반드시 찾아올 것이다. 그때 우리가 주저앉지 않게 하는 힘이 있다.

"너희가 피곤하여 낙심하지 않기 위하여 죄인들이 이같이 자기에게 거역한 일을 참으신 이를 생각하라"(히 12:3).

그것은 우리에게 하나님께서 어떤 은혜와 사랑을 베푸셨는지 기억하고 그 은혜를 날마다 생각하는 것이다. 그 은혜를 생각하고 주님을 사랑하는 만큼 싸워라.

"너희가 죄와 싸우되 아직 피흘리기까지는 대항하지 아니하고 또 아들들에게 권하는 것같이 너희에게 권면하신 말씀도 잊었도다"(히 12:4,5).

'죄에 죽기까지 대항하지 않았다'는 말은 '하나님을 죽기까지 사랑하지는 않았다'는 말과 같다. 하나님을 목숨과 같이 사랑하여서 그로부터 멀어질 수 없는 자만이 죄와 죽기까지 대항하고 죄와 유혹, 세상으로부터 승리할 수 있다.

나는 늘 생각이 많았다. 아버지는 그런 나를 보시고 '결론이 없는 생각은 사탄에게 기회를 주는 것'이라는 조언을 해주셨다. 이것은 내 생각의 영역을 정리하고 안전한 울타리를 치는 데 굉장히 중요한 역할을 했다.

"생각은 열린 운동장이다. 고로 누구나 들어올 수 있다. 누가 들어오는지는 중요하지 않다. 운동하는 아주머니가 들어올 수도 있고 학생들이 놀고 있을 수도 있다. 운동장에 수많은 사람들이 들어온 것이 중요한 게 아니라 거기서 누구와 만나느냐가 중요하다. 그곳에서 만날 사람만 만나면 된다. 만약 전혀 관계없는 사람을 붙잡고 말을 걸기 시작하면 대화가 오가게 되고 대화가 깊어지면 마음을 열게 된다."

우리의 생각 속에 들어오는 죄악된 생각들이 문제가 아니라는 것이다. 음란한 생각, 미운 생각, 교만한 생각 등 수많은 죄 된 생각들을 붙들고 말을 거는 행위, '왜 난 음란한 생각이 들지? 왜 교만한 생각이 들지?'라고 결론이 없는 말을 거는 순간 사탄에게 말할 기회를 주게 된다는 것이다.

사탄이 음란한 생각을 집어넣는 것을 막을 순 없다. 그러나 새생명을 얻어서 이제 나와 관계가 없는 더러운 생각들에게 마음을 두고 말을 걸 필요는 없다는 것이다. 그냥 스쳐지나가게 두라는 말이다. 옛말에 '새가 머리 위로 날아다니는 것은 막을 수 없어도 둥지를 트는 것은 막을 수 있다'고 했다. 우리가 그것을 붙들고 말을 걸면 사탄이 기회를 얻어 우리를 다시 어둠의 구덩이로 끌고 들어가게 될 것이다. 죄의 생각 자체를 붙들고 씨름하지 말라. 그런 생각이 들면 말 걸지 말고 그냥 스쳐지나가게 둬라. 그러면 그것은 나에게 어떠한 영향도 미치지 못할 것이다.

나는 하나님을 경외하는 것, 두려워한다는 것의 의미를 오해하고 있었다. 객관적 사실을 알고 있었음에도 하나님보다 사람을 더 무서워했다. 그래서 하나님 앞에서 드러난 나의 연약함을 감추기에 급급했다. 그 연약함이 드러나고 내가 받게 될 취급, 징계가 무서웠기 때문이다. 그러나 사람을 두려워하는 것이 죄의 짜릿함에서 나를 완전히 멀어지게 할 수는 없었다. 나는 조금만 여유가 주어지면 음란한 영상을 찾아보았고 담배를 피우기도 했다. 합리화시키고 충분히 그럴 수 있다는 변명거리가 있었지만 사실 그것은 이유가 되지 못했다. 그저 내 느낌, 내 정서가 그것이 좋다고 여겼기에 어떻게든 합리화시키고 정당화시켜서 계속하려고 했을 뿐이다. 그러나 내가 정말 하나님을 경외하고, 하나님에게서 멀어지는 것이 두려웠다면 그런 어쭙지 않은 변명과 합리화로 내 연약함을 정당화하지 않았을 것이다. 사람이 무서워 그저 숨기려 하고 감추기에 급급했던 것이다.

그러나 나의 연약함, 불순종, 음란함, 고집, 성냄 등 하나님에게서 멀어지게 하는 수많은 죄악들을 보신 주님은 내게 "왜 그랬어!"라고 혼내지 않으셨다. 다만 "나를 사랑하느냐?"라고 물어오셨다. 여전히 연약하고 똑같은 공격에 수없이 넘어지지만 주님을 사랑하는 건 누가 뭐래도 내가 알고 있었다. 하지만 차마 이런 연약함이 드러난 채로 "주님을 사랑합니다"라고 고백할 수가 없었다. 디베랴 바닷가의 베드로처럼 "주님을 사랑하는 줄 주님이 아십니다"라고 대답할 수밖에 없었다.

주님은 과거에 넘어졌던 일을 다시 묻지 않으시고 '나를 따르라'고 말씀하셨다. 이전에 죄를 기억하지 않으신다는 말이 그냥 대강 넘어가시겠다는 것이 아니다. 나의 어떤 연약함도 그분을 따르지 못하게 할 근거가 되지 않는다는 말이다. "나를 따르라"라는 말씀에 "예! 따르겠습니다"라고 하기에는 참 민망하고 잉크도 안 마른 것 같은 나의 연약함이 남아 있었지만, 따르기로 했다. 다른 길이 없었다.

하나님 앞에서 합당하지 않은 태도 그리고 하나님에게서 멀어지게 하는 연약함은 반드시 다루시고 다듬으실 것이다. 또 넘어질까 봐 겁도 나고 넘어지면 사람들에게 받을 비난도 무섭다. 그렇지만 하나님에게서 멀어지는 것이 더 두렵기에 그저 하나님 앞에 나아가 긍휼히 여겨주시길 구할 수밖에 없다. 나를 살리시는 그분 앞에 목숨 걸고 매달릴 수밖에 없다. 왜냐하면 내게 살길이 그것밖에 없기 때문이다. 이후로 어떠한 공격과 유혹이 내게 찾아올지 알 수 없다. 그러나 분명하게 지금도 그리고 앞으로도 내 연약함과 하나님 앞에서 합당하지 않은 것을 밝히 드러내주시길 소원하고 기도한다.

'나를 주님 앞에서 멀리하지 마시고 주의 성령을 거두지 마옵소서!'

12

관계의 훈련1 ;

지체 사랑

생명의 관계

우리가 온전한 믿음을 누리며 살아가는지에 대한 척도가 되는 것이 바로 관계의 영역이다. 하나님과의 관계 그리고 사람과의 관계. 혼자 방에 틀어박혀 엄청난 진리를 깨달았다 하더라도 관계 안에서 실제로 적용되지 않으면 그것은 단지 이론에 불과하다. 그래서 우리는 온전한 믿음으로 누리는 관계에 대한 영역을 중점적으로 다룸으로써 우리의 삶 안에 믿음이 온전하게 자리 잡았는지를 확인하고 또 온전한 믿음 가운데로 나아가게 될 것이다.

살아가면서 매일 부딪히는 것이 바로 관계의 문제이다. 그런 중요한 관계의 영역에서는 '이렇게 하는 것이 옳다'라는 절대적인 행위의 모습이 없다. 우리가 하는 행위는 결코 모든 사람에게 절대적일 수 없기 때문이다. 다만 우리의 심령 안에 두신 절대적인 기준인 사랑의 원리로 관계의 영역에 접근하려고 한다.

세상에는 많은 종교가 있다. 그리고 많은 사람들이 기독교 역시 하나의 종교라고 말한다. 그러나 기독교는 종교가 아니다.

"하나님 아는 것을 대적하여 높아진 것을 다 무너뜨리고 모든 생각을 사로잡아 그리스도에게 복종하게 하니"(고후 10:5).

기독교가 사상이나 관념, 종교의 일부가 되는 순간 하나님을 떠나 대적하여 높아진, 무너져야 할 지식일 뿐이다.

기독교는 생명이다. 생명은 살아 있는 것이다. 살아 있는 것은 확장되고 흘러가게 되어 있다. 그 생명이 닿는 곳마다 동일한 생명력이 흘러가고 그곳에서 생명의 열매를 맺게 된다.

그러면 생명을 가진 기독교는 어떠한 생명으로 흘러가야 하는가? 그것은 바로 사랑이다. 불교는 진리를 깨닫기 위해 세속을 떠난다. 그러나 생명을 가진 기독교는 세속에서 떠나지만 그들을 사랑하기에 다시 세상 한복판으로 들어간다. 이슬람은 알라를 두려워한다. 그리고 자신의 구원을 위해 목숨을 던져 배교도를 죽인다. 그러나 생명을 가진 기독교는 하나님을 사랑한다. 그렇기 때문에 자신의 구원이 목적이 아닌 율법의 본질대로 하나님을 사랑하고 지체를 사랑한다. 그래서 기꺼이 사랑하는 영혼들을 위해 자신의 목숨을 내어줄 수 있다. 이것이 생명을 가진 기독교의 특징이다.

그런데 우리가 지체를 대할 때에 자신 편에서 한껏 믿음으로 했는데, 생명을 가진 기독교의 본질과는 다르게 반응할 때가 있다. 그 반응 중 하나는 '나는 죽었다'이다. 나를 지독히도 어렵게 하는 지체를 향해 미워하는 마음이 들 때에 '그래, 나는 죽었지. 참자'라는 식의 태도이다. 특히 이런 반응은 하나님의 사랑이 확실하게 드러날 수 있는 기회인, '나'를 어렵게 만드는 지체들을 대할 때 흔히 나온다.

죽음은 말 그대로 반응할 수 있는 모든 기능이 멈춰진 상태이다. 즉, 나를 찌르든 공격하든 무시하든 욕하든 전혀 어려워하지도 않는 상당히 수준 높고 인격적으로 성숙해 보이는 반응이다. 마치 '성자'처럼 보인다. 어떤 어려움에도 반응하지 않기 때문이다. 그 상황에서 인간 편에서 한껏 믿음을 쓴 것은 사실이다. 그리고 전혀 문제로 보이지 않는다. 하지만 이것은 아주 심각한 문제이다.

인간의 한계에서부터 하나님의 능력이 나타나기 시작해야 하는 것이다. 만약 '나는 죽었지'라는 태도로 지체를 대하면 더 이상의 관계의 진전은 없다. 기독교 안에서의 관계는 사랑하는 데까지 나아가야 하는데 이런 태도는 죽음에 머물러 있게 만든다. 죽음으로 끝을 맺는 건 세상 사람도 할 수 있고 여러 종교단체들도 할 수 있다. 그러나 사랑까지 나아가는 것은 생명을 가진 기독교 외에는 결코 할 수 없다. 그런데 기독교 안에서조차 죽음으로만 결론 내버린다면 무슨 일이 일어나겠는가? '나는 죽었다'라는 태도로 지체를 대하는 모습은 외형적으로 아주 수준 높은 믿음의 태도처럼 보이나 모두가 이런 태도로 교회 안에 있다면 교회는 공동묘지가 될 것이다.

이 태도의 장점은 아주 조용하다. 그러나 분위기는 싸늘하다. 모두가 죽었기 때문에 아무도 상처를 받거나 주지 않는다. 누가 와서 무덤을 파가든지 새로 무덤을 만들든지 전혀 상관하지 않는다.

생명을 가졌다면 반응하게 되어 있다. 치열하게 부딪힐 수도 있고, 때로는 다툴 수도 있다. 그러나 사랑으로 이어진 공동체는 한 지체의 몸부림이 모두의 몸부림이 된다. 몸의 새끼손가락 하나만 기능을 올바르게 하지 못해도 장애라고 한다. 시끄럽고 부대끼고 힘들수도 있지만 생명으로 하나된 공동체라면 치열하더라도 사랑하는데까지 나아가야 할 것이다. 교회의 각 개체인 성도들 간의 관계 안에서 누리는 온전한 믿음이 서로 사랑하는 것으로 드러나야만 한다.

이것은 개인의 믿음과도 긴밀한 상관관계를 이루고 있다. 온전한 믿음은 반드시 율법을 지킨다고 했다. 율법 조문으로써 행위가 아니라 율법의 본질, 즉 우리가 지키고 세워야 하는 율법의 본질은 하나님을 사랑하는 것과 이웃을 자기 자신과 같이 사랑하는 것이다. 하나님을 사랑하는 우리의 사랑이 눈에 보이는 지체를 사랑하는 것으로 드러나야 한다. 만약 지체를 사랑하지 못한다면 눈에 보이지 않는 하나님을 사랑하지 않는 것과 같다.

그럼 지체를 온전한 믿음으로 대하는 사랑의 관계는 어떻게 이루어지는가?

사랑에 대한 오해

많은 사람들이 지체를 사랑하지 못함에 대하여 절망하는 경우가 많다. 미움, 시기, 질투 같은 지체를 향한 불순한 마음 자체로 지체를 사랑하지 못했다고 결론을 내리고 낙심하는 경우가 많다. 그리고 하나님 앞에서 지체를 사랑할 수 있는 마음을 달라고 구한다. 나도 그렇게 생각하고 기도한 적이 있다.

그런데 내가 한 가지 놓치고 있는 것을 발견했다. 하나님을 간절히 소망하고 그분의 사랑을 바라보는 이에게는 지체를 사랑할 수 있는 하나님의 사랑을 이미 주셨다는 것이다.

"소망이 우리를 부끄럽게 하지 아니함은 우리에게 주신 성령으로 말미암아 하나님의 사랑이 우리 마음에 부은 바 됨이니"(롬 5:5).

우리가 여전히 감정적으로 느껴지는 사랑을 기다리고 있기 때문에 도저히 감정적으로 용납이 되지 않는 지체는 사랑하지 못한다고 생각하는 것이다. 감정적으로 도저히 용납할 수 없는 자를 사랑하는 자리로 나아가는 의지의 결정이 사랑을 확증할 수 있다. 이 말은 감정은 여전히 용납할 수 없어도 사랑할 수 있다는 것이다.

"우리가 아직 죄인 되었을 때에 그리스도께서 우리를 위하여 죽으심으로 하나님께서 우리에 대한 자기의 사랑을 확증하셨느니라"(롬 5:8).

하나님께서도 우리를 사랑하실 때에 감정과 상관없이 사랑하셔서 아들을 보내시는 의지적인 결단을 하셨다. 그 의지적인 결정이 우리를 향한 하나님의 사랑을 확증하는 것이었다. 그런데 우리는 계속해서 감정적으로 그 지체가 좋아지기를 기다리고 있다. 그것은 잘못된 태도이며 사랑에 대한 오해이다.

예수 그리스도의 십자가로 결론난 자에게는 대상에 관계없이 사랑할 수 있는 능력을 이미 부어주셨다. 이 말씀대로라면 우리는 사랑하지 못하는 것이 아니라 사랑하지 않는 것이다.

감정에 근거한 사랑이 굉장히 효과적일 수도 있지만 그 효력이 일시적이다. 내 감정이 받혀줄 때만 가능한 사랑인 것이다. 주님은 그런 일시적인 감정을 사랑이라고 하지 않으셨다. 하나님으로부터 온 진정한 사랑은 사랑의 대상이 어떠하든지 나를 어렵게 하든, 상처를 주든, 보기에 좋든 아니든 상관없이 나는 계속해서 지체를 사랑하는 자리로 나아가게 한다.

하나님의 사랑의 대상은 모든 사람들이다. 즉, 하나님을 사랑하는 우리의 사랑은 사람을 가려서는 안 된다. 누구는 사랑하고 누구는 사랑하지 않는 차별을 해서는 결코 안 된다. 하나님께서도 사랑할 만한 사람을 사랑하지 않으셨다. 로마서 5장 8절에서도 볼 수 있듯이 하나님께서는 가장 사랑할 수 없는 존재인 죄인을 사랑하셨다. 우리는 지체를 사랑할 때에 우리의 감정을 의지해서는 안 된다.

이것이 하나님께서 우리에게 행하셨던 동일한 원리이며 우리가 하나님을 사랑하여 취하는 태도와 동일한 태도이다. 나에게 맞지 않고 감정적으로 도저히 용납이 되지 않는 사람을 사랑하는 자리에 나아가는 것은 죄인이던 나를 사랑하신 하나님의 사랑을 알 수 있는 절호의 기회이다. 그 기회를 감정의 반응 때문에 놓치지 말자. 우리의 감정은 너무나 편파적이고 나에게 맞추어져 있기 때문에 나에게 맞지 않는 사람은 배척하고 멀리하라고 한다.

그런 나의 감정을 부인하고 의지를 써서 사랑하는 자리로 나아가야 한다. 그렇게 해서 사랑의 대상인 모든 지체에게 동일한 자세로 대하는 것이다.

"만일 너희가 사람을 차별하여 대하면 죄를 짓는 것이니 율법이 너희를 범법자로 정죄하리라"(약 2:9).

사람을 차별하는 것은 율법을 지키지 않는 것이라고 말씀하신다.

왜냐하면 사랑하지 않는 것은 사랑하지 않는 지체를 향해 지을 수 있는 모든 죄의 가능성을 열어놓는 것과 같기 때문이다. 하지만 사랑하기로 결정하면 내 안에서 시기와 미움이 일어나도 결국 사랑은 그를 사랑으로써 섬기는 가장 낮은 자리로 가게 할 것이다.

한 지체의 고백

사랑은 반드시 우리의 의지를 움직여서 지체에게 온전한 사랑을 표현할 수 있는 가장 완전한 자리로 나아가게 만든다. 상대방이 어떻게 이해하고 받아들이든지 하나님을 사랑하는 사랑으로 지체를 대한다면 가장 완전한 사랑의 표현으로 지체를 사랑할 수 있다. 그리고 그 지체도 하나님의 사랑을 바라본다면 그 표현이 사랑에서 비롯된 것임을 알게 될 것이다.

공동체로 살다 보면 관계에서 많이 부딪히게 된다. 나와 맞지 않아 계속 부딪히는 지체, 내가 싫어하는 것만 골라서 하는 지체가 있다. 만약 사랑이 전제되어 있지 않다면 믿음이라는 날카로운 기준으로 서로 칼질하고 상처 입히기에 딱 좋다. 내 맘에 들지 않을 때 아주 날카로운 믿음의 기준을 제시하며 내가 받은 상처를 똑같이 입히거나 지체가 자신의 잘못을 인정할 때까지 용납하지 않고 버티는 명분으로 사용한다. 내가 그랬다.

내가 좋은 사람은 한없이 퍼주고 모든 것을 용납할 수 있었지만 싫은 사람은 선을 긋고 어떤 틈도 주지 않았다. 지내던 공동체에서 크리스마스 이브가 되면 주님 오심을 함께 축하하며 예배하는 시간을 갖는다. 그때 서로 축복하며 그동안 하지 못했던 고백을 하며 마음을 나누는 시간이 있었는데 내가 정말 어려워하던 지체가 나를 향해 오는 것이 보였다. 나는 몇 번 피해다니다가 어쩔 수 없이 마주치게 되었다. 그런데 그 지체가 울면서 내게 이렇게 말했다.

"왜 이렇게 나를 싫어하나요."

최대한 부딪히지 않으려고 피해다녔는데 어쩔 수 없이 부딪힐 때마다 내 마음이 표현되었던 것이다. 그런데 그 말 후에 그가 나에게 선포한 말이 충격이었다.

"형제가 나를 싫어해도 나는 형제를 사랑하기로 결정했습니다. 형제를 위하여 내 목숨을 버리는 것이 마땅합니다."

"그가 우리를 위하여 목숨을 버리셨으니 우리가 이로써 사랑을 알고 우리도 형제들을 위하여 목숨을 버리는 것이 마땅하니라"(요일 3:16).

이 성경구절을 나는 입에서 꺼내는 것도 힘들었는데 그 지체는 느끼는 감정과 상관없이 나에게 이 고백을 믿음으로 한 것이었다. 그 지체가 내게 품었을 마음은 알고 있었다. 분명 감정은 이 고백에 도움을 주지 못했을 것이다. 내가 싫어한다는 것을 느꼈을 때 그도 내가 싫었을 것이다. 그러나 그는 나를 사랑하는 자리에 믿음으로 나아갔다. 물론 그 이후에도 쉽진 않았지만 그 지체의 믿음의 고백에 나는 도전을 받았다.

사랑하는 자리로 나아가는 결단과 사랑한다고 고백하는 것은 믿음으로만 할 수 있는 것이었다. 여전히 공동생활을 할 때 어렵고 힘든 사람들이 있다. 어떤 때는 이를 악물고 "사랑하고 축복합니다"라고 할 때도 있다. 그러나 주님은 계속해서 내게 지체를 사랑하는 자리로 나아갈 것을 말씀하신다. 그것은 하나님을 사랑하는 온전한 믿음에서만 가능하다.

소신과 사랑

예수님께서는 지체를 낙담케 하는 자는 연자맷돌을 목에 걸고 바다에 뛰어드는 것이 낫다고 하셨다.

"또 누구든지 나를 믿는 이 작은 자들 중 하나라도 실족하게 하면 차라리 연자맷돌이 그 목에 매여 바다에 던져지는 것이 나으리라"(막 9:42).

지체를 실족하지 않게 하는 것과 나의 믿음을 지키는 모호한 기준 사이에서 우리는 갈등한다. 나는 믿음으로 한다고 했는데 다른 지체가 낙심하고 낙담한다면 내가 생각하기에 하나님 앞에서의 믿음을 포기하고 지체를 낙심시키지 말란 말씀에 순종해야 하는가? 아니면 고집처럼 보이는 나의 믿음을 지켜야 하는 것인가?

결론부터 말하자면 내가 하나님 앞에 경외함으로 서고 온전한 믿음으로 반응하는 것만이 지체를 낙심시키지 않는 유일한 방법이다.

"주를 경외하는 자들이 나를 보고 기뻐하는 것은 내가 주의 말씀을 바라는 까닭이니이다"(시 119:74).

믿음의 분명한 태도는 사랑과 대립된다고 생각하는 사람들이 많은데, 그렇지 않다. 믿음과 사랑은 대립 구도를 이루지 않는다. 믿음과 사랑은 동일선상에 있다. 온전한 믿음으로 하는 것은 반드시 지체를 사랑하는 것으로 드러나게 되어 있다. 공동체에서 상처를 받았다고 하는 사람들의 이야기를 들어보면 대략 이렇다.

"거기는 너무 믿음만 강조하고 공의의 날을 날카롭게 세워서 사랑이 없어."

믿음의 결국은 율법의 본질인 하나님을 사랑하고 이웃을 사랑하는 것이다. 믿음은 분명히 사랑이 전제되어 있다. 믿음의 태도와 사랑을 분리시키는 것은 잘못된 생각이며 자신이 원하는 대로 해주지 않거나 대접을 받고 싶은 마음에서 비롯되는 경우가 많다. 즉, 지체가 믿음으로 서기를 소망하는 마음은 사랑 없이 결코 생길 수 없으며, 믿음으로 서도록 권면하고 엄하게 다스리는 것 또한 영혼 사랑이 없으면 불가능하다.

예수님께서도 우리를 향한 사랑을 죽음으로 확증하셨다. 그리고 우리를 사랑하시기에 십자가의 죽음으로 초대하셨다. 겉으로 보면 죽음으로 초대하는 것이 어떻게 사랑인가? 그런데 그 뒤에 펼쳐진 복음의 영광을 보는 순간 그것이 사랑이었음을 깨닫는다. 십자가 뒤에 펼쳐진 영광은 믿음으로 보는 것이다. 누가 당신의 영혼을 걱정하고 하나님 앞에서 바른 태도로 서기를 걱정하겠는가? 사랑이 없다고 말하기 전에, 믿음의 눈으로 딱딱한 모습 뒤에 펼쳐진 사랑을 보라. 자기 마음대로 하며 대접받고 싶은 마음을 교묘하게 변명하거나 영적인 말로 포장하지 말라. 만약 정말 사랑이 없는 것이라면 받고자 하는 대로 당신이 먼저 사랑하면 된다. 어떠한 변명도 있을 수 없다.

먼저 자신이 분명하게 하나님 앞에서 온전한 믿음으로 서 있다면 율법의 본질인 이웃을 사랑하면서 지체를 대하는 법을 주님이 가르

처주실 것이다. 우리가 예수 그리스도를 믿는다고 하면서 예수님을 온전히 믿는 사랑의 자리에 나아가지 않는다면 다른 지체의 영혼이 낙심할 것이다.

때로는 우리의 믿음의 행위가 지체의 기분을 상하게 만들 수도 있다. 그러나 때가 되면 하나님의 계획 안에서 그것이 사랑이었음을 알게 될 것이다. 그러니 걱정하지 말고 먼저 하나님 앞에 온전한 믿음으로 서라. 그러면 가장 완전한 사랑으로 지체를 사랑할 수 있고 하나님 앞에 그를 더욱 견고하게 세울 수 있다.

여기서 잘 분별해야 할 것은 자신이 지키려는 믿음의 태도가 사실은 자기 고집이 아닌가 하는 것이다. 온전한 믿음은 반드시 지체를 사랑하는 것으로써 증명될 수 있다. 믿음이 견고한 사람은 자신이 무엇을 하는지, 그 행위에 초점을 두지 않는다. 하나님을 사랑해서 행하는 모든 것이 믿음이기 때문이다.

하나님을 사랑하는 온전한 믿음을 가진 자는 '내가 얼마나 믿음으로 잘 서느냐'보다 말씀하신 대로 '지체를 사랑하는 것'에 온통 초점을 맞추고 있다. 그래서 만약 지체가 자신의 고집스러워 보이는 태도를 어려워한다면 얼마든지 태도를 바꿀 수도 있다. 자신이 믿음이라고 말하는 태도가 고집인지 아니면 정말 믿음인지를 확인하는 방법은 지체를 위해 기꺼이 그 행동을 하지 않을 수 있느냐로 구분할 수 있다. 하나님은 우리에게서 정해진 태도를 원하시는 것이 아니라 사랑을 원하신다. 그렇기에 하나님을 사랑하는 자는 하나님의 마음이 가 있는 지체를 사랑하는 것을 최우선으로 한다.

"내가 주 예수 안에서 알고 확신하노니 무엇이든지 스스로 속된 것이 없으되 다만 속되게 여기는 그 사람에게는 속되니라"(롬 14:14).

이 말씀은 무엇을 하느냐가 중요한 것이 아니라고 말한다. 따라서 무엇을 먹는지는 별로 중요한 게 아니다. 믿음으로 먹을 수도 있고 먹지 않을 수도 있는 자유가 예수 그리스도 안에 있는 사람에게 있다는 것이다. 그런데 여기서 끝나지 않는다.

"고기도 먹지 아니하고 포도주도 마시지 아니하고 무엇이든지 네 형제로 거리끼게 하는 일을 아니함이 아름다우니라"(롬 14:21).

예수 그리스도 안에 있는 것은 절대 속된 것이 없기에 고기를 먹을 자유도, 포도주를 마실 자유도 있지만 만약에 다른 지체가 어려워하고 낙심하는 일이 생긴다면 믿음으로 하지 않는 자유를 누릴 수 있다는 것이다. 먹는 것도, 안 먹는 것도 믿음이라면 지체를 사랑함으로 그가 낙심하지 않는 것을 선택해야 한다는 것이다.

예수 안에 있는 자는 모든 것으로부터 자유하다. 그러므로 자신이 누릴 수 있는 권리를 누리지 않는 것도 자유이다. 그렇다면 기꺼이 지체를 섬기기 위해 자신이 누릴 권리를 포기하는 것이 진짜 하나님을 사랑하는 믿음을 가진 자의 태도가 아니겠는가? 만약 그것을 선택하지 못한다면 그것은 한쪽에 매여 있는 것이고 자유하지 못하다는 것이며 자신의 고집일 것이다. 자신의 태도를 하나님이 말씀하신 최우선인 지체를 사랑해야 하는 이유로도 바꾸지 못한다면 그것은 고집이다.

"모든 것이 내게 가하나 다 유익한 것이 아니요 모든 것이 내게 가하나 내가 무엇에든지 얽매이지 아니하리라"(고전 6:12).

하나님께서는 우리의 믿음이 지체를 사랑하는 것으로 나타나기를 원하신다. 하나님께서 원하시는 태도로 나아가는 것이 온전한 믿음을 가진 자의 올바른 반응이라는 것이다. 이 설명은 원리를 제시한 것이다. 그 원리는 지체가 느끼는 감정 기복에 일일이 반응하라는 말이 아님을 확실하게 알고 있어야 한다. 사람마다 가치관이 다르고 살아온 환경이 다르다 보니 어떤 이가 어려워하는 것을 어떤 사람은 좋아하기도 한다. 그런 기분에 일일이 맞추어주라는 것이 아니다. 맞출 수도 없다. 근본적으로 지체를 사랑하는 마음으로 태도를 교정할 수 있으나 사람을 기쁘게 하기 위해 태도를 바꾸라는 말이 아니다. 자칫 잘못하면 사랑이라는 초점을 잃어버리고 사람에게 매일 수도 있다.

우리는 사람을 기쁘게 함이 아니라 하나님을 사랑하기에 하나님의 사랑으로 지체를 대한다는 것을 점검하는 것이 필요하다. 그것은 자기 스스로 하나님 앞에서 지키기로 한 약속, 그 약속에 대한 분명한 태도를 가지고 있어야 한다. 한마디로 말한다면 '소신'이다. 이것은 하나님과의 약속이다. 이것을 지킴으로 인해 사람을 기쁘게 함이 아니라 하나님을 사랑하기에 취한 태도임을 스스로 증명할 수 있을 것이다.

예를 들면 하루에 한 시간을 하나님 앞에 기도하는 시간으로 떼어 놓는 결정으로 인해서 지체와의 관계에서 어려움이 생길 수도 있다. 함께해야 하는 분위기를 깰 수도 있다. 그러나 그럴 때 지체가 낙심한다고 태도를 바꾸어서는 안 된다. 하나님과의 약속은 반드시 지켜야 한다. 그 태도를 하나님 앞에서 유지하다 보면 주변 사람들도 알게 될 것이다. 사람들의 반응과 상관없이 하나님 앞에서의 올바른 태도를 지켜나가는 것을 통해 온전한 믿음으로 서 있는지를 점검할 수 있다.

"네게 있는 믿음을 하나님 앞에서 스스로 가지고 있으라 자기가 옳다 하는 바로 자기를 정죄하지 아니하는 자는 복이 있도다"(롬 14:22).

관계의 영역 역시 앞서 다룬 믿음의 원리에서 벗어나지 않고 있다.

"그중의 제일은 사랑이라."

나는 줏대 없다는 소리를 많이 들었다. 팔랑 귀라서 이 사람 얘기를 들으면 그럴 듯하고, 저 사람이 얘기하면 그것도 역시 그럴 듯해서 줏대 없이 이리저리 갈팡질팡했다.

그러다보니 정작 중요하게 믿음으로 소신 있게 지켜야 할 것이 무너지기도 했다. 하나님 앞에서 정한 기도시간이나 말씀을 보는 시간을 지체들과의 교제라는 명분으로 쉽게 타협해버리곤 했다. 한번은 외부에 친한 분들과 자주 교제하는 시간을 갖게 되었는데 그분들이 특정 사람이나 어떤 사역에 대해 부정적인 이야기를 꺼내기 시작했다. 많은 사람들이 공감하고 너도나도 같은 얘기를 꺼냈다. 그것을 듣는 내내 내게 그 사람과 사역에 대해 선입견이 생기게 되었다. 그런데도 나 때문에 사람들이 어려워지거나 내가 소외를 받을까 봐, 혹은 고리타분한 사람으로 찍힐까 봐 아무런 말도 하지 못했다. 그러면 가만히 있으면 되는데 나도 그 대화에 끼고 싶어서 소위 뒷담화를 늘어놓기 시작했다. 그것이 익숙해지니 뒷담화의 대상을 보면 나에게 딱히 나쁜 짓을 한 것도 아닌데 괜히 믿고 싶은 감정이 올라왔다.

몇 번 그런 상황을 겪고 나서 '이래서는 안 되겠구나' 싶어서 그중에 나를 잘 이해해주는 형제님을 찾아가 이야기했다.

"사실 사람들이 어려워할까 봐, 왕따가 될까 봐 겁이 나서 말을 못 했는데 자꾸 모여서 부정적인 이야기를 하다 보니 내 안에서 괜히 부정적인 시각이 쌓이고, 좋지 않은 영향이 흘러오는 것 같습니다. 모이신 분들은 그냥 흘러가는 이야기하듯 하고 잊을 수 있을 만큼 성숙하시지만 저는 아직 그것을 그냥 넘기기가 쉽지 않습니다. 그래서 앞으로 모일 때 저는 그 자리에 있지 않겠습니다."

그렇게 결정하고 고백하고 나서 내 마음은 가벼워지기보다는 걱정이 되었다.

'진짜 왕따 되는 거 아냐?'

그러나 하나님께서는 그 지체를 통하여 나를 격려해주셨다.

"사실 그 교제가 하나님 앞에서 합당하지 않다는 것을 알고 있었습니다. 먼저 그렇게 말씀해주셔서 감사합니다. 저도 동일하게 조심하겠습니다."

하나님 앞에서 소신껏 결정한 사항을 주님이 기뻐하셨다. 그 지체들도 나의 이 결정으로 낙심에 빠지기보다 하나님 앞에서 돌아볼 수 있는 시간이 될 거라 믿는다.

정직과 외식

사랑은 꾸밈이 없고 거짓이 없다. 즉, 있는 모습 그대로 나아가야 한다는 것이다.

"사랑에는 거짓이 없나니 악을 미워하고 선에 속하라"(롬 12:9).

만약 지체를 대함에 있어서 숨기는 것이 있다면 온전한 믿음으로 사랑하는 것이 아니다. 예수님께서 바리새인들을 크게 꾸짖으시면서 책망하셨던 태도가 있었는데 그것은 '외식'이었다.

"화 있을진저 외식하는 서기관들과 바리새인들이여 너희가 박하와 회향과 근채의 십일조는 드리되 율법의 더 중한 바 정의와 긍휼과 믿음은 버렸도다 … 화 있을진저 외식하는 서기관들과 바리새인들이여 잔과 대접의 겉은 깨끗이 하되 그 안에는 탐욕과 방탕으로 가득하게 하는도다 … 화 있을진저 외식하는 서기관들과 바리새인들이여 회칠한 무덤 같으니 겉으로는 아름답게 보이나 그 안에는 죽은 사람의 뼈와 모든 더러운 것이 가득하도다 이와 같이 너희도 겉으로는 사람에게 옳게 보이되 안으로는 외식과 불법이 가득하도다"(마 23:23, 25, 27, 28).

하나님께서 가장 싫어하시는 모습 중 사람에게 보이기 위해 꾸며진 모습을 크게 책망하신 것이다. 예수 그리스도의 십자가 앞에 나아오는 우리의 가장 바람직한 태도는 '정직함'이다. 겸손하게 자신의 처지와 형편을 인정하고 있는 모습 그대로 나아와야 십자가 앞에 설 수 있다. 그런 정직한 태도만이 하나님의 은혜를 얻을 수 있다. 자신의 연약함뿐만 아니라 드러내고 싶지 않은 영역까지 모두 내보이는 정직함으로 나아와야 한다.

하나님 앞에서의 정직하지 못한 태도는 역시 지체와의 관계에서도 문제를 일으킨다. 사람의 눈이 두려워, 하나님의 도우심을 받아야 하는 연약한 존재로 비춰지고 싶지 않기에 마음에도 없는 말과 행동으로 자신의 약함을 꽁꽁 감추는 것이다. 자신의 강함을 주장하여 그리스도 안에서의 도움이 필요 없다고 벽을 치는 행위이다. 이것은 그리스도 안에서 존재로의 관계를 가장 방해하는 태도이다. 지체를 하나님의 사랑으로 대할 수 없게 만드는 것이다.

믿음의 선진들은 자신의 약함을 자랑처럼 진리의 빛 앞에 드러냈다. 그렇게 함으로써 모든 성도들이 그의 약함 가운데서 강함이 되신 하나님을 볼 수 있었다. 사람을 기대하지 않고 우리의 강함이 되신 예수 그리스도를 주목할 수 있게 되면서 예수 그리스도의 사랑으로 연약한 존재를 사랑할 수 있었다. 그리고 믿음 안에서 서로의 약함을 보충하고 그리스도의 십자가 안에서의 완전한 연합을 이룰 수 있었다.

"우리가 몸의 덜 귀히 여기는 그것들을 더욱 귀한 것들로 입혀주며 우리의 아름답지 못한 지체는 더욱 아름다운 것을 얻느니라 그런즉 우리의 아름다운 지체는 그럴 필요가 없느니라 오직 하나님이 몸을 고르게 하여 부족한 지체에게 귀중함을 더하사 몸 가운데서 분쟁이 없고 오직 여러 지체가 서로 같이 돌보게 하셨느니라 만일 한 지체가 고통을 받으면 모든 지체가 함께 고통을 받고 한 지체가 영광을 얻으면 모든 지체가 함께 즐거워하느니라 너희는 그리스도의 몸이요 지체의 각 부분이라"(고전 12:23-27).

그리스도의 사랑으로 완전한 연합인 교회를 이루는 것을 깨는 것이 바로 '외식'이다. 그래서 가장 아름다운 연합의 원리를 깨는 이 '외식'을 무섭게 질책하신 것이다.

많은 사람들이 외식하는 이유는 사람의 인정과 평판에 매여 있기 때문이다. 사람의 눈에 어떻게 보이는지로부터 자유하다면 자신의 연약함을 드러내는 일은 어려운 일이 아니다. 그런데 눈에 보이는 사람들의 인정과 평판이 마치 자신의 존재를 설명해주는 것 같은 생각에서 벗어나지 못하기에 자신을 감추는 것이다. 그런 사람은 자신의 연약함은 숨기지만 자신의 강함은 숨기지 않는다. 자신의 강함은 어떻게든 드러내어 좋은 평판과 인정을 받고 싶기 때문이다. '외식'하는 태도로 대하는 관계는 결국 깨어질 수밖에 없다. 그리고 온전한 연합을 이룰 수가 없다.

그러면 '외식'이란 것은 무엇이며, '정직'은 무엇인지 정리하면서 우리의 태도를 돌아보자.

우리는 흔히 외식이라고 할 때 '겉과 속이 다른 것'이라고 한다. 틀린 말은 아니지만 예수님께서 왜 그렇게 외식에 대하여 진노하시고 싫어하셨는지 이해하기에는 너무 부족한 설명이다. 더 구체적인 의미로 다가가야 한다.

우리의 왜곡되버린 감정이 옳은 것에만 반응하는 게 아님을 살펴보았다. 그러면 이러한 위험한 감정을 가지고 있는 우리의 속이 겉과 같아지면 어떻게 되겠는가? 예를 들어 어떤 지체를 굉장히 미워해서 죽이고 싶은 마음이 들었다. 나는 외식하지 않고 정직하게 내 마음을 실천하겠다면 큰일이다. 반대로 죽이고 싶도록 미운 마음을 참고 겉으로 그에게 친절히 대했다면 그것은 외식인가? 잘못 이해하면 지체들을 굉장히 어렵게 만들 수도 있다. 정직이라는 핑계로 아무것도 모르는 지체에게 "내가 당신을 미워했습니다"라고 이야기하면 상대방은 어떻게 느낄까? 하나님 앞에서 기도하며 지혜를 구하고 옳지 못한 마음으로 지체를 대했던 것에 대한 회개의 고백이라면 괜찮다.

그런데 안타깝게도 많은 사람들이 자신을 싫어한다는 것을 모르는 그 자체에게 내가 어려워하고 있음을 알려주는 것으로 정직이라는 말을 이용한다.

하나님께서 싫어하시는 외식은 단지 겉과 속이 다른 것이 아니라 속보다 겉에 더 충실한 것이다.

'외식'(外飾)의 사전적 의미는 다음과 같다.

'겉치레(겉만 보기 좋게 꾸미어 드러냄), 바깥쪽을 장식함. 또는 그런 장식.'

사전적 의미만 보아도 우리가 신경써야 할 속사람은 생각하지 않고 눈에 보이는 겉사람 꾸미기에 바쁜 것이 외식이라는 것이다. 그래서 속사람을 더욱 견고하게 세우기 위해 속에서 일어나는 연약함과 싸우지 않는다. 그럴듯하게 보이는 행위만 신경쓰는 것이다. 외식은 자신의 연약함과 존재적 죄인임을 인정하지 않는 교만이다(겸손은 자신이 어떠한 존재인지 인정하는 것이다).

만약 자신이 스스로는 결코 헤어나올 수 없는 존재적 죄인임이 인정되지 않으면 사람은 결코 도움을 요청하지 않는다. 십자가는 사형틀이다. 즉 사형선고를 받은 자에게만 필요한 것이다. 은혜가 필요한 죄인임을 인정하지 않는 교만한 자에게 십자가의 은혜는 결코 허락되지 않는다. 예수님께서 분노하셨던 외식하던 자들은 창녀나 세리들이 아니었다. 오히려 율법과 가까이 지내던 바리새인, 대제사장들이었다. 율법을 연구하고 공부하며 열심히 행하려던 사람들이었다. 그렇게 율법 조문을 지키려고 애쓰던 자들이 외식을 한다고 하는 것이다.

율법은 우리가 결코 온전히 율법을 지킬 수 없는 존재임을 진단해서 하나님의 은혜가 필요한 존재임을 드러내는 도구로 쓰임 받았다. 바리새인과 대제사장들에게도 역시 동일한 진단을 내렸을 것이다. 제대로 율법 앞에 섰다면 자신의 죄인 됨을 보았을 것이고 절대적인 하나님의 은혜를 구하기 위해 예수님 앞으로 나갔어야 할 텐데 오히려 나중에 예수님을 십자가에 못 박아버린다. 자신이 죄인이라는 사실을 끝까지 인정하지 않은 것이다.

자신의 죄인 됨을 인정하지 않고 또한 나의 노력이 아니라 복음으로 온전히 살게 하실 하나님 역시 인정하지 않은 것이었다. 외식은 바로 사람의 시선과 평판에 사로잡혀 도움이 필요한 자신의 연약함을 인정하지 않는 '교만'이다. 그래서 예수님께서 그들을 매섭게 책망하셨던 것이다.

그렇다면 하나님이 보시기에 합당한 정직은 무엇인가? 정직은 기회이지 끝이 아니다. 정직(正直)의 사전적 의미는 '마음에 거짓이나 꾸밈이 없이 바르고 곧음'이다. 사전적인 의미만 보아도 외식과는 상반된 의미임을 알 수 있다. 그런데 타락한 육체 안에 거하며 왜곡되고 비틀어진 심령에 익숙하던 우리가 만약 거짓이나 꾸밈이 없이 있는 그대로를 나타낸다면 어떻게 되겠는가? 우리 안에서 일어나는 소욕들은 미워하고 시기하며 성내고 자기를 드러내는 것이 자연스럽다. 그것을 고스란히 노출시키는데 어떻게 하나님 앞에서 바르고 곧을 수 있단 말인가? 내 안에 일어나는 소욕들을 있는 그대로 표현하는 것이 정직이 아니다. 정직은 내 안에서 선한 것이 나올 수 없음을 솔직하게 인정하는 것이다.

자신에게서 어떠한 선한 것도 나올 수 없음을 인정하는 정직은 가난한 심령으로 성령 하나님의 도움을 받아 그리스도인으로 살게 해 준다. 가난한 심령으로 하나님 앞에 나아가면 그 정직을 기뻐하사 은혜로 덮으시고 도와주신다. 그리고 우리의 어떠함이 아니라 우리에게 덮여진 예수 그리스도의 의를 보시고 우리에게 '옳다'라고 선언하시는 것이다. 그런데 정직하기만 하다고 이 결론에 이르는 것은 아니다. 열왕기상하, 역대상하를 보면 통일 이스라엘의 다윗과 솔로몬 왕 이후에 남유다와 북이스라엘로 나뉘어 두 나라를 통치하고 다스렸던 왕들의 기록에는 이러한 것들이 있다.

"아마샤가 여호와께서 보시기에 정직하게 행하기는 하였으나 온전한 마음으로 행하지 아니하였더라"(대하 25:2).

"여호사밧이 그의 아버지 아사의 길로 행하여 돌이켜 떠나지 아니하고 여호와 보시기에 정직하게 행하였으나 산당만은 철거하지 아니하였으므로 백성이 여전히 마음을 정하여 그들의 조상들의 하나님께로 돌아오지 아니하였더라"(대하 20:32,33).

"요담이 그의 아버지 웃시야의 모든 행위대로 여호와 보시기에 정직하게 행하였으나 여호와의 성전에는 들어가지 아니하였고 백성은 여전히 부패하였더라"(대하 27:2).

북이스라엘에는 선한 왕이 거의 나오지 않았다. 그나마 남유다에는 간간히 선한 왕들이 있었다. 그런데 선하다고 하는 왕들마저도 정직하게는 행하였으나 꼭 하나씩 여지를 남겨놓아 아쉬운 결론을 맺었다. 그래서 정직에 대하여 처음 나눌 때 '기회'이지 '결론'이 아니라고 한 것이다.

우리가 정직하게 도움이 필요한 존재임을 인정했다 하더라도 세상으로부터 도움을 얻고자 하면 안 된다. 오직 하나님 앞에 나아가서 돕는 은혜를 구해야 한다. 하나님 앞에서 '옳다' 여기심을 받을 수 있는 정직의 자리로 나아가야 동일하게 허락된 지체들과의 관계에 그리스도의 사랑 안에서의 온전한 교제가 이루어질 수 있다.

내가 죄인임을 '단지 지식적으로 동의하느냐 아니면 인정하느냐'의 차이는 죽을 죄인에게 살기 위하여 반드시 필요한 '십자가 앞에 엎드리느냐, 아니냐'로 알 수 있다. 내가 피조물에 불과하다는 사실을 아는 것과 인정하는 것의 차이는 전능하신 조물주에게 모든 것을 의탁하느냐, 아니냐의 차이가 되는 것이다. 우리의 정직이 단지 아는 데서 그치지 않고 인정하는 데까지 나아가야 한다. 감정의 반응을 기대하지 말고 사실을 인정하면 그 정직함이 은혜 안에서 온전한 연합을 이룰 것이다.

"나의 방패는 마음이 정직한 자를 구원하시는 하나님께 있도다"(시 7:10).

"미련한 자는 죄를 심상히 여겨도 정직한 자 중에는 은혜가 있느니라"(잠 14:9).

내가 했던 실수

나는 겉으로는 관계를 굉장히 잘하는 것처럼 보였는데 속을 들여다보면 마음을 전혀 열지 않는 폐쇄적인 사람이었다. 교제도 적당히, 관계도 적당히 하는 데는 내가 생각하는 핑곗거리가 있었다.

아버지께서 리더로 계시는 단체의 일원으로 있다 보니 아무래도 많은 관심을 받을 수밖에 없었다. 그 관심이 때로는 좋아서 혹시 누가 알아주나 하며 두리번거릴 때도 있었지만 그 관심이 지나칠 때는 부담스러웠다. 말 한 번 잘못하면 온 공동체뿐만 아니라 외부에 잘 알지도 못하는 사람들이 나에 대한 이야기를 한다는 소식을 전해듣곤 했다. 좋은 얘기도 아닌 주제로 잘 아는 사람도 아닌 모르는 사람들이 나에 대해 이야기한다는 것은 굉장히 불쾌한 일이었다. 몇 번 친한 사람들에게 다른 사람한테는 이야기하지 말아달라고 하면서 좋아하는 사람과 미워하는 사람, 내가 갖고 있는 연약함은 무엇인지를 이야기했다. 그런데 그 지체도 자신의 친한 지체에게 '누구한테 말하지 마'라고 하면서 전달되고 또 전달된 것이다. 결국 내 귀에 다시 들려올 때는 질책과 함께였다.

몇 번 그런 일이 있고 나서는 사람들과 장난스럽게 이야기하는 것 외에는 누구에게도 마음을 열 수가 없었다. 얘기를 해도 형식적으로 말했다.

"음… 주님이 이런 말씀을 해주셨어요."

내 속은 곪고 썩어가면서도 괜찮은 척, 아무 일도 없는 척을 했다. 만약 내가 아무도 모르게 행하는 일들이 누구 귀에라도 들어가면 아버지에게 타격이 갈까 봐 노심초사했다. 이런 핑계들로 내 마음을 닫고 교제를 하지 않았다. 겉으로 보기엔 굉장히 잘 지내는 것 같으면서도 사건으로 '빵!' 터지기 전에는 누구도 예상하지 못했다. 속은 곪아서 썩어가면서도 겉은 하나님의 은혜 가운데서 평안한 것처럼 보였어야 했다.

그런데 그것이 하나님 앞에서 정직하게 나아가지 못하고 외식하는 자리로 나아가는 빌미가 되었다. 내 속에 하나님 앞에서 합당하지 않은 것이 자리잡고 있음에도 사람의 평가가 두려워 인정하지 않고 꽁꽁 숨겨놓았던 것이다. 사실 내가 숨긴다고 숨겨도 주변 지체들은 다 알고 있었다. 그냥 정직하게 내 실상을 인정하고 기도를 부탁하면 될 것을 나만 인정하지 않고 버티고 있었던 것이다.

하나님께서는 그 과정을 통하여 내가 정직하게 나아갔을 때 공동체 가족들과 지체들이 사랑으로 품어주고 함께 기도해주는 것을 알게 해주셨다. 부끄럽게도 정직하게 인정하고 나아갔을 때 하나님의 사랑을 알게 되고 또 그 사랑으로 사랑할 수 있었다.

또 한 가지는 정직의 의미를 오해하여 저질렀던 실수였다. 공동체 안에서 내가 대하기 정말 어려운데 차마 대놓고 직설적으로는 말을 못하니까 정직이라는 핑계로 고백했다.

"죄송합니다. 제가 당신을 미워하고 당신이 이렇게 행동하는 것을 정죄하고 비판했습니다. 용서해주세요!"

용서를 구할 생각으로 얘기한 것이 아니었다.

'제발 내 앞에서 이런 행동 하지 마!'

이런 마음을 기독교적 용어로 바꾸어 나긋나긋하게 이야기한 것뿐이다. 그 얘기를 한 후부터 그 지체는 내 앞에서 눈치를 보기 시작하고 나를 피하기 시작했다. 이것에 대하여 하나님께서 엄하게 책망하셨다. 내가 지체를 어렵게 하는 행동에 대해서는 나쁘다는 것을 생각하지도 않고 정직이라는 가면을 쓰고 지체를 어렵게 하고 눈치보게 만든 것에 대하여 주님이 말씀해주셨다.

'너나 잘해라.'

정직은 나의 불편한 속마음을 표현하는 걸 좋은 도구가 아니다. 그저 나로서는 사랑할 수 없는 부족한 사람임을 인정하는 것이다.

온전한 연합을 이루려면

하나님 앞에서 가장 아름다운 관계(연합)는 오직 율법의 본질인 하나님을 사랑하고 그 사랑으로 지체를 대할 때에야 가능한 것임을 보게 되었다.

하나님께서는 사람이 혼자 사는 것을 기뻐하지 않으셨다. 창세 때에도 유일하게 마음에 들어하시지 않으셨던 것이 아담이 혼자 사는 것이었다.

"여호와 하나님이 이르시되 사람이 혼자 사는 것이 좋지 아니하니"(창 2:18).

그래서 하나님께서 돕는 배필로 여자를 허락해주셨다. 에덴동산에 공동체가 생긴 것이다. 그리고 하나님께서는 이 공동체가 하나님 앞에서 질서 있고 아름답게 세워지길 바라시며 공동체의 구성원들에게 질서에 맞게 역할을 맡기셨다.

첫 사람인 아담에게는 이런 역할을 맡기셨다.

"여호와 하나님이 그 사람을 이끌어 에덴동산에 두어 그것을 경작하며 지키게 하시고"(창 2:15).

둘째 사람인 하와에게는 다른 역할을 맡기셨다.

"내가 그를 위하여 돕는 배필을 지으리라 하시니라"(창 2:18).

첫째 사람인 아담을 돕는 배필로서 역할을 정해주시고 질서 있게 공동체를 이루어가도록 하셨다.

이와 같이 창세 때의 원리 그대로 예수 그리스도를 머리로 한 공동체 안에서는 반드시 하나님나라의 원리에 맞게 한 몸 안에서 각자 맡겨진 자리와 직임이 있다.

"은사는 여러 가지나 성령은 같고 직분은 여러 가지나 주는 같으며 또 사역은 여러 가지나 모든 것을 모든 사람 가운데서 이루시는 하나님은 같으니 각 사람에게 성령을 나타내심은 유익하게 하려 하심이라 어떤 사람에게는 성령으로 말미암아 지혜의 말씀을, 어떤 사람에게는 같은 성령을 따라 지식의 말씀을, 다른 사람에게는 같은 성령으로 믿음을, 어떤 사람에게는 한 성령으로 병 고치는 은사를, 어떤 사람에게는 능력 행함을, 어떤 사람에게는 예언함을, 어떤 사람에게는 영들 분별함을, 다른 사람에게는 각종 방언 말함을, 어떤 사람에게는 방언들 통역함을 주시나니 이 모든 일은 같은 한 성령이 행하사 그의 뜻대로 각 사람에게 나누어주시는 것이니라 몸은 하나인데 많은 지체가 있고 몸의 지체가 많으나 한 몸임과 같이 그리스도도 그러하니라"(고전 12:4-12).

예수 그리스도를 머리로 한 각 지체는 성령 안에서 하나이지만 위치와 직분이 다 다르다. 누구는 손의 역할, 누구는 눈의 역할, 누구는 발의 역할, 각 지체별로 역할은 다르지만 하나의 공동체를 이루는 데어느 하나라도 없어서는 안 되는 중요하고 소중한 지체이다. 그렇기에 누가 더 중요하다고 혹은 더 필요하다고 할 수 없다. 각자의 자리에서 가장 적절한 역할을 감당하고 있다.

이 소중하고 귀한 공동체를 보호하시기 위하여 하나님께서는 머리 되신 예수 그리스도의 권위 아래에 두셨다. 이 권위는 예수 그리스도의 보호를 의미한다. 그런데 우리는 '권위'라는 말의 억양만 들어도 친근하거나 따뜻하게 느껴지지 않는다. 왜냐하면 우리가 인식하고 있는 권위는 우리를 안전하게 보호하는 장치가 아니라 우리를 억압하고 어렵게 하는 것이라는 왜곡된 인식이 있기 때문이다. 이 권위에 대한 왜곡된 인식이 바뀌지 않으면 하나님께서 마련해놓으신 안전한 보호 안에서 안식할 수 없고 하나님 앞에서의 바른 '순종'이 불가능하다. 그래서 우리가 생각하는 권위와 순종에 대한 잘못된 인식을 바꾸어야 할 필요가 있다.

13

관계의 훈련 2 ;

권위와 순종

가장 힘든 관계

사람과 사람 사이를 설명하는 관계가 있다. 아버지와 아들 사이
를 부자 관계라 하고, 남편과 아내 사이를 부부 관계라 하며, 스승
과 제자의 관계를 사제 관계라고 한다. 모든 관계는 그 관계에서 자
신의 위치에 맞는 역할이 있고 그에 합당한 태도들이 있다. 사람은
한 사람과만 관계하며 살지 않기 때문에 여러 사람들과의 관계 속에
서 요구되는 역할이 다양하다. 아버지는 가족을 부양하고 이끄는 책
임감이 필요하고, 학생은 겸손히 배우는 태도, 자식은 부모의 말씀에
순종하는 태도가 요구된다.

이러한 수많은 관계 중에 '권위'와 '순종'의 태도가 필요한 관계는
상하로 이루어진 관계이다. 팀장과 팀원, 사장과 사원 등 상하로 구

성된 관계에서 위치에 합당하게 취해야 하는 태도는 권위를 가진 자로서의 책임감과 무조건적인 순종이다. 이 때문에 자기가 왕이 되어서 마음대로 살고픈 죄 된 습성을 가진 인간이 가장 어려워하고 힘들어하는 게 바로 상하관계다.

하나님께서는 성경에서 다른 어떤 관계보다 상하관계에서 취해야 할 행동을 많이 강조하셨다. 친구관계에서는 편하게 원하는 대로 대할 수 있지만 상하관계는 결코 그럴 수가 없다. 사람들은 높은 직분이나 위치에 있으면 자기 멋대로 할 수 있을 것이란 권위에 대한 왜곡된 인식을 가지고 있기에 자꾸 머리가 되려고 한다. 하지만 하나님께서는 높은 직분이나 위치, 그가 가진 권위가 하고 싶은 대로 마음껏 하는 것이라고 말씀하신 적이 없다. 오히려 더 낮아져서 섬기라고 하셨다. 권위를 가진 자도, 순종하는 자리에 있는 자도 모두 합당한 태도로 서야 하나님이 기뻐하시는 그리스도의 몸의 모습을 나타낼 수 있다.

상하관계에서도 필요한 것은 역시 사랑이다. 각자 맡겨진 자리에서 하나님 앞에서 올바른 태도로 서면 진정으로 하나님을 기쁘시게 할 수 있다. 하나님을 경외함을 확증받았던 아브라함의 제사를 기억하는가? 하나님을 기쁘시게 했던 그 제사는 단지 아브라함 혼자만의 바른 결정으로 올려드린 게 아니다. 창세기 22장으로 가보자.

"하나님이 그에게 일러주신 곳에 이른지라 이에 아브라함이 그곳에 제단을 쌓고 나무를 벌여놓고 그의 아들 이삭을 결박하여 제단 나무 위에 놓고 손을 내밀어 칼을 잡고 그 아들을 잡으려 하니"(창 22:9,10).

그 결정된 의지에 가만히 묶여 묵묵히 순종하는 이삭의 순종이 없었다면 하나님 앞에서 완전한 제사는 이루어질 수 없었다. 이삭 정도면 늙은 아버지를 밀치고 도망갈 수도 있었다. 만약 그렇게 도망간다면 아브라함은 잡지 않았을 것이다. 그런데 이삭은 반항하지 않았다. 하나님 앞에서 가장 옳은 것을 행하려는 아버지를 알았기 때문이다. 어떻게 이삭은 아브라함의 말도 안 되는 결정을 믿고 순종할 수 있었는가?

이삭은 자라면서 아버지 아브라함이 하나님 앞에 드리는 제사를 많이 보았다. 그리고 아브라함이 하나님 앞에 바칠 제물을 고를 때에는 소유 중 가장 흠 없고 완전한 제물을 선택하는 것을 보면서 자랐다. 그런데 자신이 제물이 된다는 말은 아브라함이 가진 것 중에 하나님 앞에 드릴 흠 없는 최고의 제물이었다는 사실을 안 것이다. 이것이 그가 죽음 앞에서도 순종할 수 있었던 비결이다. 하나님 앞에서의 바른 결정과 그 결정을 믿은 순종이 만나, 하나님 앞에 가장 완전한 제사를 드리게 되었던 것이다.

이것은 아브라함과 이삭뿐만이 아니었다. 우리를 구원하신 예수님의 십자가도 그렇게 이루어졌다. 하나님께서 우리를 사랑하셔서 터무니없는 결정을 내리셨다. 그러나 유일하고도 완전한 하나님의 계획 안에서 내리신 결정이었다. 하지만 이 결정만으로는 십자가가 완성되지 않는다. 이 결정을 믿고 하나님을 사랑해서 죽음의 자리에 나아가신 예수 그리스도의 순종으로 말미암아 십자가라는 거룩하고 가장 아름다운 제사가 완성된 것이다.

우리가 어느 자리에 있든지, 하나님 앞에서 한 결정이나 순종이 아니라면 결코 하나님을 기쁘시게 할 수 없다. 결정하는 자와 순종하는 자 모두가 이 원리로 맡겨진 자리에 서야 한다.

하나님을 기쁘시게 하는 권위와 순종은 서로의 본심을 알 때 가능하다. 아들 이삭이 아버지 아브라함의 마음을 알았기에 죽음 앞에서 순종할 수 있었고, 아들 예수님이 아버지 하나님의 마음을 알았기에 죽음 앞에서 순종할 수 있었다. 이 완전한 제사가 드려지기 위해 우리가 가진 권위와 순종에 대한 잘못된 인식을 벗겨낼 필요가 있다.

둘 중 하나라도 올바른 태도로 서지 않는다면 하나님께서 원하시는 제사가 이루어지지 않는다. 그렇다고 해서 남이 올바른 태도로 서지 않았기 때문에 나도 하나님 앞에서 잘못된 태도를 취하는 것은 굉장히 위험한 반응이다. 남과 상관없이 자신의 위치에 맞게 하나님 앞에서 바른 태도를 취하며 살아야 한다. 그럼 어디서부터 문제인지 하나씩 살펴보도록 하자.

내가 죽어야 할 십자가를 바라보는 원리

권위와 순종의 관계는 그 어떤 관계에서보다 판단과 비판, 정죄가 많아 하나님께서 기뻐하시지 않는 일들이 비일비재하게 일어나는 영역이다. 그렇기에 더더욱 십자가의 원리가 실제가 되어야 하는 영역이기도 하다. 이 권위와 순종이라는 관계는 각자의 역할이 너무나 중요하다. 맡겨주신 각 지체의 영역대로 쓰임을 받기에, 유기적인 연합이 이루어지지 않으면 결코 원활한 관계가 이루어지지 않는다.

그런데 많은 공동체 안에서 서로가 자기를 위해 자기에게 맞추다

보니 충돌이 일어나고 판단과 정죄가 일어난다. 사도행전에 보면 하나님께서 맡기신 사역을 감당하는 사도와 성도들을 방해하는 대제사장과 바리새인들이 있었다. 그들은 사도와 성도들이 죽임을 당하는 것이 마땅하다고 생각했다. 그래서 자신들이 가지고 있는 권력과 권세를 합당하지 않게 이용하여 사도들을 괴롭혔다.

여기서 특이한 것은 사도들 역시 대제사장들과 바리새인들이 생각하는 대로 자신들이 예수 그리스도로 말미암아 받는 핍박과 고난, 죽음을 당연하게 받아들였다는 점이다. 오히려 영광으로 생각하며 기뻐했다. 그래서 그들은 자신이 있는 위치에서 하나님 앞에서 바른 태도를 보였다. 바르지 않고 공정하지 않은 권력에 대하여 반란을 모색한다거나 사람들을 동원하여 권력을 뒤집으려고 하지도 않았다.

"사도들은 그 이름을 위하여 능욕 받는 일에 합당한 자로 여기심을 기뻐하면서 공회 앞을 떠나니라"(행 5:41).

"사울은 그가 죽임 당함을 마땅히 여기더라"(행 8:1).

사도들과 그들을 핍박하는 사울 모두 성도들이 예수 그리스도와 같이 죽임을 당하는 것이 합당하다고 여겼지만, 이 둘은 큰 차이를 가지고 있었다. 그것은 그 죽음이 누구에게 필요한 것인지에 대한 차이였다. '그들'이 죽는 것이 합당한지 아니면 '내'가 죽는 것이 합당한지의 차이는 종이 한 장 차이처럼 보인다. 하지만 '남'이 죽는 것이 합당한 자로 생각하는 자, 모든 문제가 자신이 아닌 남에게 있다고 생각하는 자는 그리스도와 십자가의 은혜를 경험하지 못했을 뿐만 아니라 아무런 상관이 없는 자이다.

반대로 '자신'이 죽는 것이 합당하다는 자는 예수 그리스도 앞에서 자신이 어떤 존재인지 보았으며 그것으로 말미암아 은혜를 경험한 자이다. 그렇기에 예수님께서 그 안에 거하시며 그리스도인으로서 살아가게 하시는 증인이 된다. 마치 종이 한 장 차이인 것 같지만 영원한 생명의 관점으로 보았을 때 두 부류는 아주 다른 길을 걷고 있음이 분명하다.

여기서 자신이 죽는 것을 합당하게 여긴다는 것은 요나처럼 사는 게 고달프고 힘이 들어서 자살하겠다고 개기는 것을 말하는 게 아니다.

"여호와여 원하건대 이제 내 생명을 거두어가소서 사는 것보다 죽는 것이 내게 나음이니이다 하니"(욘 4:3).

자신이 죽는 것이 유익하다는 것은 자신이 은혜 받은 죄인이므로 어떠한 취급도 감사하게 받겠다는 말이며, 예수 그리스도와 동일한 취급을 받겠다는 의미이다.

"나의 간절한 기대와 소망을 따라 아무 일에든지 부끄러워하지 아니하고 지금도 전과 같이 온전히 담대하여 살든지 죽든지 내 몸에서 그리스도가 존귀하게 되게 하려 하나니 이는 내게 사는 것이 그리스도니 죽는 것도 유익함이라"(빌 1:20,21).

예수 그리스도의 십자가를 보았던 사람들도 동일했다. 대제사장들은 예수님을 보며 죽어야 할 사람은 예수님이라고 생각하고 예수님을 십자가에 못 박아 죽였다.

하지만 죽어야 할 사람은 예수님이 아니라 '나'였다. 예수님께서 죽으신 십자가를 보며 자신이 죽었어야 함을 본 자는 하나님의 은혜를 볼 수 있었다. 이 은혜를 본 자들은 자기의 옳음을 주장하거나 남이 틀린 것을 비판하지 않는다. 이 태도를 취한다면 자신이 있는 자리에서 하나님 앞에서 가장 옳은 믿음의 태도를 보일 수 있게 될 것이다.

이 십자가의 원리를 권위와 순종의 영역에 적용해보자. 그가 잘못했고 그가 실수했기에 죽어야 할 대상은 '그'라는 결론으로 대하면 권위와 순종이라는 관계 안에서 결코 복음을 누릴 수 없고 연합할 수 없다.

반면 죽어야 할 대상은 '나'라는 결론이 내려지면(이것은 자신을 깎아내리고 연민하라는 말이 아니다) 하나님의 은혜를 깨닫고 은혜 안에서 눈이 밝아져 어떻게 행해야 하는지 보게 된다. 이 은혜를 본 후에야 바른 권위와 순종의 제사를 올려드릴 준비가 되는 것이다. 죽어야 할 대상이 '그'에서 '나'로 바뀌면 제대로 된 권위와 순종을 배울 수 있게 된다.

그런데 죽어야 할 대상이 '그'에서 '나'로 바뀌지 않는 것보다 더 위험한 것이 있다. 그것은 '너도 살고 나도 살자'고 할 때이다. 이때는 겉으로 어떠한 문제도 발생하지 않고 어렵지 않다. 그렇지만 가장 십자가의 은혜를 경험할 수 없는 태도이다. 예수 그리스도의 십자가를 가장 적나라하게 대적했던 사울이 바울이 될 수 있었던 것은 대적하는 자신이 죽어야 할 존재임을 보았기 때문이다.

그런데 오로지 서로 좋기만 한 관계는 죽어야 할 자신의 실체와 십자가를 볼 수 없게 눈을 가린다. 그렇게 되면 은혜의 깊은 곳까지 나아가지 못하게 되는 것이다. 치열하더라도 부딪쳐야 한다. 치열하게 이 죽음이 자기 것이 되어야 한다. 십자가가 필요한 것이 '나'라는 결론에서부터 은혜 안에서의 올바른 관계가 이루어질 수 있다.

틀린 것이 아니라 다른 것

얼굴의 생김새만큼이나 다양한 가치관과 여러 배경을 가진 사람들이 만나 서로 의견 충돌을 겪거나 문화 갈등을 빚는 것은 어찌 보면 당연하다. 그런데 자신이 살아온 문화와 가치관이 늘 옳은 것은 아니다. 내가 볼 수 있는 한계 안에서만 옳고 그름을 판단할 수 있기에 우리의 기준은 주관적일 수밖에 없다. 이런 상황에서 서로 자신의 옳음만 주장한다면 십자가 복음의 풍성함은 경험할 수 없게 된다.

이러한 단점이 분명히 드러나 알게 됨에도 불구하고 서로 다른 가치관으로 빚어지는 까다로운 충돌을 피하기 위해 취하는 태도가 '끼리끼리' 노는 것이다. 자기와 맞는 사람, 비슷한 생각과 가치관을 가진 사람, 마음이 통하는 사람들을 찾고 그 사람과만 어울리게 된다. 그렇게 되면 사람을 차별하게 되는 것이다.

만약 우리의 몸이 모두 손으로만 되어 있다면 어떻겠는가? 어떤 손이 발의 역할을 감당하고 싶어 하겠는가? 잘못된 관계 안에서의 태도는 그리스도의 몸 된 풍성함을 누리지 못하게 한다.

이럴 때에는 자신의 시야에 한계가 있음을 인정하고 다른 각도에서 볼 수 있는 지체들과 함께 어울려야 입체적인 복음의 풍성함을 누릴 수 있게 된다. 만약 자신의 주관적인 생각과 자신의 뜻을 내려놓지 않는다면 사람을 차별하는 악한 태도뿐 아니라 자신과는 다른 관점으로 보는 사람을 판단하게 되는 등 꼬리에 꼬리를 무는 악순환이 계속될 것이다.

자신의 한계를 겸손하게 인정하자. 그리고 겸손히 귀를 열고 들어보자! 나와 다른 것이 틀린 것은 아니다.

이 태도는 권위와 순종의 영역에서도 동일하게 드러난다. 사람들이 교제할 때에 자신이 보고 있는 것이 '전부'라는 착각에 빠질 때가 많다. 그래서 이 사람의 이야기를 들을 땐 이 사람의 이야기가 맞는 것 같고, 저 사람의 이야기를 들을 땐 저 사람의 이야기가 맞는 것처럼 들리는 것이다.

만약 권위자와 순종하는 자리에 있는 자가 서로 자신의 뜻을 주장하며 자신과는 다른 생각을 하고 있는 상대를 틀리다고 생각한다면 어떻게 되겠는가? 권위자 편에서는 하나님의 말씀보다 자신의 고집을 피우는 것이 되고 순종해야 하는 자리에 있는 자는 불순종의 형태를 취하게 된다. 누구 하나라도 겸손히 자신의 한계를 인정하고 하나님 앞에서 자신이 처한 자리에 합당한 태도를 취하지 않는다면 서로 찌르고 공격하며 아프게 하는 일들이 계속해서 벌어지게 될 것이다.

틀린 것과 다른 것은 엄연히 차이가 있다. 그러므로 나와 다른 관점을 가진 지체를 틀리다고 생각하여 판단하거나 정죄해서는 안 된다. 신중하게 경청하고 십자가 안에서 수용해야 하는 것과 양보할 수 없는 가치에 대하여 함께 찾아가야 한다. 다르다는 것은 서로 맞지 않다는 말이 아니라 그리스도 안에서의 풍성함을 말하는 것이다. 이 풍성함을 나의 고집스러운 생각과 판단으로 누리지 못하는 어리석음에서 벗어나야 한다.

이러한 태도로 우리의 왜곡된 권위와 순종의 인식을 말씀에 근거하여 바르게 교정하자.

올바른 권위

먼저 우리는 '권위'에 대한 올바른 인식이 필요하다. 권위에 대한 옳지 않은 인식 중에는 '높다'라는 인식이 있다. 이는 정말 위험하다. 하나님의 높아짐의 원리는 맡고 있는 위치나 직분, 자리에서 비롯되지 않는다.

"무릇 자기를 높이는 자는 낮아지고 자기를 낮추는 자는 높아지리라"(눅 14:11).

"주 앞에서 낮추라 그리하면 주께서 너희를 높이시리라"(약 4:10).

자기가 어떠한 존재인지 알고 맡겨진 자리에서 낮은 자로 겸손하게 하나님 앞에 서면 하나님께서 그를 예수 그리스도와 동일하게 높이시는 것이지, 내가 맡고 있는 자리가 나를 높여주는 것이 아니다.

'권위'는 보호하는 역할을 수행하며 섬기는 자리이다. 하나님께서 맡기신 직분을 하나님의 뜻대로 수행함으로써 그 자리에서 하나님의 뜻을 나타내는 자리이지, 높아져서 군림하라고 주신 것이 아니다. 잘못된 인식을 고치지 않으면 결코 그 자리에서 하나님의 뜻을 올바르게 수행할 수 없다.

또한 권위를 내가 가지고 있는 '힘'이라고 생각하면 휘두르려 하지 결코 섬기지 않는다. 오히려 '내가' 대접받고 '내가' 원하는 대로 하려고 한다. 그런 자에게 하나님께서는 이렇게 말씀하신다.

"가버나움아 네가 하늘에까지 높아지겠느냐 음부에까지 낮아지리라"(눅 10:15).

권위에 대한 올바른 인식을 가지려면 우리의 최고의 권위자이신 하나님께서 어떻게 하셨는지를 보면 알 수 있다. 하나님은 전능하신 분이시다. 하늘이 보좌이시며 모든 만물을 창조하신 분이시다. 그런 하나님께서 인간과 같이 되셨다. 그리고 자신을 제한적인 인간의 언어로 표현하셨다. 한 마디로 낮아지셨다는 말이다. 그분의 권위는 겸손이셨다. 낮아지셨고, 오래 참으셨고 기다리셨다. 하나님의 권위는 이러했다.

그렇다면 하나님의 대리자인 권위 입은 자 역시 동일해야 한다. 권위는 높은 자리가 아니라 섬기는 자리임을 기억하고 하나님께서 하셨던 그대로 권위를 행사해야 한다.

"각 사람은 위에 있는 권세들에게 복종하라 권세는 하나님으로부터 나지 않음이 없나니 모든 권세는 다 하나님께서 정하신 바라"(롬 13:1).

이 말씀은 순종해야 하는 자들에게만 해당되는 말씀이 아니다. 물론 순종해야 하는 우리의 태도를 말씀하시지만 이 말씀은 권위자들에게도 하시는 말씀이다.

권위자 편에서 이 말씀을 볼 때 주목할 것은 '권세는 하나님으로부터 난 것'이라는 부분이다. 이는 권위자가 하나님의 대리인이라는 말이다. 그것에는 반드시 책임이 따르고 거룩한 부담감이 있는 자리임을 말씀하시는 것이다. 스스로 왕이 되고자 하는 죄 된 습성을 가진 인간이 거룩한 부담감 없이 높은 자리에서 자신이 누리게 될 것들을 더 기대하게 된다면 무서울 정도로 하나님을 대적하고 지체들을 낙심케 하는 자가 될 것이다. 권위자들은 두려워해야 한다. 하나님께서는 하나님의 대리인으로서 합당하게 임무를 수행하지 못한 것에 대해 반드시 책임을 물으실 것이다.

먼저는 하나님의 대리인으로서의 거룩한 부담감과 하나님나라에 대한 책임감을 갖는 것이 중요하다. 그러면 모든 상황에서 지체를 지혜롭게 대하고 하나님 앞에서 바르게 설 수 있을 것이다.

권위자는 하나님의 뜻을 행하여야 하는 대리자이기 때문에 하나님의 뜻을 온전하게 분별할 수 있는 깨끗한 마음과 분별력을 가지고 있어야 한다. 그러려면 말씀 앞에서 하나님의 말씀을 들을 수 있는 예민한 영적 감각을 가져야 한다. 이것은 사람의 됨됨이나 성품, 인격을 말하는 것이 아니다. 하나님의 말씀에 깨어 있다면 하나님께서는 그 자리에서 하나님의 뜻을 수행할 수 있도록 볼 수 있는 눈과 분별할 수 있는 지혜를 주실 것이다.

그러나 권위자는 볼 수 있는 눈과 분별할 수 있는 지혜로 남을 판단하거나 정죄해서는 안 된다. 먼저 자기 자신을 돌아보아야 한다. 자신이 하나님의 뜻을 온전히 행하며 거스르진 않는지 돌아보아야 한다. 그 분별력과 눈으로 먼저 자신을 보지 않고 남을 바라본다면 의심할 것도 없이 지체를 낙심케 하거나 넘어지게 하는 잘못된 권위의 모습을 띠고 있을 것이다.

"어찌하여 형제의 눈 속에 있는 티는 보고 네 눈 속에 있는 들보는 깨닫지 못하느냐"(마 7:3).

솔로몬은 하나님께서 주신 지혜로 지혜로운 판결을 내렸다. 그리고 이스라엘 백성을 다스렸다. 그러나 훗날 정작 자신은 돌아보지 못한 채 패망의 길을 가고 만다. 얼마나 불쌍한가? 남의 눈 속에 있는 티는 잘 분별하여 빼주면서 자기 눈 속에 들보를 얹어놓고 다니는 어리석은 자가 되지 않아야 할 것이다.

하나님께서 세우신 자리에 서 있다면 먼저 하나님 앞에 서서 그분의 뜻을 분별하고 자신을 점검하는 것이 가장 합당한 태도이다. 하나님의 말씀 앞에서 먼저 자신을 점검하라. 자신의 죄에 대하여 철저하고 지체의 연약함에 대해서는 관대하라. 이것은 죄를 용납하라는 말이 아니다. 이후에 하나님의 사역자로서 취하는 공의의 태도에 관해 나눌 것이다. 그렇다면 이제 우리의 최고 권위자이신 하나님께서 권위자로서 어떤 태도를 취하셨는지를 보며 권위를 입은 자의 합당한 태도에 대해 살펴보도록 하겠다.

1. 진정한 낮아짐

완전하시고 전능하신 하나님께서는 천군 천사를 거느리며 하늘에 거하실 수 있었다. 그런데 인간 스스로 하늘에 계신 하나님 앞에 나아갈 수 없었기에 인간과 같이 낮아지셨다. 크신 능력과 권세를 가지신 분이 대접을 받으러 오신 것이 아니라 오히려 가장 낮은 자리에서 천한 자들을 섬기셨다.

"인자가 온 것은 섬김을 받으려 함이 아니라 도리어 섬기려 하고 자기 목숨을 많은 사람의 대속물로 주려 함이니라"(마 20:28).

그리고 하늘의 하나님이신 예수님께서는 가장 낮은 자리인 십자가에 달리셨다. 십자가는 가장 낮은 자리에서 예수님께서 섬기신 일이기에 십자가를 보려면 낮아져야 한다. 가장 완전한 권위자이신 예수 그리스도께서 낮아지셔서 섬기셨다면 그 대리자인 권위자도 동일해야 하는 것 아닌가?

섬김을 받으려 하지 말고 먼저 섬기라! 그것이 낮아진 자의 가장 자연스러운 반응이며, 자신의 존재를 인정하는 겸손한 태도이다.

2. 오래 참아주는 사랑

하나님께서는 하나님의 권위에 불순종하고 떠나가는 이스라엘 백성들을 오래 참으셨다. 오래 참음의 근거는 '사랑'이다(고전 13:4). 사랑하시기에 그들이 비록 하나님의 권위를 걷어차버리고 자기가 왕이 되어 파멸의 길로 걸어갔으나 그들을 포기하거나 내버려두지 않으셨다.

하나님의 공의로 심판받아 멸망할 수밖에 없는 그들을 순종의 자녀로 살리시기 위해 하나님께서는 불순종하는 인간과 일방적인 언약을 맺으셨다. 창세기로부터 계속해서 이어져오는 하나님의 언약은 계속해서 불순종하는 이스라엘 백성들이 그들의 죄로 말미암아 하나님의 공의로 심판받아 멸망하지 않도록 그들을 위해 만들어놓으신 일종의 조치였다.

하나님은 공의로우시다. 그렇기에 하나님 자신의 입으로 뱉으신 말을 어기거나 바꾸실 수 없다. 또한 하나님의 약속은 그 어떤 것으로도 바꾸거나 뒤집지 못한다. 하나님 스스로도 그렇게 하실 수 없으시다. 이스라엘 백성들이 하나님을 떠나고 반역할지를 이미 아셨을 텐데 그들을 향해 일방적인 언약을 하신 것이다. 이 의미는 무엇인가? 일종의 보험인 것이다. 하나님의 공의 앞에서 반역하는 이스라엘 백성들은 진멸된다. 그러나 하나님께서 그들에게 하신 언약으로 말미암아 '그들이 돌이키면' 용서하시고 돌아보시겠다는 언약이 그들의 공의를 제한한 것이다.

그렇다면 반역하여 떠나가는 이스라엘 백성에게는 '돌이키면'이라는 기회가 남아 있는 것이다. 돌이킬 때까지 하나님의 공의는 심판으로 임하지 않고 기다릴 수 있으신 것이다. 그래서 하나님께서는 반역하여 떠나가는 그들을 향해 불벼락을 내리지 않으시고 선지자들을 통하여 계속해서 돌아오라고 외치실 수 있었다. 하나님은 우리를 사랑하셔서 오래 참으심으로 자신을 제한하시면서까지 우리가 심판받는 것을 원치 않으신다. 지금도 순종하면 살 수 있는 길을 열어놓으신 것이다. 그리고 순종하여 나아올 때까지 오래 참고 기다리신다.

권위자도 이러해야 한다. 먼저는 자기 자신에게 오래 참으신 하나님의 은혜를 기억해야 한다. 어떻게 얼마나 많은 기회를 주시며 참아주셨는지를! 그렇기에 다른 이에게 조급한 마음을 갖거나 권위자 스스로가 변화시켜보려는 노력은 합당하지 않다. 받은 대로 행하여야 한다. 하나님께서 내게 오래 참으셨듯이 하나님을 사랑하고 지체를 사랑한다면 오래 참을 수 있어야 한다. 언제까지? 하나님의 정확한 때가 될 때까지.

"그는 하나님의 사역자가 되어 네게 선을 베푸는 자니라 그러나 네가 악을 행하거든 두려워하라 그가 공연히 칼을 가지지 아니하였으니 곧 하나님의 사역자가 되어 악을 행하는 자에게 진노하심을 따라 보응하는 자니라"(롬 13:4).

그러나 만약 권위자가 하나님 앞에서 바르게 서 있고 하나님 편에 서서 옳고 그름을 분별하는 지혜를 가졌다면 먼저는 자신의 죄에 대하여 용납하지 않는 태도를 가져야 한다. 오래 참으라는 것은 죄에 대하여 오래 참으라는 말이 아니다. 지체의 연약함은 품고 용납하되 죄에 대해서는 단호하고 공의로워야 한다. 하나님께서 죄를 미워하시되 죄인은 사랑하셨던 것처럼.

만약 지체가 힘들어할까 봐 권면과 책망을 꺼려한다면 그것은 사랑이 아니라 그 지체가 자멸하기를 기다리는 것밖에는 되지 않는다. 오래 참으라는 것은 지체가 자신의 연약함을 알고 하나님 앞에 온전히 서기 위하여 싸우는 과정을 지켜보며 기다릴 때 해당되는 말이지 하나님 앞에서 죄를 범하는 것을 용납하고 기다리라는 말이 아니다.

만약 분별력이 없고 무엇이 죄인지 스스로 깨닫지 못하여서 멸망하는 길로 가고 있다면 권면하고 징계해서라도 돌이키게 하는 것이 권위자의 책임이다. 권면하는 것이 어렵고 감정 상하는 관계가 힘들어서 알려주지 않아 그가 망하게 되었다면 그 책임은 권위자가 져야 한다.

"가령 내가 악인에게 말하기를 너는 꼭 죽으리라 할 때에 네가 깨우치지 아니하거나 말로 악인에게 일러서 그의 악한 길을 떠나 생명을 구원하게 하지 아니하면 그 악인은 그의 죄악 중에서 죽으려니와 내가 그의 피 값을 네 손에서 찾을 것이고 네가 악인을 깨우치되 그가 그의 악한 마음과 악한 행위에서 돌이키지 아니하면 그는 그의 죄악 중에서 죽으려니와 너는 네 생명을 보존하리라 또 의인이 그의 공의에서 돌이켜 악을 행할 때에는 이미 행한 그의 공의는 기억할 바 아니라 내가 그 앞에 거치는 것을 두면 그가 죽을지니 이는 네가 그를 깨우치지 않음이니라 그는 그의 죄 중에서 죽으려니와 그의 피 값은 내가 네 손에서 찾으리라 그러나 네가 그 의인을 깨우쳐 범죄하지 아니하게 함으로 그가 범죄하지 아니하면 정녕 살리니 이는 깨우침을 받음이며 너도 네 영혼을 보존하리라"(겔 3:18-21).

'그의 피 값'에 대한 책임을 지고 싶지 않아서라는 마음 때문이 아니라 지체의 영혼을 사랑하는 마음으로 하는 따끔한 권면과 징계는 필요한 것이다. 죄에 대하여 책망하기를 머뭇거리지 말아야 한다. 그것이 영혼을 사랑하는 것이고 그 영혼이 잘되기를 바라는 하나님으로부터 온 선한 마음이다.

그렇기에 권위자는 하나님의 대리인다운 자세와 당당함을 가져야 한다. 사람의 반응과 평가가 두려워 쭈뼛쭈뼛하는 것은 바람직하지 못하다. 하나님의 권위를 입은 자는 작아 보이는 자리에서도 당당하게 그 임무를 수행한다. 하나님 앞에서 떳떳하다면 사람의 평가를 두려워하지 말고 당당하게 서자.

그리고 언제든지 교만한 마음과 생각이 들어 지체를 대하려고 한다면 그때는 멈춰 서서 하나님께서 내게 베풀어주셨던 은혜를 세어보자. 그러면 권위자로서 어떻게 지체를 대할 수 있을지 알 수 있을 것이다.

"상전들아 너희도 그들에게 이와 같이 하고 위협을 그치라 이는 그들과 너희의 상전이 하늘에 계시고 그에게는 사람을 외모로 취하는 일이 없는 줄 너희가 앎이라"(엡 6:9).

각자가 서 있는 자리는 하나님께서 맡기신 자리임을 기억하고 하나님을 경외함으로 그 직임을 감당하자. 교회가 교회다워야 하고 하나님의 종은 하나님의 종다워야 한다. 하나님의 권위를 대리하는 지도자는 하나님의 공의와 은혜를 드러내는 자다워야 할 것이다.

이제 우리는 맡겨진 자리에서 가장 중요한 순종하는 자의 역할을 살펴볼 것이다. 이것은 하나님의 권위 앞에서의 태도와 같기에 어찌 보면 권위를 행사하는 자리보다 더 중요한 자리이기도 하다.

나를 보호해주는 순종

순종의 자리에서 경험하는 권위는 일반적으로 우리를 보호하는 안전장치로 여겨지기보다는 어렵고 무섭고 부담스럽게 느껴진다. 그것은 권위에 대한 첫 경험이 유쾌하지 않고 부정적이기 때문이다.

세상에는 수많은 공동체가 존재한다. 그 안에는 공동체를 질서 있게 유지하기 위한 가이드와 규율이 존재한다. 이는 각 개인이 최소한의 생존과 안전을 보장받기 위해 마련된 것이다. 그런데 공동체 안에서 이러한 규율이 존재하는 것을 우리가 인식하고 깨달아 알 때는 언제인가? 그것을 어겼을 때, 그 가이드라인의 마지노선에 이르러 보았을 때다. 그리고 그 규율을 어긴 대가를 치르면서 그 존재를 실감하게 된다.

마찬가지로 우리가 권위 아래에 있다는 것을 깨닫게 되는 것은 불순종할 때이다. 순종할 때 권위는 우리를 지키고 그 보호 아래 누릴 수 있게 하지만 그때에는 권위가 존재하는지에 대한 인식이 피부로 느껴지지 않는다. 그런데 권위가 느낌으로 확 다가오는 때는 불순종하여 대가를 치를 때다. 그렇기 때문에 우리가 느끼고 인식하는 권위는 무섭고 억압하는 것처럼 느껴지는 것이다.

또한 권위에 대하여 순종하는 자에게 하나님께서 요구하시는 태도는 무조건적인 순종과 복종이다. 또 부당함과 편협한 권위 아래에서 순종하지 못하는 것은 부당한 권위의 잘못이 아닌 순종하지 못하는 자신의 잘못된 태도 때문이라고 지적하기에 더욱 우리는 권위에 대한 부정적인 인식이 박혀 있는 것이다.

"사환들아 범사에 두려워함으로 주인들에게 순종하되 선하고 관용하는 자들에게만 아니라 또한 까다로운 자들에게도 그리하라"(벧전 2:18).

"종들아 두려워하고 떨며 성실한 마음으로 육체의 상전에게 순종하기를 그리스도께 하듯 하라 눈가림만 하여 사람을 기쁘게 하는 자처럼 하지 말고 그리스도의 종들처럼 마음으로 하나님의 뜻을 행하고 기쁜 마음으로 섬기기를 주께 하듯 하고 사람들에게 하듯 하지 말라"(엡 6:5-7).

부정적인 인식이 박힌 채 이 말씀을 본다면 순종해야 하는 사람은 답답하고 한숨밖에 나오지 않을 것이다. 이렇게 권위에 대한 잘못된 인식을 고쳐야 한다.

"지존자의 은밀한 곳에 거주하며 전능자의 그늘 아래에 사는 자여, 나는 여호와를 향하여 말하기를 그는 나의 피난처요 나의 요새요 내가 의뢰하는 하나님이라 하리니"(시 91:1,2).

하나님께서 말씀하시는 권위는 '보호'이다. 즉, 어떤 권위에 순종하든지 그것은 그 사람에게 순종하는 것이 아니라 하나님의 권위에 순종하는 것이다. 순종하는 것은 하나님의 권위, 즉 '보호' 아래에서 돌보심을 받는 자리로 나아가는 것을 의미한다.

그렇기에 권위는 순종이 전제되어져야 본 역할인 '보호'의 기능을 발휘할 수 있다. 그런데 순종이 전제되지 않는다면 그 권위는 '보호'

라는 큰 그림 안에서 불순종하여 공동체의 질서를 위협하거나 어긴 자에게 대가를 치르게 함으로 공동체와 불순종한 자를 지키게 된다. 공동체를 지키기 위해 행한 대가로 인해서 우리는 권위에 대하여 무섭고 불쾌한 느낌을 갖게 된다.

이런 마음으로 권위 앞에 서다 보니 우리의 순종은 자꾸 조건적으로 변하고 기쁨보다는 두려움 가운데서 억지로 움직이는 것이 다반사다. 그런데 주님께서 무조건적인 순종을 말씀하실 때 항상 붙여놓으신 전제가 있다.

"각 사람은 위에 있는 권세들에게 복종하라 권세는 하나님으로부터 나지 않음이 없나니 모든 권세는 다 하나님께서 정하신 바라 그러므로 권세를 거스르는 자는 하나님의 명을 거스름이니 거스르는 자들은 심판을 자취하리라"(롬 13:1,2).

"종들아 모든 일에 육신의 상전들에게 순종하되 사람을 기쁘게 하는 자와 같이 눈가림만 하지 말고 오직 주를 두려워하여 성실한 마음으로 하라"(골 3:22).

"그리스도를 경외함으로 피차 복종하라 아내들이여 자기 남편에게 복종하기를 주께 하듯 하라 이는 남편이 아내의 머리 됨이 그리스도께서 교회의 머리 됨과 같음이니 그가 바로 몸의 구주시니라 그러므로 교회가 그리스도에게 하듯 아내들도 범사에 자기 남편에게 복종할지니라"(엡 5:21-24).

결론은 권위의 근원이 하나님이라는 것이다. 그러니까 사람의 말에 복종하는 것이 아니라 하나님의 권위에 순종하라는 것이다. 그리스도께 하듯, 하나님이 명하신 것같이, 하나님을 두려워하듯, 하나님의 말씀에 순종한다는 것이다. 따라서 우리는 어떤 권위 아래에 놓이던지 하나님이 정하신 하나님의 권위 아래에 놓이는 것이다.

설령 실제로 부당하고 편협한 권위자 아래 있다고 해도 순종하는 자는 그에게 순종하는 것이 아니라 순종하라고 하신 하나님의 말씀에 순종하는 것이다. 사람의 말에 순종했다면 그 말이 부당함과 동시에 자신의 순종이 부당한 일을 행하게 된다. 그러나 하나님의 말씀에 순종한 것이라면 하나님께서는 결코 하나님의 말씀에 순종한 자를 부당한 일을 행하게 하시거나 망하게 두시지 않는다. 그래서 어떠한 권위 아래 있던지 하나님 앞에서 순종한다면 결과에 상관없이 하나님의 권위 아래서 하나님의 보호를 받는 것이다.

예수님에게서 배우는 순종

어떠한 권위에도 순종하리라는 결정은 하나님의 보호 아래에서 돌보심을 받겠다는 태도이며, 이것은 은혜가 필요한 존재로서의 합당한 태도이다. 순종하는 자로서 권위에 대한 올바른 인식 없이 예수님께서 하셨던 가장 합당한 순종의 형태를 띨 수 없다. 권위자나 순종하는 자나 동일한 한 가지의 태도는 '겸손'이다. 자신의 존재를 겸손하게 인정하지 않는 한, 순종은 불가능하다.

겸손하지 않다면 고개를 뻣뻣하게 들고 자신의 생각과 고집을 내려놓지 않을 것이기 때문이다. 그런 잘못된 습성을 가진 우리이기에 하나님께서는 순종을 요구하실 때에 '무조건적'이라는 전제를 붙여 놓으셨다. 언제든지 하나님의 뜻 앞에 굴복할 수 있는 태도이기 때문이다. 겸손하게 자신의 존재를 인정한 자에게 무조건적이라는 전제는 자신을 억압하는 것이 아니라 하나님에게 어떻게든 붙어 있어야 하기에 최고의 안전장치가 된다.

또한 모든 상황을 허락하시는 분이 하나님이시라는 믿음 없이는 순종이 불가능하다. 극단적인 순종을 해야 할 때 이것이 하나님의 뜻인지 분별되지 않고 하나님께서 허락하신 상황이라는 확실한 믿음이 없으면 한 발자국도 움직일 수 없다.

올바른 순종의 첫 번째는 그 순종을 요구하시는 분이 하나님이시며 우리의 순종을 보시기 위하여 모든 상황을 허락하셨다는 신뢰가 있어야 한다. 또한 하나님 앞에서 바르게 순종하기 위하여 갔던 길이 잘못되었다면 하나님께서는 반드시 순종하려고 한 자를 올바른 하나님의 뜻 가운데로 이끄시고 교정하실 것이라는 믿음이 없다면 우리는 결코 한 발자국도 움직일 수 없을 것이다. 순종은 우리를 지키시는 선하신 하나님을 믿는 믿음에서 비롯된다.

예수님께서 어떻게 하나님께 순종하셨는지를 살펴보면서 하나님 앞에서 합당한 순종의 태도를 배워나가자.

1. 스스로 결정하지 않으셨다

예수님께서는 순종하는 자로서 이 땅에 오셨다. 그래서 무엇이 옳고 그른지 분별하실 수 있었지만 자신의 뜻대로 행하지 않고 오직 하나님의 뜻에 순종하셨다.

"내가 하늘에서 내려온 것은 내 뜻을 행하려 함이 아니요 나를 보내신 이의 뜻을 행하려 함이니라"(요 6:38).

예수님께서는 자신이 지금 순종하는 자리에 있으며, 순종하는 자리는 스스로 결정하거나 판단하여 옳은 것을 선택하는 자리가 아님을 몸소 보이신 것이다.

또한 예수님께서는 겟세마네에서 십자가 지는 날을 하루 앞에 두시고 하나님에게서 버려지는 아픔과 고통을 호소하며 이 잔을 옮겨 달라고 간구하셨다. 그러나 예수님께서는 자신의 원함을 고집하지 않으시고 하나님의 뜻에 복종하기로 모든 결정을 맡겨드렸다.

"이르시되 아버지여 만일 아버지의 뜻이거든 이 잔을 내게서 옮기시옵소서 그러나 내 원대로 마시옵고 아버지의 원대로 되기를 원하나이다 하시니"(눅 22:42).

순종하는 자리는 하나님께서 말씀하신 대로 행하는 자리이지 자기 스스로 상황을 판단하는 자리가 아니다. 이해되지 않을 수도 있고 용납되지 않을 수도 있다. 하지만 하나님께서는 더 좋은 결과나 상황을 만들어내는 것보다 오히려 이해되지 않고 용납되지 않지만 하나님의 뜻이기에 순종하는 우리의 모습을 보고 싶으신 것이다. 그래서 가끔 우리를 이해되지 않는 상황 가운데 두시고 순종을 요구하실 때가 있다.

내 상식으로 알아들을 수 있는 순종은 내가 계산해서 해도 되겠다는 나의 결정이지 하나님의 뜻에 온전히 순종하는 태도가 아니다. 그래서 상상할 수도 없고 이해할 수도 없는 상황 가운데서 우리에게 순종을 요구하시는 것이다. 이때는 불평하거나 왜 이해되지 않는 순종을 요구하시는지에 대해 의문을 가질 것이 아니라 하나님께서 우리가 하나님을 사랑해서 그분의 말씀과 뜻에 순종하는지를 보고 싶으신 것이라고 알면 된다. 그리고 순종하면 되는 것이다.

2. 순종의 영역을 제한하지 않으셨다

우리 상식으로 이해되지 않는 상황에 놓일 때 우리의 일반적인 반응은 자신을 이해시켜줄 것을 요구하거나 잘못된 권위를 바꾸려는 노력을 한다. 악한 의도 없이 자신도 기쁨으로 순종하려고 하는 의도일 것이다. 그런데 여기에는 아주 큰 오류가 있다. 그것은 순종하는 범위를 자신이 정해놓은 상식과 이해 안으로 제한시키는 것이다. 이것은 하나님에게도 동일한 태도로 나타난다. 하나님께서 말도 안 되는 순종을 요구하실 때에 우리의 일반적인 반응은 '꼭'이라는 단어를 쓰는 것이다.

"꼭 그렇게 해야 돼요?"

"꼭 그것만이 옳은 거예요?"

하나님께서 지금 당장 당신이 제일 사랑하는 것을 제물로 바치라고 말씀하신다면 어떻게 반응하겠는가? 아마도 하나님과 거래를 시도하려 하지 않겠는가?

'하나님, 제가 여기까지는 순종하겠는데요, 거기까지는 무리일 것 같아요.'

순종의 영역은 제한이 없다. 내 상식의 범위, 내 이해의 범위, 그 어떤 것에도 제한을 받아서는 안 된다.

"사람의 모양으로 나타나사 자기를 낮추시고 죽기까지 복종하셨으니 곧 십자가에 죽으심이라"(빌 2:8).

예수님은 순종의 영역에서 죽기까지 복종하셨다. 즉, 순종에 제한을 두지 않으셨다. 만약 예수님께서 '하나님의 뜻이 너무하다. 그래서 십자가에서 죽기 직전까지만 하겠다'라고 하셨다면 어떻게 되었겠는가? 끔찍한 일이 일어나는 것이다. 마찬가지로 우리도 하나님의 뜻에 순종할 때 내 수준에서 순종의 범위를 제한한다면 우리는 완전한 하나님의 뜻을 깨달아 알 수도 없고, 이것이 내 뜻인지 하나님 뜻인지 분별할 수 없는 지경에 이르게 된다. 말씀 앞에 무조건 엎드려야 한다.

3. 권위를 무너뜨리지 않으셨다

하나님은 질서의 하나님이시다. 모든 것을 하나님이 정하셨고 하나님의 크신 계획 안에 두셨다. 그런데 예수님이 이 땅에 오셨을 때 세상은 엉망진창이었다. 인간들은 자신의 이익을 위해 권력을 이용하고 거짓과 속임이 난무하고 있었다. 예수님은 왕이셨다. 그런데 그 당시 권력을 행사하던 헤롯과 로마의 권력을 무너뜨리지 않으셨다. 오히려 그 정해진 규율들을 지키셨다.

마태복음 22장을 보면 예수님을 시험하기 위해 나아왔던 바리새인들이 자신을 임금이라 말하는 예수님을 어떻게 하면 올무에 걸리게 할까 상의하고 '가이사에게 세금을 바치는 게 옳은지' 물었다. '바치지 말아라'라고 말하면 반역이었고 '바쳐라'라고 말하면 예수님의 왕 되심을 드러낼 수 없게 만들고자 하는 의도였다. 그런데 예수님께서는 존재하시던 그 당시의 질서를 망가뜨리거나 혼란스럽게 하지 않으셨다. '가이사의 것은 가이사에게 하나님의 것은 하나님께 바쳐라'라고 한 마디로 정리하셨다. 무엇이든 허락된 상황 가운데서 순종하고 질서를 무너뜨리지 말라는 말씀이셨다. 하나님께서 허락하신 상황 안에서 순종하는 것과 하나님 앞에서 순종하는 것이 결코 별개의 사항이 아님을 말씀하신 것이다.

"모든 자에게 줄 것을 주되 조세를 받을 자에게 조세를 바치고 관세를 받을 자에게 관세를 바치고 두려워할 자를 두려워하며 존경할 자를 존경하라"(롬 13:7).

하나님께서 정하신 질서 안에서 예수님께서는 가장 완전한 순종을 하셨다. 그 완전한 순종은 질서를 어지럽히지 않는다. 그러면 또 많은 사람들이 의문을 가질 것이다.

"그럼 진리를 거스르는 권위에 대해서도 순종해야 하는가?"

"옳지 못한 일을 시켰는데도 하나님께 순종함으로 해야 한다는 말인가?"

권위의 영역에서 다뤘지만 순종한다는 말은 하나님께서 정하신 질서 안에서이지, 그 질서를 거스르고 하나님을 반역하는 것에 대하여 순종하고 따르란 말씀은 하신 적이 없다.

여기서 주의해야 할 것이 있다. 하나님 앞에서 바르지 않은 권위를 무너뜨리는 것은 우리의 몫이 아니다. 하나님께서 하실 일인 것이다.

다윗의 태도를 보며 합당하지 못한 권위에 대해 하나님 앞에서 어떻게 순종했는지 보자.

"다윗이 또 이르되 여호와께서 살아 계심을 두고 맹세하노니 여호와께서 그를 치시리니 혹은 죽을 날이 이르거나 또는 전장에 나가서 망하리라 내가 손을 들어 여호와의 기름부음 받은 자를 치는 것을 여호와께서 금하시나니 너는 그의 머리 곁에 있는 창과 물병만 가지고 가자 하고"(삼상 26:10,11).

"다윗의 사람들이 이르되 보소서 여호와께서 당신에게 이르시기를 내가 원수를 네 손에 넘기리니 네 생각에 좋은 대로 그에게 행하라 하시더니 이것이 그날이니이다 하니 다윗이 일어나서 사울의 겉옷자락을 가만히 베니라 그리 한 후에 사울의 옷자락 벰으로 말미암아 다윗의 마음이 찔려 자기 사람들에게 이르되 내가 손을 들어 여호와의 기름부음을 받은 내 주를 치는 것은 여호와께서 금하시는 것이니 그는 여호와의 기름부음을 받은 자가 됨이니라 하고 다윗이 이 말로 자기 사람들을 금하여 사울을 해하지 못하게 하니라 사울이 일어나 굴에서 나가 자기 길을 가니라"(삼상 24:4-7).

다윗은 기름부음을 받은 날부터 이미 왕이었다. 그리고 사울은 하나님을 떠난 순간부터 왕이 아니었다. 그런데 하나님으로부터 기름부음을 받은 자를 대하는 사울과 다윗의 태도를 보라.

사울은 자신의 왕권을 지키기 위해 온 이스라엘을 동원하여 다윗을 잡아 죽이려고 했다. 그러나 다윗은 누가 봐도 하나님께서 사울을 자신에게 넘기신 것 같은 상황에서도 하나님의 기름부음 받은 자를 치기를 두려워하고 꺼려했다. 자신이 하나님의 기름부음을 받은 사람의 옷자락을 베었다는 사실 하나로도 마음의 찔림을 받았다. 다윗은 하나님을 신뢰했다. 부당하고 합당하지 못한 권위일지라도 하나님께 하듯 순종하는 자를 결코 망하게 하시지 않음을 믿었다.

다윗의 순종으로 하나님께서 친히 잘못된 권위를 폐하시고 대가를 치르게 하셨다. 먼저 하나님의 권위를 인정해야 한다. 나의 부족하고 좁은 시야로 판단하여 함부로 하나님께서 친히 하실 일을 범하는 월권행위를 하지 말아야 한다.

내가 스스로 잘못된 권위를 고치려고 애쓰는 것을 하나님께서는 원하지 않으신다. 오히려 그 앞에서도 하나님의 뜻을 행하려고 하는 우리의 순종을 보고 싶어 하신다. 그때 하나님께서 친히 교정하실 것이다. 물론 그 교정도 내가 원하는 대로 고치신다는 뜻은 아니다. 오직 하나님께서 원하시는 대로 바르게 교정하실 것이다.

그렇다면 확연하게 진리를 거스르는 권위에 대해서는 어떻게 순종할 수 있단 말인가? 거슬러 반역해야 하는가? 어떻게 보면 마틴 루터의 종교개혁은 합당하지 않은 권위에 대하여 들고 일어난 반역처럼 보일 수 있다. 그러나 마틴 루터는 가톨릭의 권력을 뒤집거나 반역을 일으켜서 개혁을 한 것이 아니라 순종함으로 그 권력을 바르게 세우려고 한 것이다.

주기철 목사님의 일화를 통해 나는 순종이 무엇인지 깨닫게 됐다. 일제강점기 때 수많은 그리스도인들이 잡혀서 고문을 받고 처형을 당했다. 주기철 목사님 역시 감옥에서 갖은 고문과 고초를 겪으셨다. 주기철 목사님을 담당하던 한 일본 순경이 물었다.

"당신은 하나님을 믿는 사람입니까?"

주기철 목사님은 당연한 질문에 "예"라고 대답했다.

"당신이 믿는 하나님이 반역을 일으키라고 했습니까, 아니면 복종하고 질서에 순종하라고 했습니까?"

하나님의 말씀에는 결코 질서를 무너뜨리라거나 불순종하라는 말씀은 없었기에 주기철 목사님이 대답했다.

"질서에 순종하라고 하셨습니다."

그러자 일본 순경이 말했다.

"그런데 왜 당신은 지금의 질서에 맞지 않게 천황 앞에 고개를 숙이지 않는 것이오?"

주기철 목사님은 담담하게 이렇게 대답하셨다.

"나는 이 나라의 질서를 어기거나 어지럽히지 않았소. 나는 천황을 숭배하지 않았을 때에 치르는 대가를 감수하는 것으로 이 나라의 법을 지키고 있소."

'아멘'이 나오는 대답이다. 존경스러운 믿음의 선진들은 힘든 상황 가운데서 하나님 앞에서 온전히 순종하는 태도를 놓치지 않았다. 이와 같은 원리로 마틴 루터 역시 종교개혁을 일으켰던 것이다. 그가 행한 것은 가톨릭 편에서 반역처럼 보일지 몰라도 마틴 루터는 바른 진리를 선포함으로써 교권에서 받는 대가를 치름으로 그 권력에 순종한 것이다.

바르지 않은 권위 아래에 있는 자는 절대 자신이 생각하기에 옳은 기준으로 잘못된 권위를 바꾸려고 해서는 안 된다. 잘못된 권위인지 바른 권위인지는 하나님께서 판단하시고 결정하실 문제이다. 단지 순종하는 자는 무조건적으로 순종하면 되는 것이다. 만약 어느 누가 보아도 진리에 반하는 권위 앞에서는 그것을 따르지 않은 대가를 치르는 순종으로 서야 할 것이다. 진리가 아닌 것과 타협하지 않는 순종만이 하나님 앞에서의 바르고 옳은 순종일 것이다.

4. 느낌과 감정으로 순종하지 않으셨다

많은 사람들이 '기쁨으로 하지 않는 것은 순종이 아니다'라고 생각한다. 그래서 권위자들은 그렇게 순종하지 않는 자를 판단하기도

하고 순종하는 당사자들은 자신을 정죄하고 연민에 빠지기도 한다. 그리고 '기쁨으로 순종하지 못하느니 안 하는 게 낫다'라고 생각하기도 한다. 물론 순종은 기쁨으로 하는 것이 맞다.

"종들아 두려워하고 떨며 성실한 마음으로 육체의 상전에게 순종하기를 그리스도께 하듯 하라 눈가림만 하여 사람을 기쁘게 하는 자처럼 하지 말고 그리스도의 종들처럼 마음으로 하나님의 뜻을 행하고 기쁜 마음으로 섬기기를 주께 하듯 하고 사람들에게 하듯 하지 말라"(엡 6:5-7).

말씀에도 있듯이 순종은 기쁨으로 하는 것이다. 기쁘게 순종해야 더욱 온전한 순종의 자리로 나아갈 수 있다.

그러나 꼭 감정적으로 즐거운 마음으로만 하는 것이 순종이라고 할 수는 없다. 유쾌한 감정과 즐거운 기분이 아니더라도 의지적으로 진리이신 하나님의 말씀에 맞는 태도와 자리로 나아가는 것도 하나님께서는 순종으로 보신다. 그 예로 마태복음 21장에 나오는 어떤 사람의 비유를 보면 알 수 있다.

"그러나 너희 생각에는 어떠하냐 어떤 사람에게 두 아들이 있는데 맏아들에게 가서 이르되 얘 오늘 포도원에 가서 일하라 하니 대답하여 이르되 아버지 가겠나이다 하더니 가지 아니하고 둘째 아들에게 가서 또 그와 같이 말하니 대답하여 이르되 싫소이다 하였다가 그 후에 뉘우치고 갔으니 그 둘 중의 누가 아버지의 뜻대로 하였느냐 이르되 둘째 아들이니이다 예수께서 그들에게 이르시되 내가 진실로 너희에게 이르노니 세리들과 창녀들이 너희보다 먼저 하나님의 나라에 들어가리라"(마 21:28-31).

이 비유는 대제사장들과 장로들이 권위에 대하여 시비를 걸었을 때 예수님이 하셨던 비유이다. 그런데 예수님께서 가장 완전한 하나님의 권위와 순종에 대하여 말씀하시는데 셋째 아들이 없었다. 가장 이상적인 순종을 하는 셋째 아들, 그러니까 "예 가겠습니다" 하고 포도원에 간 아들이 나오지 않는다.

늘 진리를 말씀하시는 예수님께서 예화에서 '순종은 즐거운 마음과 자발적인 마음 그리고 기쁜 마음으로 하는 것이다'라고 할 수 있는 셋째 아들을 포함시키지 않으셨다. 나는 개인적으로 의문이 들었다.

"기쁨으로 '예!' 하고 가는 것을 좋아하셨을 텐데, 왜 예화에는 포함시키지 않으셨지?"

맏아들은 집안의 맏이로서 아버지를 만족시키고 싶은 부담감이 있었을 것이다. 그래서 아버지 말에 쉽게 거부감을 표현할 수 없었다. 그런 맏아들은 아버지에게 "예, 가겠습니다" 하고 나서 포도원에 가지 않았다. 아버지를 실망시키고 싶지 않고 맏아들로서의 책임감을 다하고 싶었던 그의 의도와는 다르게 결국 불순종했다.

둘째 아들은 달랐다. 개념이 없어서 그런 건지 아버지가 말씀하시는데 "싫습니다"라고 단호하게 이야기했다. 소신 있고 솔직하게 자신이 가기 싫은 것을 표현했다. 즉, 감정적으로도 별로 가고 싶지 않았던 것이다. 그런데 단 한 가지, 아버지가 아들이 포도원에 가기를 원했기 때문에 자신이 느끼는 감정과 상관없이 그곳에 감으로써 결국 순종했다. 그는 아버지가 원하는 자리인 포도원에 있었고 아버지의 말에 순종한 아들이 되었다.

앞에서도 언급했지만 하나님께서는 현실적인 분이시다. 우리의 연약함을 가장 잘 아시고 우리가 어려워하는 것도, 힘겹게 싸우는 것이 무엇인지도 다 아신다. 그래서 셋째 아들을 뺀 아주 현실적인 예화를 통해 우리에게 진정한 순종의 의미를 나타내셨다.

이 순종의 원리를 내 개인의 삶에서 배운 적이 있다. 내게 순종은 어려운 숙제이자 넘어야 할 산이었다. 공동체 안에서 늘 받았던 피드백은 권위에 순종하지 않는다는 것이었다. 나는 고집이 세고 내가 옳다고 하면 내 생각을 잘 굽히지 않았다. 이런 태도는 권위에 대하여 바르게 순종하지 않는 모습으로 드러났다.

순종하는 모양은 취하나 하나님 앞에서 올바른 순종의 모습을 보여드리지 못하는 것 같아 늘 정죄감에 시달렸고, 기쁘게 순종하는 사람들을 보면 열등감에 사로잡혔다. 마지못해 순종하고 나면 기쁘기보다 힘이 들었다. 시간이 흐르면서 나는 점점 지쳐가고 있었다.

개인적으로 나는 아버지를 사랑하고 매우 존경한다. 그런데 아버지는 나에게 격려와 칭찬보다는 하나님 앞에서 바르지 못한 태도와 위험한 태도를 따끔하게 지적하시곤 했다. 그래서 나는 아버지에게 인정받고 싶은 마음이 컸다.

어느 정도 머리가 큰 이후로는 아버지께서 하셨던 말을 거의 토씨 하나 빼놓지 않고 기록하며 기억하고 있었다. 그런데 늘 온전한 태도와 순종하는 모습을 보이지 못하는 것 같아 스스로 인정받지 못한다는 연민에 빠져 있었다.

엎친 데 덮친 격이랄까. 나에게 13살 터울의 형이 있는데 형은 내 기억 속에 단 한 번도 부모님 말씀에 '아니오'를 해본 적이 없는 사람이었다. 미전도 종족 선교를 하고 있는 형을 매우 사랑하고 존경한다. 하지만 나는 형과 나를 비교하면서 스스로 위축되었다. 형은 아버지 앞에서 인정받고 또 아버지도 아들을 신뢰하는 관계이지만 나는 늘 걱정만 시키는 아들로 인식되는 것 같았다. 그것은 내게 열등감으로 다가왔다. 형과 아버지를 보면 아브라함과 이삭 같은데 나는 꼭 이스마엘 같아서 혼자 괴로울 때도 많았다.

그런데 어느 날 아버지께서 나에게 1년 과정의 훈련을 권면하셨다. 처음에는 다른 것을 하고 싶은 마음과 그곳에 가고 싶지 않은 마음이 있어서 싫다고 했다. 그랬다가 하나님께서 마태복음 21장의 '포도원 농부 비유'를 묵상했던 것을 생각나게 하시면서 순종할 것을 말씀하셨다. 그래서 '아버지께 순종하는 모습을 보여드리자'라는 마음으로 훈련을 받게 되었다.

결론부터 말하면 그 시간은 나의 더러운 구정물과 연약함, 불순종이 전부 폭발해서 드러나는 시간이었다. 내게는 죽음과 같은 시간이었다. 그 훈련이 잘못된 것이 아니라 권위에 순복하고 싶지 않은 나의 악한 마음과 치열하게 싸웠다. 그 1년 과정의 입소를 위해 면접을 볼 때도 나는 거창하게 외치고 들어갔다.

"다른 것은 잘 모르겠지만 순종을 배우고 싶어서 왔습니다."

그렇지만 정작 나는 불순종으로 그 훈련에 임하고 있었다. 순종하겠다고 들어가놓고서는 훈련에 제대로 임하지도 못하는 나의 모습을 보며 또다시 열등감과 자기연민에 빠졌다. 아버지에게 온전하게 순종하는 모습을 보여드리고 싶었던 나의 꿈은 물거품처럼 사라졌다. 훈련 중간에 몇 번이나 도망가려고 시도했을 정도였다.

정말이지 버틸 수 없을 것만 같았다. 한편으로는 더 이상 아버지와 어머니, 가족들을 실망시키고 싶지 않았다. 많은 사람들이 아버지와 우리 가족의 믿음을 보며 도전과 격려를 받는데 내가 망치는 것만 같았다. 그래서 차라리 내가 없는 편이 더 나을 것이란 생각이 들었다. 기쁜 마음으로 순종하지도 못하느니 도망가는 게 낫다고 생각했다.

그런데 무엇 때문인지 알 수 없으나(지금은 안다) 쉽게 도망치거나 뒤돌아설 수 없었다. 그렇게 1년을 버텨내고 있었다. 다른 마음은 전혀 없었다. 단지 하나, 아버지가 권유하신 그 1년을 끝까지 지켜내 보겠다는 마음뿐이었다. 그 시간 동안 나의 연약함 때문에, 또 고집 때문에 많은 지체들이 어려워하고 힘들어했다(지금 생각해도 부끄럽다). 하나님과 약속한 1년, 아버지와 약속한 1년을 견뎌내는 것이 목적이었다.

폭풍과 같은 1년을 견뎌낸 후에 수료식에서 하나님께서 내 마음 가운데 말씀해주셨다.

'잘 견뎠다. 수고했다.'

나는 아버지에게 고백했다.

"부끄럽지만 아버지와 약속한 시간을 지키려고 노력했습니다."

하나님께서 말씀하셨던 것처럼, 아버지도 동일한 말씀을 하셨다.

"수고했다."

나의 모습이 부끄럽고, 기쁘게 순종하지 못한 것처럼 보여졌다 하더라도 상관없었다. 내가 거기 있었던 이유는 하나님께서 있으라 하신 자리였기 때문이다. 이것이 만약 하나님께서 원하시는 순종이라면 앞으로도 순종할 수 있을 것 같았다. 물론 기쁨으로 할 수 있다면 더할 나위 없이 좋겠지만 그렇게 한 것만이 순종이 아니라는 이야기를 하고 싶다. 나의 연약함이 합당하다고 합리화시키고 싶지 않다. 더욱 하나님의 공의로 날카로워져야 하고 그에 대한 대가를 치러야 함이 마땅하다. 그러나 연약하고 부족하지만 하나님께서 있으라 하신 자리에서 시키신 일을 묵묵히 감당하는 자에게 '수고했다'고 하시며 순종으로 받아주실 주님이 계시기에 더는 나의 연약함 때문에 순종을 유보할 수 없는 것이다.

14

영향력의 도구 ;

말

관계를 살리는 말

사람과 사람 사이를 이어주는 것을 '관계'라 하고, 이 관계를 가능하게 하는 도구가 바로 '말'이다. 하나님께서도 우리에게 자신을 말씀으로써 나타내신다. 말은 사람을 살리기도 하고 죽이기도 하며, 낙심케 하기도 하고 격려하여 일으키게도 한다. 이처럼 관계의 영역에서 말은 굉장히 중요하다. 죽이는 말보다 살리는 말, 낙심케 하는 말보다는 힘을 주는 말로써 지체를 대해야 한다.

"사람이 마음으로 믿어 의에 이르고 입으로 시인하여 구원에 이르느니라"(롬 10:10).

이 말씀은 마음으로 믿은 바를 입으로 시인하며 드러낸다는 것이다. 우리가 믿음으로 말미암아 구원을 받아서 예수 그리스도의 생명으로 살아간다면 예수님의 생명이 우리의 삶에서 드러나고 나타나야만 한다. 그렇기에 사람과의 관계 영역에서 중요한 부분을 차지하는 '말'에서부터 우리 안에 예수 그리스도의 생명이 드러나야 하는 것이다. 언어의 영역에서는 달리 옳고 그름을 굳이 나누지 않아도 된다. 결론은 한 가지다.

"무릇 더러운 말은 너희 입 밖에도 내지 말고 오직 덕을 세우는 데 소용되는 대로 선한 말을 하여 듣는 자들에게 은혜를 끼치게 하라"(엡 4:29).

은혜가 되는 말을 해야 한다. 성도 안에서의 교제도 복음 안에서의 교제가 되어야 한다. 또한 우리가 하나님의 은혜 안에서 온전한 믿음으로 서 있다면 우리는 쓸데없고 내용도 없이 시간만 축내는 자리보다 자신에게 주신 은혜를 나누는 자리를 찾게 될 것이다.

1. 부정적인 말은 아예 하지 말라

부정적인 말을 하지 말라는 것은 긍정적인 말만 하라는 게 아니다. 우리가 받은 은혜, 사실을 말하라는 것이다. 사람을 판단하고 비방하며, 허락하신 모든 상황에서 감사하지 않고 불평과 불만을 쏟아내는 사람은 자신만 낙심케 되는 것이 아니라 그 말을 들은 다른 지체에게도 좋지 못한 영향력을 흘려보낸다.

"누추함과 어리석은 말이나 희롱의 말이 마땅치 아니하니 오히려 감사하는 말을 하라"(엡 5:4).

느껴지는 감정에 반응하여 육체대로 말하는 것이 아니라 허락하신 상황에서 더욱 주님을 찾고 구해야 한다. 먼저 말로써 범죄하면 허락하신 상황 가운데 준비하신 하나님의 계획은 절대로 볼 수 없게 된다. 자신만 볼 수 없는 것이 아니라 그 말을 들은 다른 지체들도 함께 볼 수 없게 만들어버린다. 위험천만한 일이 아닐 수 없다. 이때에 하나님께 받은 은혜와 그 상황을 통하여 하실 일에 대한 이야기를 나누고 교제할 때에 함께 소망하게 되고 하나님께서 행하실 큰일을 기대할 수 있다.

부정적인 말을 한다는 것은 아직도 자신이 원하는 상황, 자신이 원하는 방법, 자신의 알량한 자존심이 남아 있다는 것이다. 그 말을 뱉어냄으로 범죄하지 말고 더욱 십자가 앞으로 나아가는 것이 합당하고 먼저 주신 것에 감사하는 말을 해야 함이 옳다. 주님은 그것을 원하셨다. 성경에 욥이야말로 욕 나오는 상황에 처했던 인물이다. 그러나 그는 입술로 범죄하지 않았다. 아내마저 하나님을 저주하고 죽으라고 하는 그때에도 하나님에 대한 절대적인 확신과 받은 은혜를 입술로 고백했다.

"그가 이르되 그대의 말이 한 어리석은 여자의 말 같도다 우리가 하나님께 복을 받았은즉 화도 받지 아니하겠느냐 하고 이 모든 일에 욥이 입술로 범죄하지 아니하니라"(욥 2:10).

그의 태도를 하나님께서 기쁘게 받으셨고 그를 더욱 가까이하시기 위하여 상황을 통하여 정결하게 하시고 옳지 못한 태도를 걸러내셨다. 그리고 이전보다 더한 복으로 그를 챙기셨다.

쉽지 않은 것은 사실이다. 우리의 일상인 말의 영역에서 자신에게 일어나는 육체의 반응을 통제하지 못하면 아무것도 통제할 수 없다. 당신의 혀를 예수 그리스도의 은혜로 통제하라. 그 동일한 원리로 생각의 영역에서부터 태도의 영역에 이르기까지 당신을 그리스도인다운 삶으로 통제할 수 있을 것이다.

2. 합리화, 변명, 거짓말을 버리라

하나님께서 우리에게 깨어 있는 선한 양심을 주셔서 하나님 앞에서 합당하지 않은 태도로 서 있을 때는 성령님께서 양심을 통해 말씀하신다. 그런데 만약 우리가 변명과 합리화로 자꾸 양심을 무마시키려는 시도를 하게 되면 점차 죄에 대한 예민한 감각은 무뎌질 것이다. 그러면 어떤 죄 앞에서도 죄로 여기지 못하는 무서운 존재가 될 수도 있다. 자신의 연약함을 감추기 위해 숨기고 변명하는 말로 자신을 포장하면 실제로 자기 자신마저 착각하게 될 수도 있다.

나는 거짓말을 밥 먹듯이 하는 사람이었다. 나의 연약함을 감추기 위해 수많은 거짓말로 나를 포장했고 아무도 알지 못하게 가면을 썼다. 그러면 남들도 가면에 감추어진 연약한 나를 보는 것이 아니라 가면으로 포장된 강해 보이는 나를 보고 대접해줄 것이라고 생각했다. 시간이 흐를수록 점점 나는 무엇이 사실이고 거짓인지 스스로도 분별할 수 없는 지경에 이르렀다. 가장 불쌍한 인간이 될 뻔했다. 연약함을 숨기기 위해 하는 거짓말은 우리의 심령이 진리의 말씀을 분별하지 못하도록 무뎌지게 한다.

"누구든지 스스로 경건하다 생각하며 자기 혀를 재갈 물리지 아니하고 자기 마음을 속이면 이 사람의 경건은 헛것이라"(약 1:26).

부끄럽고 죽을 것 같은 수치심과 치욕이 느껴질 수도 있다. 그러나 나의 연약함을 인정하는 순간 하나님의 전능하심이 내 연약함을 통해 드러난다. 겸손하게 인정하며 고백하라. 사람들에게도 하나님께서 주신 선한 소원과 소망이 있기 때문에 죄악을 동경하거나 따르지 않는다. 악당에게 감동을 받거나 존경해서 따르는 사람은 아무도 없다. 오히려 겸손히 낮아진 자리에서 섬기고 자신을 드러내지 않고 말 없이 선을 행하는 사람을 존경하고 따른다.

"나에게 이르시기를 내 은혜가 네게 족하도다 이는 내 능력이 약한 데서 온전하여짐이라 하신지라 그러므로 도리어 크게 기뻐함으로 나의 여러 약한 것들에 대하여 자랑하리니 이는 그리스도의 능력이 내게 머물게 하려 함이라"(고후 12:9).

우리의 약함을 통해 하나님의 강하심이 드러난다면 거짓말하고 숨길 필요가 없다. 내가 느끼는 수치심, 부끄러움은 내게서 하나님의 강하심이 드러나는 정직한 자리에 나아가지 못하게 하는 사탄의 방해일 뿐이다. 거짓말로 자신까지 속여서 영원히 죽느니, 정직하여 잠깐 모욕과 능욕을 받아도 영원한 영광에 거하는 것이 낫다. 스스로 살고자 거짓말하고 숨기는 자는 하나님을 거짓말하는 자로 만드는 것과 같은 것이다.

"스스로 속이지 말라 하나님은 업신여김을 받지 아니하시나니 사람이 무엇으로 심든지 그대로 거두리라"(갈 6:7).

3. 하고 싶은 말이 아닌 해야 할 말을 하라

내가 하고 싶은 말을 한번 기록해보라. 덕이 될 만한 말들과 쓸데없이 시간만 허비하는 말들이 구별될 것이다. 그러면 하고 싶은 말과 해야 할 말을 구분할 수 있다. 혀에 재갈을 물리고 하나님의 뜻대로 행하는 온전한 믿음을 가진 사람은 하고 싶은 말이 아니라 해야 할 말을 할 수 있다.

성도의 기본은 덕을 세우는 것이다. 덕이 되지 않는 말은 절제해야 한다. 나는 막내라서 그런지 장난기가 많고 잘 까분다. 그래서 하는 말의 대부분이 은혜 안에서의 교제보다는 즐겁기 위한 말장난이 많았다. 항상 이 부분에 대하여 부모님께 지적을 받았다. 크게 문제를 인식하지 못했는데 어느 날 하나님께서 주신 은혜를 진지하게 나누는 중에 한 지체가 이렇게 말했다.

"진지하게 이야기하는데 장난치는 줄 알았어요."

충격이었다(물론 지금도 장난스러운 말들을 던지지 않는 것은 아니다). 그냥 가벼운 대화와 장난스러운 대화들이 얼마나 하나님의 은혜의 덕을 세우는 데 도움이 되지 않는지를 깨닫게 된 것이다. 이 영역에 대해서는 '이것이 죄냐, 아니냐'로 구분 지을 것이 아니라 하나님의 은혜를 전달하는 데에 방해가 된다면 익숙한 나의 습관과 태도를 고쳐 나가는 것이 바람직할 것이다.

하고 싶은 말을 절제했다면 반드시 해야 할 말에 있어서는 주저하지 말고 용기 있게 말해야 한다. 대부분 반드시 해야 할 말은 말하기 어렵거나 분위기를 난감하게 하는 경우가 많다. 그러나 해야 할 말을 하면 사람을 두려워하지 않고 하나님 앞에 정직하게 설 수 있다.

덕을 세우기 위하여 반드시 해야 할 말을 하는 사람은 소위 말하는 '뒷담화'를 하지 않는다. 뒤에서 말한다는 것은 앞에서 당당하게 말하지 못한다는 의미인데 이것은 사람을 두려워한다는 의미이다. 앞에서 말할 수 없다면 뒤에서도 말하지 말라. 단지 내 기분을 풀기 위해 뒤에서 여러 사람에게 어떤 지체의 연약함을 이야기한다면 듣는 지체들에게도 덕이 되지 않을 뿐더러 말하는 자의 인격 역시 하나님 앞에서 성숙하지 못하게 될 것이다.

4. 사랑을 표현하라

반드시 해야 할 옳은 말은 사랑의 고백이다.

"나의 사랑하는 자가 내게 말하여 이르기를 나의 사랑, 내 어여쁜 자야 일어나서 함께 가자"(아 2:10).

우리를 너무도 사랑하신 하나님께서는 우리를 향한 하나님의 사랑을 날마다 고백하셨다. 하나님을 떠나가고 반역하는 이스라엘을 향하여 포기할 수 없으신 하나님의 마음을 고백하셨던 것이다.

"너의 하나님 여호와가 너의 가운데에 계시니 그는 구원을 베푸실 전능자이시라 그가 너로 말미암아 기쁨을 이기지 못하시며 너를 잠잠히 사랑하시며 너로 말미암아 즐거이 부르며 기뻐하시리라 하리라"(습 3:17).

이 사랑의 노래를 우리를 향해 부르셨던 하나님께 동일한 사랑의 고백을 올려드려라. 가장 불가능한 죄인으로 하나님을 반역하고 떠나갈 때도 주님은 우리를 사랑하셨다. 그런데 우리가 어렵다면 얼마나 어렵다고 하나님 앞에 사랑고백을 드리지 못하겠는가? 언제, 어떤 상황에서도 하나님 앞에서 사랑의 고백을 올려드릴 수 있어야 한다.

"우리가 사랑함은 그가 먼저 우리를 사랑하셨음이라"(요일 4:19).

그리고 그 사랑으로 이웃을 사랑하라고 말씀하셨던 것처럼 이웃과 지체에게 동일한 사랑을 고백해야 한다. 주님이 나를 가장 불가능할 때 사랑하셨던 것처럼, 사랑할 만해서가 아니라 내 감정이 동의하지 않고 정서가 반응하지 않아도 사랑을 고백하라. 가식과 위선으로 하라는 말이 아니다. 그리스도의 사랑을 근거로 사랑한다고 고백하라는 것이다. 그 고백을 고백되게 하시는 분은 성령님이시다. 그러니 우리는 우리 옆에 있는 지체에게 그저 사랑한다고 고백하면 된다.

5. 죄를 고백하라

고해성사하라는 것이 아니다. 정직하라는 말이다. 이것도 역시 하나님 앞에서 먼저 정직하게 고백하자. 하나님께서는 이미 알고 계신다. 그러나 하나님은 우리가 스스로 나아와 그분 앞에 서서 은혜를 구할 때까지 기다리고 계신다. 하나님께서는 결코 죄를 그냥 간과하지 않으신다. 그러나 하나님 앞에 정직하게 죄를 고하고 은혜를 구하는 자에게는 그 죄에 대한 심판을 십자가로 대신하시고 그에게 은혜를 베푸시는 것이다. 아무도 몰랐다고 하나님을 속일 수는 없다. 단지 기다리고 계시는 것뿐이다. 우리가 하나님 앞에서 정직하게 그분의 은혜를 누릴 수 있을 때까지.

자신은 괜찮다고 스스로 믿고 있는 자는 절대 하나님을 믿는 것이 아니다. 우리를 용서하시고 은혜를 베푸시는 하나님을 신뢰함으로 성령님께서 깨닫게 하시는 모든 영역을 하나님 앞에서 낱낱이 고하라.

이와 같이 지체 앞에서 하나님을 경외하지 않은 죄와 지체들을 합당하지 못한 태도로 대한 모든 거짓된 죄를 고백하라. 맘에 들지 않는 '그'에게 내가 어려워하고 있음을 알려주기 위해 나누는 것이 아님을 기억하라. 회개하는 마음으로 하나님 앞에 정직하게 서기 위해 사람들 앞에서도 정직할 수밖에 없어서 나누는 것이다.

"이걸 나누면 어려워할 수도 있어요."

"나는 준비가 되었는데 그 지체는 준비가 되지 않았어요."

"나 때문에 낙심할 수도 있어요."

이런 말은 모두 변명이다. 사람을 낙심하지 않게 하기 위해 거짓으로 지체를 속이는 것은 괜찮은가? 하나님 앞에서 경외함으로 서기 위하여 고백했는데 정직하게 고백한 그 고백 때문에 어려워질 관계라면 정리하는 것이 낫다. 거짓과 위선으로 대할 때 괜찮았다면 그는 당신을 인격적인 존재로 대하지 않은 것이다. 지체들이 당신을 인격적인 존재로 대하고 사랑하며 품을 수 있게 하라.

물론 낙심할 수도 있다. 많은 사람들이 "어떻게 그럴 수가 있지"라고 말할 수도 있다. 그러나 그들은 곧 하나님을 경외하는 것이 무엇이고 정직이 무엇인지 알게 될 것이다. 그것이 사랑이다. 지체를 사랑해서 정직하게 한 고백을 듣고 낙심하여 떠나갈 사람은 어떻게든 떠나갈 사람이었다. 그리고 하나님 앞에서 고백했다면 모든 사람들의 관계와 상황을 하나님께서 책임지시고 더욱 온전하게 하실 것이다.

사람들을 속인 것에 대하여 정산하고 정직하게 마음을 열 때에야 온전한 교제가 이루어질 수 있다. 스스로에게 속아서 '난 괜찮아, 문제 없어'라고 생각하게 만들어 십자가 안에서의 온전한 교제가 이루어지지 못하게 하는 사탄의 속임에 속지 말라. 먼저 정직하게 고백하라. 연약함을 꽁꽁 감추었을 때는 존재로서의 교제를 할 수 없다. 그러나 연약함을 나누고 자랑할 때에 하나님의 강하심이 그를 통해 드러난다.

"만일 우리가 죄가 없다고 말하면 스스로 속이고 또 진리가 우리 속에 있지 아니할 것이요 만일 우리가 우리 죄를 자백하면 그는 미쁘시고 의로우사 우리 죄를 사하시며 우리를 모든 불의에서 깨끗하게 하실 것이요 만일 우리가 범죄하지 아니하였다 하면 하나님을 거짓말하는 이로 만드는 것이니 또한 그의 말씀이 우리 속에 있지 아니하니라"(요일 1:8-10).

"그러므로 너희 죄를 서로 고백하며 병이 낫기를 위하여 서로 기도하라 의인의 간구는 역사하는 힘이 큼이니라"(약 5:16).

진정한 관계에서 일어나는 치유는 꽁꽁 감추어놓아서 더 이상은 숨길 수 없는 고름이 줄줄 흘러나는 상처를 정직하게 진리의 빛 앞에 드러냈을 때 그 진리로 곪은 모든 고름을 짜내는 것이다. 죄책감을 떨어내자고 하는 고백은 정직할 수도 없을 뿐더러 하나님께서 원하시는 것도 아니다. 우리는 정직하게 스스로의 연약함을 인정하고 하나님의 도우심을 구하며, 지체가 서로 연약함을 감당하며 십자가 안에서 완전한 연합을 이루는 것이다.

두려워하지 말고 고백하라. 먼저는 하나님 앞에서 죄를 자백하면 나를 깨끗하게 하시는 은혜를 경험하게 될 것이다. 그렇지만 숨기고 하나님 앞에 나아가지 않으면 자연스럽게 하나님에게서 제껴지는 꼴이 될 것이다. 버림받을까 봐 두려워서 자백하지 말고 하나님에게서 멀어질 것을 두려워하여 고백하라. 그러면 하나님과 더욱 온전한 관계가 될 것이다.

복음을 전파하는 말

자신에게 주신 복음을 나누는 자리는 곧 '전도'이다. 전도 또한 언어를 통해 전달된다. 물론 삶으로도 전도가 가능하지만 대부분 말로 전해지는 것이 일반이다.

또한 복음을 전하고 나서의 결과는 우리가 하는 것에 달려 있지 않다. 사도행전에서 사도들이 복음 전하는 것을 보면 알지만 그들은 복음을 제대로 전하는 일을 맡았지, 듣게 한 복음을 믿게 만드는 일을 하지 않았다. 우리의 역할은 전하는 것이다. 복음을 들은 자가 교회 출석을 하는 것이 우리의 목표가 아니라는 것이다.

"예수께서 열두제자를 불러모으사 모든 귀신을 제어하며 병을 고치는 능력과 권위를 주시고 하나님의 나라를 전파하며 앓는 자를 고치게 하려고 내보내시며 이르시되 여행을 위하여 아무것도 가지지 말라 지팡이나 배낭이나 양식이나 돈이나 두 벌 옷을 가지지 말며 어느 집에 들어가든지 거기서 머물다가 거기서 떠나라 누구든지 너희를 영접하지 아니하거든 그 성에서 떠날 때에 너희 발에서 먼지를 떨어버려 그들에게 증거를 삼으라 하시니"(눅 9:1-5).

"주의 말씀이 그 지방에 두루 퍼지니라 이에 유대인들이 경건한 귀부인들과 그 시내 유력자들을 선동하여 바울과 바나바를 박해하게 하여 그 지역에서 쫓아내니 두 사람이 그들을 향하여 발의 티끌을 떨어버리고 이고니온으로 가거늘 제자들은 기쁨과 성령이 충만하니라"(행 13:49-52).

제자들은 복음을 전했던 곳에서 쫓겨났다. 사람들이 회개하는 모습을 보거나 회심하는 것을 보지 못했다. 그러나 그들은 기쁨으로 그곳을 떠났다. 그것은 자신이 맡은 바 복음을 제대로 전하는 책임을 다했기 때문이다. 온전히 복음을 전하고 나서는 상대의 반응에 연연해하지 말라. 그건 내 몫이 아니다. 우리는 바른 복음을 전하기만 하면 된다.

그리스도인들의 역할이 예수 그리스도의 복음을 전하는 것이라면 다르게 해석하거나 변명하지 못하도록 단호하게 전해야 한다. 예수님께서도 달리 해석하지 못하도록 자신만이 구원이고, 생명이며, 길이라고 말씀하셨다.

"예수께서 이르시되 내가 곧 길이요 진리요 생명이니 나로 말미암지 않고는 아버지께로 올 자가 없느니라"(요 14:6).

예수님은 꾸미거나 애매하게 표현하지 않으셨다. 이 땅에 오셔서 목적을 흩트리지 않으시고 처음부터 끝까지 하나님의 일(십자가)을 선포하고 나누셨다. 그분의 모든 사역과 말씀은 누구도 부인하고 평계하지 못하도록 직설적이며 단호했다. 예수님은 육체를 입고 오셨지만 육체의 일을 말하시거나 육체대로 사시지 않았다. 육체를 입고 예수님으로 사셨다. 그래서 육체를 입고 있는 우리에게 어떻게 예수 그리스도의 삶을 사는 것인지 몸소 보이신 것이다.

그리스도인이라 말하며 세상문화에 젖은 말을 하고 그들과 똑같이 말한다면 그리스도인과 세상 사람의 차이를 무엇으로 구분하겠는가? 우리는 세상에 있지만 세상과는 전혀 다른 가치관과 생각을 가진다. 그렇다면 우리가 전하는 말도 세상 속에서 예수 그리스도께 받은 은혜를 나누어야 할 것이다.

"우리가 말들의 입에 재갈 물리는 것은 우리에게 순종하게 하려고 그 온몸을 제어하는 것이라"(약 3:3).

하나님께서는 입에 재갈을 물리라고 하셨다. 입을 제어하는 것은 온몸을 제어하는 것과 같다고 하신다. 그만큼 입을 통제하는 것은 온몸을 통제하는 것만큼이나 어렵다는 말이다. 입을 제어하지 않으면서 예수 그리스도의 생명을 보여주는 영성이란 없다. 입에 재갈을 물려 통제받는 말(馬)만이 쓰임을 받는다. 제아무리 뛰어난 야생마라고 할지라도 재갈을 물리지 않은 말은 그저 들판을 뛰어다니다가 늙어서 죽든지 사냥을 당해서 죽든지 아무런 가치 없는 능력일 뿐이다. 그러나 입에 재갈을 물리고 안장을 채우면 전쟁터를 누비는 군마가 될 수 있다. 예수 그리스도와 함께 승리의 전쟁터를 누비고 싶다면 입에 재갈을 물려라.

받은 은혜를 나눌 시간도 모자라다. 사도들은 협박과 위협 속에서도 절대 타협하지 않았다. 그들을 핍박하는 자들이 원하는 것은 그때나 지금이나 단 하나다. 예수 그리스도의 이름을 말하지 말라는 것이다. 그러나 사도들은 "보고 들은 것을 말하지 않을 수가 없다"고 하면서 그리스도의 복음을 원색적으로 전했다. '그것을 받느냐, 받지 못하느냐'는 우리의 몫이 아니다. 우리는 우리의 입에서부터 재갈을 물리고 하나님께서 하라고 하신 말만 해야 한다.

지혜롭게 말하는 법을 배우는 가장 좋은 곳은 가장 완전한 하나님의 지혜이고 능력인 십자가의 자리이다.

"오직 부르심을 받은 자들에게는 유대인이나 헬라인이나 그리스도는 하나님의 능력이요 하나님의 지혜니라"(고전 1:24).

우리가 받은 예수 그리스도의 십자가의 은혜를 나누는 것은 세상이 감당 못할 지혜이며 하나님의 능력으로 나타나는 것이다.

한 목사님의 설교 동영상을 보며 큰 감동과 은혜를 받은 적이 있다.

"잘 풀어낸 성경구절로 사람을 설득하는 것이 아니다. 우리는 말씀을 그대로 전하는 것이고 그 말씀이 사람의 심령 안에서 일하게 하는 것이다. 말씀이 일하게 하라! 그렇기에 설교자가 할 일은 말씀만 바르게 전하는 것이다."

우리의 현란한 말이나 재치 있는 말로 사람이 변하지 않는다. 말씀이 사람을 바꾸고, 죄인을 죽음 가운데서 생명으로 옮길 수 있다. 제아무리 좋은 훈련과 프로그램일지라도 예수 그리스도의 복음이 중심이 되지 않은 언어의 훈련은 아무런 의미가 없다.

은혜가 되는 말을 하라. 세상에 잡다한 더러운 문화에 찌든 어쭙지 않은 말을 뱉어서 어떻게 자신의 마음을 지킬 수 있다는 말인가? 영혼을 바로 세우고 싶다면 먼저 복음 앞에 온전히 서서 보고 들어라. 그러면 보고 들은 진리를 말하지 않을 수가 없을 것이다.

"음행과 온갖 더러운 것과 탐욕은 너희 중에서 그 이름조차도 부르지 말라 이는 성도에게 마땅한 바니라"(엡 5:3).

한번은 폴 워셔 목사님의 전도 영상을 보다가 너무 멋있고 감동이 되었다. 전도할 때 사용해보려고 들은 내용을 빽빽하게 적어서 달달 외웠다. 그리고 훈련받을 때 전도하는 시간이 있어서 원주 시외버스 터미널에 갔다. 함께 간 사람들은 일대일로 복음을 전했지만 난 남다르게 전하고 싶었다. 시외버스 터미널의 넓은 홀에 들어가서 깊게 심호흡을 하고 "안녕하십니까?"라고 크게 외쳤다. 터미널 안에 있던 10-15명가량 되는 사람들이 전부 나를 쳐다보고 있었다. 달달 외우며 준비해온 논리적이고 엄청난 내용의 복음을 선포하려고 하는 찰나, 하나도 기억이 나질 않았다!

'이럴 수가!'

식은땀을 쏟아내며 얼른 적어놓았던 종이를 찾으려고 주머니를 뒤적거렸다. 얼마나 창피했는지 모른다. 겨우 종이쪽지를 찾아 꺼내어 펼쳤는데, 한 페이지에 다 적느라 글자를 너무 작게 적어 보이질 않았다. 게다가 손이 마구 떨리는 통에 위쪽과 아래쪽 글씨를 구분할 수가 없었다. 총체적 난관이었다. 이대로 도망칠 수도 없어서 보이는 부분만 띄엄띄엄 읽었다. 몇 가지 기억나는 것을 선포했다.

"저는 그리스도인입니다. 여러분이 나와 같이 되기를 바랍니다."

괜히 서러워가지고 눈물이 났다. 함께 간 지체들이 앉아 있었는데 내가 은혜받아서 우는 줄 알고 그들도 훌쩍거렸다. 내 마음도 모르고.

쪽지를 보고 읽느라 사람들을 다 보지 못했는데 듣고 있던 사람들 중에 유독 한 아주머니가 눈에 띄었다. 너무나 경청해서 듣고 계시는 것이었다. 그런데 버벅대느라 제대로 전해보지도 못하고 돌아오게 되었다. 돌아오는 차 안에서 너무 속상해서 눈물이 났다.

'그 아주머니가 복음을 들을 수 있는 마지막 기회였다면 좀 더 논리적으로 이해하기 쉽게 전할 수 있는 사람에게서 들었다면 얼마나 좋았을까?'

안타까운 마음으로 돌아와 지체들과 함께 기도하는데 주님께서 내게 이런 말씀을 하셨다.

'선교야, 네가 생각하기에 이해하기 쉽게 말을 잘하는 유명한 사람이 복음을 전할 때 딱 한 마디만 할 수 있다면 어떤 말을 할 것 같니?'

어렵지 않게 쉽게 답을 얻을 수 있었다.

'예수 그리스도지요.'

'그럼 네가 만약 복음을 전할 때 딱 한 마디만 할 수 있다면 무슨 말을 할래?'

'예수 그리스도이지요.'

그러자 이렇게 격려해주셨다.

'복음을 전하는 데에는 현란하고 거창한 말발이 아니라 오직 예수 그리스도만 드러나면 돼.'

'아멘'이었다. 돌아올 때는 서럽고 쪽팔려서 울었는데 기도하며 감동과 은혜의 눈물을 흘렸다. 그 아주머니께 확실하게 예수 그리스도에 대해 전했으면 그것으로 충분하다. 가끔은 설교도 잘하고 말 잘하는 선교사님이나 목사님을 보면 따라하고 싶고 또 실제로 연습도 해본다. 그러나 이제는 상관없다. 단 한마디를 해도 예수 그리스도만 드러난다면 충분하다. 유명하고 말 잘하는 사람, 안 부럽다! 내가 할 말 이전에도 이후에도 예수 그리스도밖에 없고 이것이면 충분하기에.

15

성령과 부르심

인격이신 성령님

이제 우리는 온전한 믿음을 알고 점검하는 여행의 막바지에 이르고
있다. 이제 우리의 믿음이 온전해지고 이 믿음으로 그날까지 달려가
는 데 있어서 가장 중요한 영역이 남아 있다. 그러나 중요한 만큼 너
무 많은 오해와 속임이 난무하고 있어 대강 지나칠 수 없는 영역이다.

흔히 성령의 능력이라고 하면 대부분 성령의 은사, 사역, 치유, 능
력 등 초월적인 능력이나 기적을 연상한다. 그러나 성령 하나님께서
하시는 일은 단지 자연법칙을 거스르는 능력이나 기적에 초점이 맞추
어져 있지 않다.

성경에서 가장 핵심적인 성령의 사역은 분명한 목적과 뜻을 가지고
있었다. 그런데 우리는 성령께서 사역하시는 목적을 보지 않고 성령

하나님께서 하시는 일, 즉 은사 자체에 너무 많은 초점을 맞추고 있다. 이렇게 되면 성령께서 하시는 사역이 맞는지 분별하기가 쉽지 않다. 성경 곳곳에서도 나오듯이 신비한 초월적인 능력은 예수님이나 사도들만 행하였던 것이 아니다. 사탄에게 종노릇하는 마술사들에게서도 초월적인 능력이나 기적들이 일어났다.

"바로도 현인들과 마술사들을 부르매 그 애굽 요술사들도 그들의 요술로 그와 같이 행하되"(출 7:11).

"그 성에 시몬이라 하는 사람이 전부터 있어 마술을 행하여 사마리아 백성을 놀라게 하며 자칭 큰 자라 하니 낮은 사람부터 높은 사람까지 다 따르며 이르되 이 사람은 크다 일컫는 하나님의 능력이라 하더라 오랫동안 그 마술에 놀랐으므로 그들이 따르더니"(행 8:9-11).

이 혼란스러운 세상 한복판에서 초월적인 능력과 기적만을 가지고 성령의 역사로 구분한다면 우리를 혼미케 하는 사탄의 활동을 분별하기란 쉽지 않다. 그리고 성령의 역사가 나타날 때에 사탄도 동일하게 역사한다. 이 세상에서 표적과 기적을 좋아하지 않을 사람은 없다. 단지 자신의 호기심을 충족하고, 자신의 욕심과 정욕을 버리지 못하면 사탄의 좋은 먹잇감이 되는 것이다.

성경에서 나타난 성령의 역사가 무엇을 위한, 그리고 무엇을 나타내기 위한 능력과 기적이었는지를 살펴봄으로써 우리를 혼란케 하려는 사탄의 속임을 분별해낼 수 있도록 하자.

성령 하나님께서 우리를 복음으로 살아가게 하신다는 말은 진리이다. 그런데 성령님은 인격적이시기에 자발적인 의지의 결정 없이 결코 우리를 억지로 복음의 삶 가운데 이끌어가시지 않는다. 우리가 하나님을 사랑해서 자발적인 결정으로 성령 하나님께 삶의 주권을 넘겨드렸을 때에야 비로소 우리를 이끌어가신다. 그런데 어떤 이들은 스스로 애를 쓰고 공을 많이 들였는데 잘되지 않을 때 저절로 되기를 기대하는 마음으로 성령 하나님을 바라본다. 성령님은 우리를 믿음으로 복음을 살아가게 하시는 분임이 확실하다. 그러나 더 확실한 것은 가만히 있어도 저절로 성령의 열매를 맺게 하시지는 않는다는 것이다.

"완전한 복음을 들었는데 왜 내 삶은 그대로인가?"

"왜 나는 변하지 않는가?"

성경은 그 질문에 대하여 한 구절로 정리한다.

"그들과 같이 우리도 복음 전함을 받은 자이나 들은 바 그 말씀이 그들에게 유익하지 못한 것은 듣는 자가 믿음과 결부시키지 아니함이라"(히 4:2).

'내가 해보았는데 안 되어서 성령이 필요하다'는 말은 언뜻 보기에 맞는 듯하지만, 어쩌면 내 능력이 가능한 영역에서는 성령 하나님의 도우심이 필요 없다는 말이 되기도 한다. 그렇지 않다.

율법을 통해 살펴보았듯이 우리에게서는 결코 선한 것이 나올 수 없다. 선해 보여도 나로부터 시작되는 모든 것은 선할 수가 없다. 이 것은 나에 대한 부분적인 실망이지, 존재적인 절망이 아니다. 당신은 성령님께서 이런 부분적인 연약함만 충족시켜주길 바라는 것은 아닌가? 정말 내가 아무것도 할 수 없다고 절망했다면 성령님께서 친히 내 모든 삶을 이끌어가시도록 주권을 넘겨드리는 결단을 하지 않을 수 없다. 내 삶의 주권은 여전히 내가 가지고 있고, 잘 안 되는 영역만 나타나서서 도와주길 바라는 마음은 아주 악독한 태도이다. 하나님께서는 전부가 아닌 것을 받지 않으신다.

사도행전 5장에 나오는 아나니아와 삽비라는 땅을 팔아 전부가 아닌 일부를 헌금했다고 죽었다. 돈을 떼먹은 것도 아니고 조금 남기고 헌금한 것이 뭐가 그렇게 큰 잘못이라고 죽였을까. 전부가 아닌데 전부인 척하지 말라는 것이다. 하나님께 드리는 것은 반드시 전부여야만 한다. 그 전부의 크고 작음은 결코 보지 않으신다. 예수님은 전부로 드린 과부의 동전 두 닢을 부자가 부분적으로 드린 많은 헌금보다 더 기쁘게 받으셨다.

성령님은 그분의 도우심을 부분적으로 필요로 하는 자를 결코 주권적으로 이끌어가지 않으신다. 성령의 도우심을 삶의 전부로 받은 사람만이 성령 하나님의 인도하심을 알 수 있고 사탄의 수많은 미혹과 분별이 어려운 기적과 은사 앞에서도 바른 길을 걸어갈 수 있다.

하나님께서 기뻐하시는 믿음의 삶은 처음부터 성령 하나님께서 이끌어가셔야만 가능하다. 내가 안 돼서 필요한 게 아니라 원래부터 믿음의 삶은 보혜사 성령님의 도우심으로만 살아갈 수 있다. 그런데 사람들은 전부로 드려진 삶을 받아서 이끌어가시는 성령님을 오해하고 부분적인 도움만 성령님께 청한다.

"이것만 해결되면…."

"열정만 있으면…."

이런 부분적인 도움을 청하는 사람들이 바라는 것은 결국 보이는 것이다. 눈에 드러나고 만져지고 느껴져서 굳이 믿기로 결정하지 않아도 되는 기적과 은사를 원하는 것이다. 은사는 좀 더 잘 믿을 수 있도록 '나'를 위해 주시는 것이 아니다. '믿는 자'들에게 하나님의 사역을 감당하는 데 있어서 맡겨진 자리에 필요한 능력을 주시는 것이다. 은사는 반드시 성령 하나님의 주권 아래에 있어야 바르게 쓰일 수 있다.

이런 말을 하면 많은 사람들이 '말씀에 성령을 구하고, 은사를 사모하라고 하셨다'라고 발끈한다. 맞는 말이지만, 은사를 구하라고 하시면서 하셨던 말씀도 함께 기억해야 한다.

"너희가 악할지라도 좋은 것을 자식에게 줄 줄 알거든 하물며 너희 하늘 아버지께서 구하는 자에게 성령을 주시지 않겠느냐 하시니라"(눅 11:13).

"성령님, 임재하소서. 성령님, 내주하여주소서"라고 고백하는 이들이 생각하는 성령님은 '따스한 성령님, 위로의 성령님'이 지배적인 것을 본다. 그러나 그에 앞서 성령 하나님은 진리의 영이시다.

"내가 너희에게 실상을 말하노니 내가 떠나가는 것이 너희에게 유익이라 내가 떠나가지 아니하면 보혜사가 너희에게로 오시지 아니할 것이요 가면 내가 그를 너희에게로 보내리니 그가 와서 죄에 대하여, 의에 대하여, 심판에 대하여 세상을 책망하시리라"(요 16:7,8).

진리가 아닌 죄에 대해서는 무섭게 책망하시고 심판하시는 하나님이시다. 왜 성령님께서 예수님이 십자가에서 죽으시고 부활하시고 승천하신 뒤에 오셨는가? 그전에 죄 된 우리의 심령 안에 오시면 우리는 곧바로 죽기 때문이다. 죄를 용납하실 수가 없으신 거룩하신 성령님께서 그냥 임재하시면 우리는 죽는다. 그래서 성령님께서는 먼저 우리를 십자가 앞에 세우시고 죄인 된 나의 실상을 처절하게 보게 하신다. 그래야 살 수 있으니까.

앞에서 언급했듯이 십자가는 사형 틀이다. 죽으러 가는 것이다. 누군들 죽으러 가는 길이 마냥 좋을 수 있겠는가. 사탄이 계속해서 나아가지 못하게 방해하고 나 역시 나아가고 싶지 않다. 이때 상한 마음을 위로하시는 따뜻한 성령님을 찾는 것이다. 절대 속아서는 안 된다. 죄인의 마음은 위로가 아니라 십자가로 갈아엎어야 한다. 그곳으로 인도하시는 것이 바로 성령님이시다. 성령을 사모하고 구한다는 것은 바로 이 십자가의 복음으로 죽어야 할 죄인인 내가 죽고, 예수 그리스도의 생명으로 산 존재라고 하는 전제가 있어야 가능한 일이다.

성령의 은사를 사모해야 한다. 하지만 이것도 구하는 은사가 무엇이냐는 것이다.

"너희는 더욱 큰 은사를 사모하라 내가 또한 가장 좋은 길을 너희에게 보이리라"(고전 12:31).

은사를 구하고 사모하라고 하신 뒤에 항상 하신 말씀이 있다.

"그러므로 너희도 영적인 것을 사모하는 자인즉 교회의 덕을 세우기 위하여 그것이 풍성하기를 구하라"(고전 14:12).

교회의 덕이 되는 것이 목적이다.

"모든 것을 품위 있게 하고 질서 있게 하라"(고전 14:40).

사도 바울은 성령의 은사와 성령충만함을 강조하면서도 조심해야 할 것을 항상 언급했다. 은사를 구하는 것이 잘못이 아니라 우리가 구하고 받은 은사는 반드시 교회에 덕을 세우고 사람을 살리는 은사여야 한다는 것이다.

성령님이 오신 이유

'성령을 보내주겠다'고 약속하신 예수님께서 성령님께서 하시는 사역이 무엇인지, 왜 오셨는지에 대해 하신 말씀을 보면 우리는 성령이란 주제 앞에서 분명한 태도를 취할 수 있을 것이다.

"내가 아버지께 구하겠으니 그가 또 다른 보혜사를 너희에게 주사 영원토록 너희와 함께 있게 하리니 그는 진리의 영이라 세상은 능히 그를 받지 못하나니 이는 그를 보지도 못하고 알지도 못함이라 그러나 너희는 그를 아나니 그는 너희와 함께 거하심이요 또 너희 속에 계시겠음이라"(요 14:16,17).

예수님께서 자신이 떠나실 것에 대하여 말씀하시고 나서 걱정하는 제자들에게 해주신 말씀이다. 하나님께서 십자가의 복음이 완성된 후 보혜사를 보내주시는데 세상은 능히 그를 받지 못한다고 하셨다. 왜냐하면 보지도 못하고 알지도 못하기 때문이다. 제자들도 예수 그리스도의 십자가 복음을 몰랐다.

"내가 어디로 가는지 그 길을 너희가 아느니라 도마가 이르되 주여 주께서 어디로 가시는지 우리가 알지 못하거늘 그 길을 어찌 알겠사옵나이까"(요 14:4,5).

제자들도 십자가의 복음을 보지 못했고 알지 못했다. 그래서 이때에, 성령님께서 임하실 수가 없었다. 성령님이 내주하시는 비밀은 제자들이 십자가의 복음을 보고 듣고 그들의 심령 안에서 실제가 되었을 때 가능했던 것이다.

"조금 있으면 세상은 다시 나를 보지 못할 것이로되 너희는 나를 보리니 이는 내가 살아 있고 너희도 살아 있겠음이라 그 날에는 내가 아버지 안에, 너희가 내 안에, 내가 너희 안에 있는 것을 너희가 알리라"(요 14:19,20).

여기서 '그 날'은 예수님께서 죽으시고 부활하시고 승천하시는 날을 가리킨다. 예수님께서는 부활하시고 40일 동안 제자들에게 보이셨다. 승천하시는 날까지도 이루어진 복음을 다 보여주시고 들려주신 후인 '그 날'에 성령님께서 제자들의 심령 안에 내주하러 오셨다. 예수님께서 완전히 승천하시고 (십자가의 복음이 완성되고) 마가 다락방에 제자들이 모여 기도에 힘쓸 때에 성령이 임하셨다. 십자가의 복음을 알고 보았을 때에야 성령 하나님께서 우리 안에 거하실 수 있다는 것이다.

그렇다면 성령 하나님께서는 각 사람의 심령에 내주하시며 무슨 일을 하시는가?

"보혜사 곧 아버지께서 내 이름으로 보내실 성령 그가 너희에게 모든 것을 가르치고 내가 너희에게 말한 모든 것을 생각나게 하리라"(요 14:26).

성령 하나님께서 우리 안에서 누가 하신 말씀을 생각나게 하신다고 했는가? '내가 너희에게 말한 모든 것', 바로 예수님이 제자들에게 하신 말씀을 생각나게 하신다는 것이다.

"내가 아버지께로부터 너희에게 보낼 보혜사 곧 아버지께로부터 나오시는 진리의 성령이 오실 때에 그가 나를 증언하실 것이요"(요 15:26).

성령님께서는 예수님을 증언하신다.

"그러나 내가 너희에게 실상을 말하노니 내가 떠나가는 것이 너희에게 유익이라 내가 떠나가지 아니하면 보혜사가 너희에게로 오시지 아니할 것이요 가면 내가 그를 너희에게로 보내리니 그가 와서 죄에 대하여, 의에 대하여, 심판에 대하여 세상을 책망하시리라"(요 16:7,8).

예수님께서 떠나시고 나서 오시는데 오셔서 죄에 대하여, 의에 대하여, 심판에 대하여 세상을 책망하신다고 하셨다.

"죄에 대하여라 함은 그들이 나를 믿지 아니함이요 의에 대하여라 함은 내가 아버지께로 가니 너희가 다시 나를 보지 못함이요"(요 16:9,10).

여기에서 성령님에 대한 혹은 성령님을 위한 일은 없고, 예수님은 계속해서 '나를, 내가, 나를'이라고 말씀하신다. 예수님을 위하여 예수님에 대한 일을 하시는 것이다. 그리고는 성령님께서 하시는 일에 대하여 아예 결론을 내리신다.

"그러나 진리의 성령이 오시면 그가 너희를 모든 진리 가운데로 인도하시리니 그가 스스로 말하지 않고 오직 들은 것을 말하며 장래 일을 너희에게 알리시리라 그가 내 영광을 나타내리니 내 것을 가지고 너희에게 알리시겠음이라"(요 16:13,14).

역시 예수님께서 직접 하신 말씀이다. 성령님 스스로 성령님에 대하여 말씀하시거나 성령님의 독단적인 사역이 드러나는 것이 아니라 오직 들은 것만을 말씀하시고 예수님의 영광을 나타내시며 예수님을 제자들에게 알리신다는 것이다.

성령님께서 내주하시는 제일 큰 목적은 예수 그리스도의 영광을 나타내시고 우리로 예수 그리스도의 가르침을 깨닫게 하시며 예수 그리스도를 증언하시는 것이다. 복음 자체이신 예수 그리스도를 위하여 우리 안에 계시는 것이다. 예수 그리스도의 복음이 실제가 되는 자리로 우리를 계속해서 이끄시고 가르치시며 탄식하고 권면하시는 것이다. 성령님께서 하시는 제일의 목적이 바로 이것이다.

성령님은 반드시 우리를 십자가로 이끌어가실 수밖에 없다. 십자가로 나아가지 않고서는 결코 올바른 목적을 가지고 성령 하나님을 논할 수 없기 때문이다. 그러면 이것이 과연 사실인지 어떻게 확인할 수 있는가. 성령행전이라고 불리는 사도행전에 성령의 사역들이 어떻게 드러났는지 살펴봄으로써 정말 성령님께서 예수님을 증언하시고 드러내셨는지 살펴볼 수 있다.

"오직 성령이 너희에게 임하시면 너희가 권능을 받고 예루살렘과 온 유대와 사마리아와 땅 끝까지 이르러 내 증인이 되리라 하시니라"(행 1:8).

예수님께서 승천하시기 직전 제자들에게 하신 말씀이다. 성령이 임하시면 권능을 받게 되는데 권능을 받으면 교만해서 자기를 높이고 자기를 추구하게 되는 것이 아니라 땅 끝까지 '내(예수님) 증인'이 될 것이라 하셨다. 우리가 좋아하는 권능(은사)은 반드시 예수 그리스도의 증인된 삶으로서 예수님을 증언하는 일에 쓰여야 함을 주지시키면서 사도행전이 시작된다. 그리고 이어 베드로가 성령이 충만하여 선포한 것이 예수 그리스도의 십자가다(행 2:14-47 참조).

"베드로가 이르되 은과 금은 내게 없거니와 내게 있는 이것을 네게 주노니 나사렛 예수 그리스도의 이름으로 일어나 걸으라 하고"(행 3:6).

베드로와 요한이 성전 미문에 앉아 있던 앉은뱅이를 일으킨 사건이다. 성령의 능력으로 그가 일어나게 되었다. 그런데 잘 보면 성령님의 이름이 아닌 "나사렛 예수의 이름으로 걸어라"라고 선포했다. 그리고 몰려온 사람들이 자신들을 주목하자 그들이 했던 고백이 있다.

"베드로가 이것을 보고 백성에게 말하되 이스라엘 사람들아 이 일을 왜 놀랍게 여기느냐 우리 개인의 권능과 경건으로 이 사람을 걷게 한 것처럼 왜 우리를 주목하느냐"(행 3:12).

자신들의 능력과 경건이 아니었다. 성령 하나님께서 주시는 권능이었는데, 백성들에게 선포하는 것은 예수 그리스도 십자가의 복음이었다.

"이에 베드로가 성령이 충만하여 이르되 백성의 관리들과 장로들아…"(행 4:8).

성령이 충만하여 선포한 것은 예수 그리스도 십자가 죽음과 부활이었다. 이후에 계속되는 성령의 능력, 권능이 드러낸 모든 것은 예수 그리스도에 초점이 맞추어져 있다. 성령이 충만하여 순교당한 스데반 집사도 그가 죽기 전 선포한 것은 예수 그리스도였다. 성령님께서 주신 권능과 은사는 오직 예수 그리스도가 증언되고 드러나기 위함이라는 것이다.

이러한 말씀에 근거하여 우리가 기대하는 성령의 권능, 은사는 합당한지 스스로 점검해보라. 나를 드러내기 위하여, 내가 조금 더 나은 믿음을 갖기 위하여 필요한 은사나 권능은 아니었는지.

사도행전에서는 성령의 기적적인 사역 앞뒤에 분명하고 정확하게 예수 그리스도가 선포되었다. 성령님은 절대 자신의 이름을 걸고 사역하지 않으신다. 오직 예수 그리스도의 십자가 복음을 선포하시고 증언하신다. 우리는 성령의 사역과 역사를 통하여 예수 그리스도, 십자가 복음이 선포되고 들려지는지 또한 성령님께서 내주하시기 위하여 우리가 반드시 거쳐야 하는 십자가의 죽음 앞에 서게 하는지를 분별해야 할 것이다.

이것을 주의하라

계속해서 눈에 보이고 느껴지는 은사나 기적 등을 기대하다 보면, 육적인 감각이 예민해지고 우리의 영적인 감각은 무뎌져서 무엇이 옳고 그른지 분별하지 못하고, 보이고 느껴지는 것에만 반응하게 될지도 모른다. 정말 무서운 상태가 되는 것이다. 다음은 《성도들의 영적 전쟁War on the Saints》이라는 책 중 '판단과 이성의 수동성'에서 발췌한 글이다.

이 상태(판단과 이성의 수동성)에 있는 사람은 확립된 결론에 대해 논쟁하거나 규명하는 모든 말들을 듣지 않으려 하고 그 생각을 닫아버린다. 이 상태에 빠진 사람은 더 깊은 진리와 빛을 주려는 모든 노력을 간섭으로 여기고 진리와 빛을 주려는 사람을 무지하고 주제넘은 사람으로 몰아붙인다. 이러한 수동성에 빠진 믿는 이는 악한 자신감과 자신이 절대로 틀리지 않다고 확신하는 상태에 빠져들게 된다. 마치 자신이 틀리지 않다는 그의 '판단'을 뒤흔들 만한 것이 없는 듯하다. 그런 사람이 구출되는 유일한 길은 자신의 상태를 바로 보는 것이다.

그 미숙한 그리스도인이 자신이 악한 영들에게 속임당하고 사로잡혔다는 것을 알고서 충격에 휩싸일 때, 비로소 자신이 옳다는 견고한 요새와 같은 확신이 무너질 수 있다. 이런 상태에 있는 믿는 이가 속임당한 사실을 파헤칠 때, 그는 대개 자신의 영적 생활의 기초를 다시 놓게 된다. 그러므로 세상 사람들이 '광신자' 또는 '열성파'로 부르는 사람들 중에서 이러한 종류의 원수의 속임수에서 구출되는 사람은 극소수에 불과할 정도로 '판단과 이성의 수동성'에서 구원받는 것은 쉽지 않다.

모두가 일어나길 바라는 부흥의 참 모습이었던 1904년에 시작된 영국 웨일즈 대부흥의 열기는 10년 이상 지속되었다. 이때 5개월 안에 약 10만 명이 넘는 사람들이 회개하여 그리스도께로 돌아왔고 학생들은 학교 대신 기도모임으로 향하고 술집은 문을 닫는 이른바 도덕혁명이 일어났다. 그 엄청난 대부흥의 인도자였던 이반 로버츠는 부흥이 진행되는 한복판에서 돌연 8년 동안 잠적을 감추었다. 그런 후에 이 책의 기본이 되는 내용을 제시 펜 루이스 여사에게 구술해주었고 이것을 들은 루이스가 자신의 체험을 담아 기록된 책이 《성도들의 영적전쟁》이다.

성령의 역사와 권능, 초월적인 기적들이 쏟아지던 그때 사탄의 공격을 받아 치열하게 싸우며 깨닫게 하신 내용들이 담겨 있다. 대부흥의 시기, 수많은 기적과 이사들이 있었지만 그 주역이었던 이반 로버츠는 부흥을 누리지 못하고 기도하면서 사탄과 싸웠다. 그리고 오는 모든 세대에게 우리가 생각하는 부흥, 성령의 역사, 기적을 대하는 데에 있어 조심하고 또 조심할 것에 대하여 강조했다.

만일 교회가 성령과 동역하는 방법만이 아니라 흑암의 권세들에 대한 진리를 안다면, 부흥 후에 사탄이 발생시킨 결과들이 나타나지 않는 순수한 부흥이 일어날 수 있다.

어떤 모습으로 가장된 사탄과 악한 영들의 존재를 인식할 수 있게 하는 바 그들의 역사에 대한 지식이 없이는 누구도 부흥과 함께 나타나는 모든 초자연적인 현시들을 안전하게 받아들이거나 하나님께 속한 오순절 능력처럼 보이는 것들을 신뢰할 수 없다. 순수한 부흥은 충만히 운행하시는 하나님의 능력으로 죄와 사탄을 제한다. 순수한 부흥은 소위 냉담한 신앙이 아니라 생명이며, 지성이 아닌 영과 관련이 있다.

"보여달라, 듣게 해달라, 느끼게 해달라."

이런 일은 성경 역사에도 계속 반복되었다. 그러나 판단과 이성의 수동성의 자리에 선 자는 들을 수 있고 볼 수 있는 영적 감각들이 전부 마비되어버린다. 분별할 수도, 선택할 수도 없다. 기적과 이사가 어디서부터인지 누구로부터 오는 것인지 구분하지도 못하고 그냥 엎어져버리는 것이다.

"사랑하는 자들아 영을 다 믿지 말고 오직 영들이 하나님께 속하였나 분별하라 많은 거짓 선지자가 세상에 나왔음이라"(요일 4:1).

우리가 듣고 실제가 된 이 완전한 복음은 성령 하나님의 도우심으로만 살아낼 수 있도록 계획된 것이다. 우리는 성령 하나님께서 하시는 사역으로 예수 그리스도를 볼 수 있으며 그분의 권능과 능력으로 예수 그리스도의 증인된 삶을 살 수 있다. 이제 더 이상 삶의 일부분만 도와주시는 성령님으로 생각하지 말고 우리의 삶 전부를 그분께 내어드리자. 우리의 삶을 내어드리고 성령님께서 우리를 인도하신 다면 우리의 삶은 예수 그리스도의 모습이 드러나는 성령의 열매들이 맺히게 될 것이다.

"오직 성령의 열매는 사랑과 희락과 화평과 오래 참음과 자비와 양선과 충성과 온유와 절제니 이같은 것을 금지할 법이 없느니라"(갈 5:22,23).

"내 안에 거하라 나도 너희 안에 거하리라 가지가 포도나무에 붙어 있지 아니하면 스스로 열매를 맺을 수 없음같이 너희도 내 안에 있지 아니하면 그러하리라 나는 포도나무요 너희는 가지라 그가 내 안에, 내가 그 안에 거하면 사람이 열매를 많이 맺나니 나를 떠나서는 너희가 아무것도 할 수 없음이라"(요 15:4,5).

삼위 하나님께서 전부 나서서 우리의 살길을 여시고 책임지시는데 우리가 어찌 실패할 수 있단 말인가? 우린 그저 믿을 뿐이다. 믿음으로 삼위 하나님 안에 거하기만 하면 그분의 영광이 나의 영광, 그분의 승리가 나의 승리, 그분의 능력이 나의 능력이 된다. 우리는 그 안에서 모든 것을 누릴 수 있게 된다.

"너희는 이 세대를 본받지 말고 오직 마음을 새롭게 함으로 변화를 받아 하나님의 선하시고 기뻐하시고 온전하신 뜻이 무엇인지 분별하도록 하라"(롬 12:2).

온전한 믿음으로 받는 부르심

온전한 믿음으로 복음을 살게 하시는 성령님께 내 삶을 전부 내어

드리고 나면, 내가 하고 싶은 것, 내가 가고 싶은 길이 없어진다. 이제 하나님께서 나를 향해 계획하신 삶이 펼쳐져 있는 것이다. 우리는 하늘의 부르심을 입은 성도이며 세상의 가치대로 사는 자들이 아니라 세상을 거슬러 하나님나라의 가치관으로 살아가는 사람들이다. 그렇다면 이제 나의 미래는 내가 계획하고 개척할 나의 몫이 아니다. 우리는 하나님의 완전한 계획 안에서 우리의 인생을 이미 그려놓으신 완성된 삶을 하나씩 걸어가며 사는 사람들이다. 이것이 결론이며 우리가 받은 부르심이다.

많은 사람들이 '부르심'이라는 주제를 고민하며 기다리고 기도한다. 하나님께서 뜻하신 것인지 내가 가고 싶은 것인지 헷갈리고 혼란스러워한다. 하나님의 부르심은 일이나 사역, 무엇을 위한 것이 아니다. 부르심 앞에 서 있는 우리의 잘못된 태도를 걸러냄으로 우리가 하나님의 부르심 앞에 바르게 서 있는지 점검해보자.

우리는 당장 1분 후의 미래도 알 수가 없다. 마치 안개가 자욱이 낀 길을 가는 것과 같다. 그래서 사람들은 앞으로의 일을 알고 싶어서 점쟁이를 찾고 운세를 보곤 한다. 자신이 알지 못하는 불확실한 미래 때문에 사람들은 두려워하고 스스로의 힘으로 잘 살아보려고 안간힘을 쓴다. 얼마나 불쌍하고 안타까운 삶인가?

그러나 그리스도인들은 보장된 삶을 산다. 살아 계신 하나님께서 우리와 함께하셔서 우리의 삶을 책임지시고 약속의 말씀으로 보장해놓으셨다. 우리가 그 말씀을 믿기를 거부하고 떠나지만 않으면 우리에게 절대 실패란 없다. 이는 상황이 잘 풀리고 안 풀리고의 문제를 초월한다.

"우리가 알거니와 하나님을 사랑하는 자 곧 그의 뜻대로 부르심을 입은 자들에게는 모든 것이 합력하여 선을 이루느니라"(롬 8:28).

하나님을 사랑하고 하나님의 뜻 안에 거하는 부르심을 입은 모든 자에게는 모든 것이 합력하여 선을 이룬다. 삼위 하나님께서 작정하시고 나를 밀어주신다. 딱 하나! 나의 인생을 붙들고 계시는 하나님에 대한 절대적인 신뢰만 있으면 된다. 전능하신 하나님께서 우리의 아버지시고 교회의 신랑이 되시는데 무엇이 문제될 수 있겠는가? 우리의 삶은 이미 보장되어 있고 하나님의 뜻 안에서 이미 그려져 있다.

나는 감사하게도 부르심이란 주제를 고민하며 한 번도 '무엇을 해야 하는가?'라는 질문을 했던 적이 없었다. 특별한 믿음이었다기보다 이미 평생 있을 곳이 정해져 있었기 때문이다. 내가 몸담고 있었던 공동체는 원하는 일을 찾아서 한다기보다 허락해주시고 시키신 일을 감당하면 됐기에 '특별히 무엇을 해야 하나'를 고민할 일이 없었다. 그런데 사역자로 있으면서 그리스도인들이 부르심에 있어서 '어디로 가야 하나, 무엇을 해야 하나'를 놓고 고민한다는 사실을 알게 되었다. 이는 잘못된 것이 아니라 부르심의 일부분이다. 그런데 문제는 일부분인 영역을 전부인 것처럼 고민하는 데 있다.

부르심을 논할 때에 빼놓을 수 없는 본문이 있다. 바로 하나님께서 아브라함을 부르시는 장면이다.

"여호와께서 아브람에게 이르시되 너는 너의 고향과 친척과 아버지의 집을 떠나 내가 네게 보여 줄 땅으로 가라"(창 12:1).

사람들은 이 말씀을 보며 자신이 있던 익숙한 터에서 떠나 하나님께서 말씀하시는 땅으로 가라고 하신 말씀을 주로 부르심의 말씀으로 받는다. 이때 그들이 주목하는 것은 '너는 본토 친척 아비 집을 떠나, 네게 지시할 땅으로 가라'이다. 이 말씀을 받은 사람들은 곧바로 지시할 땅에 모든 시선을 집중한다. 그러나 그 이후 계속되는 아브라함의 걸음을 보면 알겠지만 하나님께서 나타나셔서 '저기로 가, 이쪽으로 와'라고 하지 않으셨다. 지시할 땅에 대하여 말씀하시고는 어디로 가야 하는지 말씀하지 않으셨다. 그런데 아브라함은 짐을 싸고 움직이기 시작했다. 아브라함은 평생을 유랑하며 살았다. 정착지도 없었고 목적지도 없었다. 이것이 부르심을 입은 자의 삶이다.

우리가 주목할 것은 '지시하실 땅'이 아니라 '여호와께서', '내가 네게'라는 부분이다. 부르심의 가장 근본은 부르신 주체이다. 부르신 분이 누구인지가 중요하다. 그런데 부름을 받은 우리는 자꾸 시선이 '그래서 뭘 해야 돼?' '그래서 어디로 가야 해?'라는 부분에 혈안이 되어 있다. 창세기 13장에 나타난 아브라함의 태도를 보면 그는 가야할 '땅'이 아니라 부르신 '하나님'께 주목했음을 알 수 있다.

"네 앞에 온 땅이 있지 아니하냐 나를 떠나가라 네가 좌하면 나는 우하고 네가 우하면 나는 좌하리라"(창 13:9).

이것은 재산이 많아져서 롯의 무리들과 자꾸 다툼이 일어나자 롯에게 아브라함이 한 말이다. 만약 어디로 가야 하는지, 즉 목적지에 관심이 있었다면 아브라함은 이렇게 말할 수 없었을 것이다. 아브라함은 롯이 선택한 다음 차선을 선택한 것이 아니다. 그는 하나님을 선택했다. 어디로 가든지 함께하시는 부르심의 주체이신 하나님을 선택했던 것이다. 그래서 그는 험한 길을 선택했어도 하나님의 인도하심을 받을 수 있었다.

부르심의 주체를 잃어버린 장소나 사역이 우리에게 무슨 의미가 있겠는가? 우리가 부르심 앞에서 가져야 할 확신은 '하나님께서 지금 나와 함께하시느냐'이다. 내가 지금 주님과 동행하는 것이 내가 어디로 가야 하고 무엇을 해야 하는지보다 더 중요하다. 그것은 출애굽한 이스라엘 백성들을 분명한 목적지인 가나안으로 인도하던 모세의 태도를 보면 알 수 있다.

"너희를 젖과 꿀이 흐르는 땅에 이르게 하려니와 나는 너희와 함께 올라가지 아니하리니 너희는 목이 곧은 백성인즉 내가 길에서 너희를 진멸할까 염려함이니라 하시니"(출 33:3).

하나님은 출애굽한 이스라엘 백성들을 애굽에서 이끌어내시고 어디로 가야 할지도 분명히 알려주셨다. 그들의 종착지는 젖과 꿀이 흐르는 가나안 땅이었다. 하나님은 이스라엘 백성들을 광야에서 먹이시고 입히시면서 가나안 땅으로 인도하셨다. 그리고 그들도 가나안으로 갈 것을 알고 있었다. 그들을 구원하시고 이스라엘로 부르신 것은 하나님이셨다.

그런데 그들은 부르심의 주체를 잊어버리고 금송아지를 만들어 경배했다. 그때 하나님께서 화가 나셔서 모세에게 말씀하셨다.

'너희가 가고 싶어 하는 가나안은 들여보내줄게. 그런데 나는 함께 가지 않겠다.'

종착지는 가나안 땅이 맞다. 모세도 그 땅에 들어가고 싶어 했다. 이후 성질 한번 잘못 냈다가 가나안에 못 들어가게 되었을 때 하나님께 간청하여 들여보내달라고 한 것을 봐도 모세는 가나안 땅에 가고 싶은 것이 분명하다. 그러나 그런 모세가 했던 고백을 보라.

"모세가 여호와께 아뢰되 주께서 친히 가지 아니하시려거든 우리를 이곳에서 올려보내지 마옵소서 나와 주의 백성이 주의 목전에 은총 입은 줄을 무엇으로 알리이까 주께서 우리와 함께 행하심으로 나와 주의 백성을 천하 만민 중에 구별하심이 아니니이까"(출 33:15,16).

'다 필요 없다'는 말이다. 얼마나 대단한 사역이든, 보장된 미래이든, 부르심의 주체이신 하나님께서 함께하시지 않는다면 가나안은 아무런 의미가 없는 것이다.

지금 당신은 주님과 동행하고 있는가? 그렇다면 무엇인가 특별한 것을 하거나 어디에 가지 않아도 지금 부르심의 길을 가고 있는 것이다. 무엇을 할지, 어디로 갈지 고민하기보다 지금 주님과 함께하고 있는지를 점검하고 돌아보라.

우리는 부르심 앞에서 '기다린다'라는 표현을 많이 쓴다. 하나님의 뜻이 분명해질 때까지 기다리고 하나님보다 앞서지 않도록 조심하고 신중하게 결정하는 의미로서의 기다림은 필요하고 중요하다. 그러나 '기다림'이라는 단어에 숨은 우리의 잘못된 태도를 한 번 더 걸러낼 필요가 있다. 그것은 '무엇을 기다리는가?'이다.

당신은 하나님의 말씀에 즉각적으로 순종할 태도가 준비되었는가? 그 마음으로 하나님의 말씀이 떨어지길 기다리고 있는가? 아니면 '내가 하고 싶고 원하는 것'을 발견하기를 기다리고 있는가? 혹은 내가 하고 싶은 것을 사람들이 인정하고 지지해주길, 하나님마저 내가 가고 싶은 길과 내가 하고 싶은 일을 말씀으로 인정해주시길 기다리고 있는 것은 아닌가?

정말 당신이 하나님의 부르심 앞에서 말씀을 기다리는 사람이라면 결코 멈춰 있지 않을 것이다. 기다림은 멈춰선 시간이 아니다. 말씀을 기다리고 있는 사람은 하나님께서 이미 말씀하시고 명령하신 일에 먼저 순종한다. 말씀을 보고 기도하고 이웃을 돌아본다. 이것은 그 어떤 사역이나 일보다 훨씬 더 중요하다. 가장 기본적인 명령에 순종하지 못한다면 하나님 수준의 말씀이 떨어졌을 때 어떻게 순종할 수 있단 말인가? 하나님의 가장 근본적인 부르심에 순종하고 있는지, 하나님 말씀 앞에 매일 나아가고 기도의 자리에서 기도하며 삶의 작은 영역에서 순종의 제사를 올려드리고 있는지 우리 자신을 돌아보자.

"지극히 작은 것에 충성된 자는 큰 것에도 충성되고 지극히 작은 것에 불의한 자는 큰 것에도 불의하니라"(눅 16:10).

가장 작은 일에 먼저 충성하라. 그리고 허락하신 상황에 먼저 시도하라. 기다림의 오해에서 벗어난 우리는 이제 움직여야 한다. 하나님께서는 우리의 미래의 안개를 걷어주시지 않으신다. 하나님께서는 우리가 이해되지 않아도, 다 알지 못해도 순종하길 원하신다. 우리가 스스로의 미래를 아는 것은 별로 유익이 되질 않는다.

"내가 왕벌을 네 앞에 보내리니 그 벌이 히위 족속과 가나안 족속과 헷 족속을 네 앞에서 쫓아내리라 그러나 그 땅이 황폐하게 됨으로 들짐승이 번성하여 너희를 해할까 하여 일 년 안에는 그들을 네 앞에서 쫓아내지 아니하고 네가 번성하여 그 땅을 기업으로 얻을 때까지 내가 그들을 네 앞에서 조금씩 쫓아내리라"(출 23:28-30).

가나안 땅에 들어가는 이스라엘 백성들에게 하신 하나님의 말씀이다. 하나님께서 왕벌을 미리 가나안에 보내셔서 가나안의 거민들을 쫓아내실 것인데 한 번에 다 쫓아내면 가나안이 황폐하게 된다고 하셨다. 그리고 들어가는 만큼 조금씩 쫓아내주시겠다고 하셨다.

쉽게 말하면 가나안의 승리는 이미 다 이루셨고 '네가 믿음으로 취하는 만큼 그 땅이 너의 것이 될 것이라'는 말씀이다. 우리는 텅 빈 가나안에 들어가는 것이 아니다. 믿음으로 하나씩 취해 나아가야 한다. 보이지 않아도 다 알지 못해도 한 걸음씩 걸어가자.

우리의 부르심은 어디를 떠나는 것도, 어디에 정착하는 것도 아니다. 부르심은 하나님께로의 부르심이다. 그 부르심에 주저하지 말고 나아가자. 그곳에 우리가 있어야 할 자리가 있고 우리가 해야 할 일이 기다리고 있다. 부르심 앞에서 우리가 기다리는 것이 아니라 주님께서 우리를 부르시며 기다리고 계신다.

믿음의 여행의 결론

우리는 이 온전한 믿음으로 하나님께서 있게 하신 곳에서 맡겨주신 영혼들을 섬기는 증인으로 서야 한다.

나는 가끔 나의 연약함이 드러나고 비춰질 때마다 주눅이 들고 믿음으로 복음을 선포하는 일을 주저하곤 했다.

'내가 이런 말을 할 자격이 있나?'

'나나 잘해야지 누굴 섬겨?'

'이렇게 연약하고 부족한데 어떻게 복음의 증인이 될 수 있겠는가?'

자격 없는 나의 모습을 보고 낙심하여 선교사로의 삶을 포기하려 했던 적도 있었다. 그런데 하나님께서 묵상 중에 나를 열두제자의 제자훈련 수료식으로 이끌어 가주셨다. 요한복음에 부록처럼 붙어 있는 21장에 있는 디베랴 해변이었다.

예수님을 죽을 때까지 따르겠다던 베드로가 예수님을 세 번이나 부인하고 다른 제자들도 예수님이 잡혀가신 이후 뿔뿔이 도망쳐 비참하게 숨어 있었다. 예수님 없이는 살 수 없을 것 같던 그들이 겁에 질려 정작 십자가로 걸어가시는 예수님 옆에는 아무도 없었다. 그리고 예수님을 죽는 데까지 따르려 했던 그들의 의지는 완전히 박살이 나고 사람을 낚는 어부가 되라고 부르셔서 버리고 떠나왔던 그 자리에서 배신의 그물질만 하고 있었다. 예수님의 부활 소식을 들었으나 이 비참한 모습으로는 절대 예수님을 따라갈 수가 없었다. 그런 그들을 예수님께서 찾아가신다.

철썩거리는 작은 파도 소리만 유독 크게 들리던 디베랴 바닷가의 새벽이었다. 그곳에는 작은 배에서 힘없이 그물질하고 있는 제자 몇 명이 있었다. 그들은 고기를 잡을 마음은 없어 보였고 헛그물질만 반복하고 있었다. 그때 해변가에서 누군가의 목소리가 들려왔다(5절).

"얘들아, 너희에게 고기가 있느냐?"

그때까지 제자들은 말씀하시는 분이 예수님인 줄 알지 못한 채 대답했다.

"없나이다."

그때 예수님께서 말씀하셨다.

"그물을 배 오른편에 던지라. 그리하면 잡으리라."

그들은 그물 씻는 마음으로 오른편에 그물을 던졌다. 그러자 밤새 잡아도 잡히지 않던 고기가 가득 잡히는 것이었다. 그들은 단번에 예수님인 줄 알았다. 이때 요한이 베드로에게 귀띔을 한다. 그의 관심은 그물이 찢어지게 잡힌 고기에 있지 않았다. 처음 부르심을 받았을 때처럼 그는 그물과 배를 버려두고 바다에 뛰어들어 휘적휘적 해변으로 걸어간다. 물이 뚝뚝 떨어지는 채로 예수님 앞에 섰다. 그리고 예수님께서 준비해놓으신 떡과 고기를 염치없이 받아먹는다.

그때 예수님께서 그렇게 나아온 제자들에게 그들이 버리고 왔던 사도의 직분을 다시 맡겨주셨다. 도대체 어디 믿을 구석이 있다고 그들에게 사도의 직분을 맡겨주셨을까? 고민하지 않을 수 없었다. 십자가 사건 전보다 훨씬 더 비참하게 망가져버린 그들이 어떻게 예수 그리스도의 증인의 삶을 살아낼 수 있을 거라고 믿으셨을까? 무엇을 보시고 그들에게 사도의 직분을 맡기셨을까?

요한복음 21장의 디베랴에서 예수님께서 제자들에게 연출하신 상황은 이전에도 한번 연출됐던 상황이다. 바로 베드로가 처음 부르심을 입었을 때이다(눅 5:1-11). 처음 시몬 베드로를 제자로 부르실 때와 흡사하다. 밤새 그물을 던졌으나 잡지 못했던 그들에게 예수님이 오셔서 깊은 데에 그물을 던지라고 하시고 시몬이 말씀을 의지하여 던졌더니 그물이 찢어지게 물고기가 잡혔다. 그때 베드로는 엎드려서 이렇게 고백했다.

"주여 나를 떠나소서. 나는 죄인이로소이다."

예수님 앞에 자신이 감히 설 수 없는 존재인 것을 알았다. 그래서 죄인이니까 떠나달라고 간청한다. 그러나 예수님은 그에게 사람을 낚는 어부가 되라며 따르라고 하신다. 그 첫 부르심의 현장을 고스란히 재연하신 것이다. 3년 반이 지난 베드로는 예수님을 세 번이나 부인하고는 자신이 버리고 왔던 그 자리에서 다시 헛그물질을 하고 있었다. 그때 예수님이 그를 찾아오셔서 처음 그를 부르신 상황을 연출하신 것이다. 똑같은 상황에서 베드로는 말씀하신 분이 누군지 깨달았다.

그때 보인 베드로의 태도는 처음 부르심을 받았을 때와는 전혀 달랐다. 죄인이라며 자신을 떠나달란 부탁을 했던 그가 여전히 자신은 예수님 앞에 부끄러운 존재였으나, 오라고도 하지 않으셨는데 아무 말 없이 바다로 뛰어들어 유유히 물살을 헤치며 예수님께로 나아간다. 그렇게 나아온 그에게 예수님은 사도의 직분을 다시 주시고 떠나신다. 이것이 3년 반 제자훈련의 끝이었다. 예수님의 제자훈련의 완성은 완벽한 사람으로 만들어내는 것이 아니었다.

"나는 죄인이로소이다. 나를 떠나소서."

이렇게 말하던 베드로가 예수님께로 가까이 나아가게 됐던 것처럼 예수님이라면 자기 모습이 어떠하든지 주님을 찾는 사람, 그분이라면 어디까지 왔든지 상관없이 돌이켜 그분께 나아갈 수 있는 사람, 가득 잡힌 물고기 따윈 안중에 없이 주님이 주신 물고기 한 마리로 만족할 수 있는 사람, 무엇보다 그분을 떠나서는 살 수 없어서 그분께 나아갈 수밖에 없는 사람이 되는 것이었다. 비참한 배신의 흔적이 남은 디베랴에서 그들은 제자훈련을 수료했다. 그리고 그것이 사도행전의 시작이었다.

예수님께서 우리에게 원하시는 것은 멋진 행위로 사람들의 인정을 받는 사람, 넘어지지 않고 잘 가는 사람이 아니라 너무나 연약하고 부족해서 주님의 도우심 없이는 살 수 없는 자, 예수님을 떠나서는 만족할 수도, 제대로 살 수도 없는 은혜에 발목 잡힌 자였다. 이런 자가 사도의 직분을 맡기에 충분하다.

지금 당신은 복음을 듣기 전보다 더 흉악해지지 않았는가? 복음을 수없이 들어서 알긴 알고, 듣긴 들었는데 몰랐을 때보다 더 비참하진 않은가?

나는 나의 비참한 모습에 더 이상 '선교사'라는 타이틀이 어울리지 않다고 판단되어 몇 번이고 나가려고 짐을 쌌다. 그런데 짐을 들고 막상 나가려고 하면 문턱을 나갈 수가 없었다.

'그동안 내가 깨달았던 진리는 뭐지? 이 복음을 떠나서 무엇을 하며 살지?'

주님을 향해 전심으로 달릴 수도 없는데 그렇다고 세상으로 뒤돌아서지도 못하는 한심한 모습이었다. 그런 내 모습이 무척 답답하기도 했다. 그때 주님께서 말씀하셨다.

'한심한 모습이 아니란다. 아무리 네가 연약하고 비참해도, 세상으로 돌아갈 수 없는 하나님의 은혜에 발목 잡힌 사람이 되었느니라. 그것이면 충분하다.'

나의 어떤 연약함도 예수 그리스도를 따르는 길에서 돌아서 세상으로 갈 이유가 되지 못한다. 난 부족하다. 여전히 연약하고 넘어지는 것이 사실이다. 그러나 그보다 더욱 큰 사실은 지금도 여전히 하나님 아버지의 은혜가 나를 붙들고 계신다는 것이다.

아버지께서 내게 말씀해주셔서 항상 책상 머리맡에 붙여놓는 글귀가 있다.

"은혜를 끼치는 자가 아니라 은혜 입은 자로 서라!"

은혜 입은 증인이 복음을 살아낼 수 있고, 그 생명을 흘려보낼 수 있다. 믿음의 여행을 떠나면서 한 가지 분명하게 알게 된 사실은 내가 태도를 정하고 믿음을 쓰고 아무리 노력한다고 해도 하나님의 은혜가 없이는 그 모든 노력이 무의미하다는 사실이다. 오늘도 치열하게 믿음의 싸움을 싸우는 증인들이여, 나의 사랑하는 동지들이여, 기억하라! 이 모든 일을 가능케 하신 하나님의 은혜를! 그 은혜가 오늘도 우리의 싸움을 승리로 이끌어갈 것이다.

다윗들이여, 지금 일어나라!

사무엘상 17장은 다윗이 골리앗을 때려잡는 유명한 장이다. 믿음과는 전혀 상관없는 사람도 알고 있는 유명한 사건이다.

들판에서 양을 치던 다윗은 아버지의 심부름으로 전쟁에 참여한 형들의 안부를 묻기 위해 전쟁터에 나갔다. 가서 보았더니 전쟁이 고착되었다.

"블레셋 사람들은 이쪽 산에 섰고 이스라엘은 저쪽 산에 섰고 그 사이에는 골짜기가 있었더라"(삼상 17:3).

하나님의 선민 이스라엘이 전쟁을 마무리짓지 못하고 풀이 죽은 채로 여기저기 흩어져 앉아 있는 것을 다윗이 보았다. 그리고 골리앗이 떠드는 소리를 듣게 되었다. 다윗은 군인이 아니었다. 그냥 심부름하러 온 것이었다. 그런데 이스라엘의 장수들은 두려워서 아무도 나서지 않았던 그때 10대 소년 다윗이 반응한 것이다. 우연히 가서 본 그 상황을 참을 수 없어 자신이 나서야 하는 필연으로 받아들였다. 나서지 못하면 가만히라도 있어야 하는데 형들이 하나님의 영광을 위해 나서려는 다윗의 기를 죽이려고 나무라기 시작한다. 요즘 말로 하면 이런 말이다.

"나대지 마."

"넌 아직 나설 준비가 안 됐어."

"주제를 좀 알아라."

"넌 아직 군인이 아니야."

그러나 아무도 나서지 않는 그 상황을 다윗은 이해하지도 못했고 참을 수도 없었다. 누군가 다윗에 관한 이야기를 사울에게 했고 다윗은 사울 앞에 서게 되었다. 그 앞에서 다윗은 당당하게 말했다.

"제가 나가겠습니다."

기가 막히는 말이지만 얼마나 부끄러웠겠는가? 이스라엘의 왕이라는 사람이나 장수라고 하는 이들이 제 목숨 연명하려 아무도 나서지 않고 있는데 10대 소년 다윗이 나서겠다고 하니 얼마나 어이가 없고 한편으로는 부끄러웠겠는가? 이때라도 누구 한 명은 정신 차리고 나섰어야 했다. 그런데도 아무도 나서지 않았다. 그러자 다윗은 이스라엘로서 하나님의 영광을 지키고 드러낼 책임을 사울 왕으로부터 뺏어왔다. 만약 사울이 이 책임을 다하였더라면 다윗은 죽을 때까지 사울 옆에서 함께 서서 싸웠을 것이다. 그러나 그들이 책임을 다하지 않았기에 다윗이 이스라엘로서의 책임을 다하게 된 것이다.

이스라엘의 책임을 진 다윗은 골리앗 앞에 서려고 한다. 이때 사울이 기껏 한다는 소리가 '갑옷 정도는 입고 나가라'라고 한다. 이 모습을 보며 지금 기성세대가 다음세대에게 주려고 하는 것이 무엇인가 생각하지 않을 수가 없었다. 이 세상에서 사역이든 일이든 살아남기 위하여 갖추라고 말하는 것이 도대체 무엇인가? 누군가로부터 이런 이야기를 들었다.

"선교사로 나가려면 목사안수를 받아라. 선교지에서 평신도 사역자는 껴주지도 않는다."

모두가 다 그렇다고 말할 수는 없지만 나도 몇 번 그렇게 직접 말하는 것을 들었고 또 보았다. 목자로서 맡겨주신 영혼에 대한 거룩한 책임감이 아닌 단지 사역을 위해 목사 안수를 받았다면 과연 하나님의 영광에 합당한 전쟁을 치러낼 사람으로 만들어졌다고 할 수 있겠는가? 그런데 이 땅에서 조금 더 나은 사역, 조금 더 나은 환경에서 대우를 받기 위해 맞지도 않는 갑옷을 자꾸 입히려 한다.

전쟁에서 살아남게 하려고 사울은 다윗에게 맞지도 않는 갑옷을 입히고 놋투구를 씌워주었다. 이때 다윗은 입고 걸어본 다음 맞지 않는다고 거절한다. 나는 내게 맞지 않는 불필요한 갑옷을 단호히 거절하겠다. 다음세대들 또한 맞지 않는 갑옷에 질질 끌려다니지 말고, 하나님 앞에 달려나아가는 걸음을 거추장스럽게 만드는 불필요한 갑옷을 단호히 거절하기를 소망한다. 다윗은 갑옷을 거절하고 자신이 가진 작은 능력으로 골리앗 앞에 나아간다. 키는 여섯 척이나 되고 온몸을 갑옷으로 둘러 갖춘 골리앗 앞에 물매 다섯 개만을 들고 간다. 다윗도 살짝 겁은 났나 보다. 다섯 개나 들고 간 걸 보면…. 그러나 다윗은 물매 한 개에 자신의 목숨을 걸었다.

"다윗이 블레셋 사람을 향하여 빨리 달리며"(삼상 17:48).

그는 자신의 작은 능력인 물매에 목숨을 건 것이 아니었다. 하나님의 영광에 목숨을 걸었던 것이다. 그 영광을 지켜내지 못한다면 죽는 것이 낫다는 마음이었을 수도 있다. 그는 정말 목숨을 다해 하나님을 사랑했다. 그는 두 번 던질 것을 생각하지 않았다. 하나의 물매에 목숨을 걸었다. 그렇지 않고서는 골리앗을 향해 빨리 달릴 수 없었다. 그리고 그 작은 능력으로 이스라엘 왕과 장수, 군인들도 선뜻 나서지 못하여 지키지 못한 하나님의 영광을 지켜낸다.

나는 다윗과 같이 우연히 맞딱드린 상황에서 자신이 감당할 일이라고 필연으로 받아 그때 그가 가진 작은 능력인 조약돌에 자신을 던져 하나님께 순종하고 도전할 수 있다면, 그 조약돌로 이스라엘의 승리를 이끌어낼 수 있다고 믿는다.

갖출 거 다 갖추고도 두려움에 사로잡혀 숨어 있던 이스라엘의 군대보다 지극히 작은 능력을 가지고 골리앗 앞에 서는 소년 다윗이 하나님의 편에서는 더 낫다. 하나님 편에서의 승리는 갖춰진 스펙이나 잘 갖춰진 사역이 아니다. 다윗보다 이스라엘 백성들이 군대의 모양을 더 잘 갖추고 있었다. 왕이 있었고 장수가 있었으며, 전략가가 있었을 것이다. 그러나 그 많은 능력이 하나님의 영광을 지켜내는 데에는 아무 쓸모가 없었다. 많은 능력보다 하나님의 영광을 위해 작은 물매를 들고 전쟁터 한복판으로 나아갔던 열정이 훨씬 더 값지게 쓰여졌다.

하나님은 지극히 작은 능력으로도 하나님의 영광에 대한 열정으로 적진에 뛰어든 패기를 가진 자들을 통하여 전쟁의 승리와 선교완성을 이루신다. 다윗의 고백처럼 우리는 칼과 창과 단창으로 전쟁에 뛰어드는 것이 아니다. 만군의 여호와의 이름으로 나아가는 것이다.

꼭 다윗이 골리앗 앞에 나아가서 이겼기 때문에 그 걸음이 의미 있다는 것이 아니다. 하루는 묵상 중에 다윗이 골리앗을 잡지 못하는 상황을 상상해본 적이 있었다.

'물매를 가지고 다윗이 골리앗을 향해 나아갔다. 물매 하나를 장전하고 골리앗을 향해 냅다 달렸다. 그리고 물매를 돌리고 골리앗을 향해 던졌다! 엄청난 속도로 날아가던 물맷돌이 정확하게 아주 정확하게 골리앗의 이마 쪽으로 날아가 투구에 '깡!' 소리를 내며 맞고 튕겨져 나왔다. 뛰던 다윗도 멈추어 서고 욕하고 비웃던 골리앗도 이 어처구니없는 상황에 할말을 잃고 가만히 서 있다. 이 민망한 상황을 어찌한단 말인가? 그렇게 몇 분을 서 있다가 다윗은 골리앗의 거대한 창에 죽임을 당했다.'

자, 이런 상황이 펼쳐진다면 어떻겠는가? 골리앗의 비웃음이 현실이 되는 이 순간이다. 다윗이 자기 분수를 알고 가만히 있었더라면 이런 민망한 상황은 연출되지 않았을 것이다.

"굳이 말리는데도 나서서 이런 민망한 상황을 연출하냐?"

누군가는 직접적으로 이렇게 말할 수도 있었을 것이다.

만약 다윗이 나가 그렇게 어처구니없게 골리앗에게 죽임을 당했다면 그의 걸음과 열정 그리고 죽음은 무의미한 것이 될까?

나는 그렇게 생각하지 않는다. 그의 죽음은 두려워 벌벌 떨고 있었던 이스라엘의 마음에 불을 지피는 역할을 했을 것이다. 그로 인해 그 전쟁의 판도를 완전히 뒤집어버리는 걸음이 되었을 것이라는 확신이 들었다.

하나님을 향한 열정과 패기로 걷는 걸음은 절대 공수로 돌아가지 않는다. 비록 다윗이 죽었더라도 그의 죽음으로 인하여 두려움에 머뭇거리고 고착돼버린 전쟁을 뒤집는 힘을 가져왔을 것이다(물론 이것은 개인적인 묵상이다). 하나님을 향해 걸었던 믿음의 걸음을 하나님께서는 결코 무의미하거나 허무한 걸음이 되도록 내버려두지 않으신다. 그래서 아무것도 없는 우리에게 소망이 있는 것이다. 우리의 비참함을 통해 영광을 받으실 수 있는 능력을 가지고 계신 하나님이시다.

때는 바야흐로 삼국 시대, 660년 7월, 황산벌에서 백제군과 신라군이 마주하고 있었다. 다 망해가는 백제의 운명을 쥐고 마지막 전투에 임했던 계백장군에게는 고작 5천 명의 병사가 있을 뿐이었다. 그러나 계백장군이 상대해야 하는 나당연합군의 숫자는 무려 열 배인 5만 대군이었다. 모든 것이 열세였다.

그러나 가족의 목을 치고 나온 계백장군의 비장함, 목숨을 기꺼이 버릴 준비가 된 결사대의 패기, 마지막이라는 절박함으로 전쟁에 임한 백제 결사대를 신라군은 감당할 수 없었고 결국 네 번을 싸워 네 번 모두 패하게 되었다. 그로 인해 신라군은 사기가 바닥에 처박혔다. 전쟁에서 사기는 굉장히 중요한 것이다. 전술이 어떻든 병력이 어떻든 전쟁의 승패를 뒤집어버리는 것이 바로 사기이다. 그 때문에 군대 안에서 병사들의 사기를 떨어뜨리는 행위는 매우 엄중하게 대한다. 이것을 안 신라의 장군 흠춘(欽春)이 병사들의 사기를 돋기 위해 화랑이었던 아들 반굴(盤屈)을 홀로 적진에 뛰어들게 하여 전사케 한다. 그것을 본 장군 품일(品日)도 16세의 어린 화랑 관창(官昌)을 단신으로 뛰어들게 한다. 처음에는 홀로 뛰어들어갔다가 백제군에게 포획된다. 포획한 적군이 어린 소년임을 본 계백장군은 살려서 돌려보낸다. 살아 돌아온 관창은 물 한 모금 들이키곤 다시 단신으로 뛰어든다. 그리고 결국 죽임을 당한다.

그러나 그들의 죽음은 전쟁의 판도를 완전히 뒤집어놓았다. 어린 소년들의 죽음을 본 신라의 병사들은 분노하기 시작했고 결국 황산벌의 전투는 신라군의 승리로 돌아가게 된다. 두 화랑의 죽음은 두려움에 꺼져가던 신라군의 마음의 불을 타오르게 했다. 이와 같이 믿음으로, 하나님을 향한 열정으로 걸었던 작은 순종의 걸음은 결코 무의미하게 돌아올 수 없다는 것이다.

지금 이때에 '나를 따르라'고 하신 대장 되신 예수 그리스도를 따를 패기 있는 자는 어디 있는가?

작은 능력이어도 상관없다. 하나님께서 전능하시다.

하나님의 영광에 대한 열정을 가진 자, 하나님의 이름이 땅에 떨어지면 거룩하게 분노하는 자가 어디 있는가? 하나님께서는 당신의 상황과 조건을 재지 않으신다. 주님은 지금 이때에 순종하여 하나님의 이름을 위하여 홀연히 일어날 다음세대를 찾고 계신다.

다윗과 같은 자, 지금 어디 있는가!

믿음은 분투다

초판 1쇄 발행	2015년 12월 14일
초판 9쇄 발행	2024년 12월 6일

지은이 　　김선교

펴낸이 　　여진구
편집 　　이영주 박소영 최현수 구주은 안수경 김도연 김아진 정아혜
책임디자인 　　마영애 노지현 조은혜
홍보 · 외서 　　진효지
마케팅 　　김상순 강성민　　　　　마케팅지원 　　최영배 정나영
제작 　　조영석　　　　　　　　　경영지원 　　김혜경 김경희

303비전성경암송학교 유니게 과정
이슬비전도학교 / 303비전성경암송학교 / 303비전꿈나무장학회

펴낸곳 　　규장

주소 06770 서울시 서초구 매헌로 16길 20(양재2동) 규장선교센터
전화 02)578-0003 　팩스 02)578-7332
이메일 kyujang0691@gmail.com 　　　홈페이지 www.kyujang.com
페이스북 facebook.com/kyujangbook 　인스타그램 instagram.com/kyujang_com
카카오스토리 story.kakao.com/kyujangbook
등록일 1978.8.14. 제1-22

ⓒ 저자와의 협약 아래 인지는 생략되었습니다.
이 출판물은 저작권법에 의해 보호를 받는 저작물이므로 무단 전재와 무단 복제를 할 수 없습니다.

책값 뒤표지에 있습니다.
ISBN 978-89-6097-432-6 03230

규 | 장 | 수 | 칙

1. 기도로 기획하고 기도로 제작한다.
2. 오직 그리스도의 성품을 사모하는 독자가 원하고 필요로 하는 책만을 출판한다.
3. 한 활자 한 문장에 온 정성을 쏟는다.
4. 성실과 정확을 생명으로 삼고 일한다.
5. 긍정적이며 적극적인 신앙과 신행일치에의 안내자의 사명을 다한다.
6. 충고와 조언을 항상 감사로 경청한다.
7. 지상목표는 문서선교에 있다.

하나님을 사랑하는 자 곧 그의 뜻대로 부르심을 입은 자들에게는 모든 것이 合力하여 善을 이루느니라(롬 8:28)

Member of the
Evangelical Christian
Publishers Association

규장은 문서를 통해 복음전파와 신앙교육에 주력하는 국제적 출판사들의
협의체인 복음주의출판협회(E.C.P.A:Evangelical Christian Publishers
Association)의 출판정신에 동참하는 회원(Associate Member)입니다.